"十三五"国家重点图书出版规划项目

# 中国乡村振兴示范村

丛书主编 陈文胜
副主编 王文强

## 浔龙河村

吴金明 刘红峰 吴双 著

东北大学出版社

ⓒ 吴金明　刘红峰　吴　双　2020

**图书在版编目（CIP）数据**

浔龙河村 / 吴金明，刘红峰，吴双著 . — 沈阳：东北大学出版社，2020.12
（中国乡村振兴示范村 / 陈文胜主编）
ISBN 978-7-5517-2631-3

Ⅰ. ①浔… Ⅱ. ①吴… ②刘… ③吴… Ⅲ. ①农村—社会主义建设—概况—长沙县 Ⅳ. ① F327.645

中国版本图书馆 CIP 数据核字（2020）第 270310 号

出 版 者：东北大学出版社
地　　址：沈阳市和平区文化路三号巷 11 号
邮　　编：110819
电　　话：024-83687331（市场部）　83680267（社务部）
传　　真：024-83680180（市场部）　83687332（社务部）
网　　址：http://www.neupress.com
　　　　　E-mail:neuph@neupress.com
印 刷 者：辽宁一诺广告印务有限公司
发 行 者：东北大学出版社
幅面尺寸：170 mm × 240 mm
印　　张：14
字　　数：251 千字
出版时间：2020 年 12 月第 1 版
印刷时间：2020 年 12 月第 1 次印刷
责任编辑：刘宗玉　张德喜
责任校对：郎　坤
封面设计：潘正一

ISBN 978-7-5517-2631-3　　　　　定　价：49.00 元

浔龙河风光

浔龙河村全景图

浔龙河村的绿水青山

中国乡村振兴
**示范村** | 浔龙河村　XUN LONG HE CUN

旧屋前的田园生活

老院子里的快乐人家

浔龙河风光

浔龙河村新建的村民集中居住区

村民别墅近景

浔龙河村水稻与蔬菜轮作基地

浔龙河村优质水稻种植基地

浔龙河风光

浔龙河文旅有限公司员工风采

浔龙河生态城镇发展有限公司与绿城集团项目启动仪式

国歌文化园之田汉艺术中心

在国歌文化园倾听国歌历史

浔龙河风光

田汉故居

田汉铜像

亲子游——甜甜湾室内动物城

亲子游——磨豆浆

浔龙河风光

农耕游——谁知盘中餐 粒粒皆辛苦

游览樱花谷

游客接待中心

樱花谷樱花盛开

# 序
# Foreword

　　党中央始终高度重视农业、农村和农民工作,新世纪以来,连续推出了一系列强农惠农富农政策,我国农村发生了翻天覆地的变化,广大农民从物质到精神都有了前所未有的提高。习近平总书记指出,农业强不强、农村美不美、农民富不富,决定着全面小康社会的成色和社会主义现代化的质量。实施乡村振兴战略是党的十九大作出的重大决策部署,这是党的"三农"工作一系列方针政策的继承和发展,是开启全面建设社会主义现代化国家新征程的必然选择,是我们在新时代做好"三农"工作的行动总纲和根本遵循。

　　2020年,我国打赢了脱贫攻坚战,农村贫困人口按现行标准全部脱贫,贫困县全部摘帽,消除了区域性整体贫困现象。党的十九届五中全会提出"实现巩固拓展脱贫攻坚成果同乡村振兴有效衔接"的要求。脱贫之后的农户面临着尽快加入中等收入群体行列的新任务、新挑战,而乡村振兴正是他们实现这一美好愿景的必由之路。

　　村庄是乡村的基本社区单元,是乡村振兴的主战场。我国有60多万个行政村,从南到北、由东至西,情况千差万别,振兴之路也必然各有千秋。广大农村在实践中探索出各具特色的发展路径,一批村庄尽享强农惠农富农政策红利,通过艰辛探索,率先迈入全面小康,成为乡村振兴示范村;但仍有大量村庄在后起赶超,既需要政策的引导与推动,也需要典型的示范与带动。

　　习近平总书记强调,"要科学把握乡村的差异性,因村制宜,精准施策,打造各具特色的现代版'富春山居图'。"实施乡村振兴是一个划时代的伟大创举,也是一项长期而艰巨的任务。党的十九大提出的实施乡村振兴战略,指明了村庄建设的前进方向,但还要不断总结典型经验,探索发展规律,才能持续推动乡村的全面振兴。

由陈文胜教授担纲主编、多位专家学者共同编撰的"中国乡村振兴示范村"丛书,选择不同地域、不同类型的10个典型村庄,系统、全面地介绍其乡村振兴过程,是一件十分有意义的事情。典型村庄的选取兼顾地理区域、发展路径、奋斗历程等多方面,既有经几代人持续奋斗形成的富裕村,也有在精准扶贫中脱颖而出的脱贫村;既有区位优势显著的城郊村,也有大山深处的边远村,有较强的代表性,可以为乡村振兴工作提供多视角的参考借鉴。丛书既详尽地叙述了每个示范村的发展过程,包括对村干部与村民思想、行为变化的细微描写,又对村庄发展的关键阶段、特殊环节的超常做法和成功经验进行了系统总结,给出了各示范村乡村振兴过程的全景式展示。纵览全书,一个个眼光独到、能力超群、公而忘私的村庄引领者的高大形象跃然纸上,一件件惊心动魄、事关生死大事的抉择过程展现在眼前。这种纪实性文体鲜活、可信,感染力强,是总结农村基层工作与农民群众创造精神的一种有益的探索。

丛书文字生动活泼,叙事生动简明,启发性、指导性强。衷心希望这套丛书能有助于广大读者了解乡村,为乡村干部和农民朋友提供有益的借鉴,为各级党政部门的科学决策提供参考,助力全国的乡村振兴工作。

是为序。

蔡　昉<br>2020 年 12 月

---

蔡昉,全国人大常委会委员,全国人大农业与农村委员会副主任委员,中国社会科学院原副院长、学部委员、博士生导师。

# 前 言
Preface

  自从党中央提出乡村振兴战略以来，全国各地掀起了推进乡村振兴的热潮。在各地调研时，我发现每个村庄推进乡村振兴的积极性都很高，一部分村庄经过艰辛努力，探索出具有自身特色的发展模式，整体过上了质量较高的全面小康生活，但大多数村庄并没有明晰的发展思路，仍在乡村振兴的道路上彷徨且找不到突破的方向。由此，我心中一直想寻找一批优秀村庄，为其他村庄提供示范样本，以让更多的村庄能更快地实现乡村振兴。我也曾经将这个想法写进了对政府的建议之中。

  我的这一想法与东北大学出版社的计划不谋而合。2018年秋天，东北大学出版社领导找到我，提出出版一套宣传乡村振兴优秀村庄系列丛书的构想，并希望由我来组织编写这套丛书，我欣然答应了。我们一致认为，实施乡村振兴，是党中央、国务院的战略部署，是广大农民过上小康生活的必由之路，但前景美丽而道路曲折，实现乡村振兴将是一个长期的奋斗过程。在这个过程中，已有许多村庄走在前列，提前进入小康，应该把他们的经验总结出来，供尚在乡村振兴奋斗路上的村庄学习、借鉴。各个村庄经济基础不同、自然条件迥异，笼统设定一个模式，照搬一个做法显然不妥，而是要有针对性地选择一批有代表性的优秀村庄，让大多数村庄都能找寻到学习的榜样，以最大限度地发挥优秀村庄的示范作用。为此，我们在全国范围内，遴选了10个走在乡村振兴前列的典型村庄，以通俗化语言、纪实的叙事方式，把村干部及村民的超前意识、奋斗过程、成功经验全面描绘出来，将它们的坚定信念、聪明才智、开拓精神细致展现出来，并以"中国乡村振兴示范村"丛书的形式奉献给广大读者。希望这套丛书能给各级政府以借鉴，给广大乡村干部和农民朋友以启示，为实施乡村振兴战略助一臂之力。这就是我们编写、出版这套丛书的初衷。

  为确保编写质量，我们组建了一个由长期关注、从事"三农"研究的专家学者、政府官员、媒体精英等组成的跨区域作者队伍。具体分工是：

我任丛书主编，湖南省社会科学院人力资源与改革发展研究所所长王文强任丛书副主编。各分册作者分别是：《十八洞村》，湖南师范大学中国乡村振兴研究院教授陆福兴；《花园村》，人民日报社《民生周刊》杂志社编辑部主编、资深媒体人严碧华；《战旗村》，四川省农村发展研究中心主任、四川农业大学教授蓝红星，四川农业大学教师张正杰；《浔龙河村》，湖南省政协经济科技委员会主任、中南大学教授吴金明，湖南浔龙河投资控股有限公司刘红峰博士，国家税务总局党校长沙分校教师吴双；《景溪村》，河北农业大学教授申端锋；《郎德上寨》，中共黔东南苗族侗族自治州委员会宣传部副部长龙志波，黔东南苗族侗族自治州融媒体中心纸媒综合部主任、主任记者宋尧平；《袁家村》，中共陕西省咸阳市委农工办主任、西北农林科技大学兼职教授赵强社，西北农林科技大学教授赵晓峰、讲师张贯磊等；《振兴村》，山西农业大学形势与政策教研室主任、副教授庞丽锄；《张庄村》，湖南省社会科学院《毛泽东研究》编辑彭秋归；《大梨树村》，辽宁省直工委原副调研员张玉洁。作者们治学严谨、知识渊博，具有丰富的乡村调查经验，对所写的村庄比较熟悉，对所剖析的对象有着密切的关注。为了高质量地完成撰写任务，他们或常驻或三番五次前往所写村庄，目的就是真实记录所写村庄的振兴过程，挖掘出其潜在的精神动力。

本丛书的编写得到了各示范村村委会、支委会和所在地党政机关的大力支持和热情服务。尤其是本丛书的出版还得到了全国人大常委会委员、全国人大农业与农村委员会副主任委员、中国社会科学院学部委员蔡昉的关注，并在百忙之中为本丛书作序，其深厚的为农情怀和对"三农"研究者的关爱令我们十分感动。在此，一并对给予本丛书编写、出版以支持和帮助的各相关单位、各界人士表示衷心的感谢！

需要说明的是，丛书中的有些数据、案例引自专业著作与论文、媒体报道、政府门户网站发布的资讯。对各类文献的作者，我们致以真诚的感谢。由于时间关系，难以一一核对和注明所有文献的出处，在这里我们深表歉意。由于编者水平所限，加之时间仓促，丛书中的内容难免有不妥、失误之处，敬请广大读者批评指正。

陈文胜<br>2020 年 11 月

---

陈文胜，湖南师范大学"潇湘学者"特聘教授、博士生导师，中国乡村振兴研究院院长，中央农办乡村振兴专家委员，中共湖南省委农村工作领导小组"三农"工作专家组组长。

# 目 录
## Contents

**第一章　浔龙河的诉说**

　　一、历史的回眸 / 1

　　二、地理的记忆 / 5

　　三、动人的传说 / 7

　　四、守望的文脉 / 8

　　五、独特的区位 / 10

**第二章　尽孝沉思的柳中辉**

　　一、有点调皮的专伢子 / 12

　　二、走向成熟的企业家 / 14

　　三、柳中辉的乡愁之痛 / 15

　　四、心动不如行动 / 17

**第三章　年轻团队的小镇梦**

　　一、名称：浔龙河生态艺术小镇 / 25

　　二、目标：构筑城郊型乡村振兴的浔龙河范本 / 28

　　三、战略：党建引领、富民优先、创新发展 / 30

　　四、规划：五规合一与"3个三"体系 / 32

　　五、形象：城镇化乡村、乡村式城镇 / 36

六、主题：把农民留住、请市民下乡 / 37

七、路径："五个一"推动项目落地 / 38

## 第四章　亿万富翁做村官

一、柳中辉的"四点"思考 / 41

二、统一村民想法不易 / 43

三、全体村民公投 / 45

四、"属虎"兄弟的默契 / 47

## 第五章　乡贤微笑着带资返乡

一、战略合作式资本下乡 / 50

二、乡贤抱团返乡 / 54

三、乡贤返乡和资本下乡的做法与效果 / 59

## 第六章　盘活乡村沉睡的资源

一、对一草一木的确权赋能 / 65

二、土地承包经营权的定价流转 / 68

三、推进城乡建设用地增减挂钩 / 69

四、建设用地同价同权上市交易 / 72

五、开展村土地混合运营 / 74

## 第七章　增大村民的"奶酪"

一、破解村民财富"黑洞" / 77

二、让新型集体经济增大村民的"奶酪" / 80

三、彻底走出"三留守"怪圈 / 86

## 第八章　守住三条红线

一、守住生态红线，促进绿色发展 / 89

二、守住耕地红线，保持"农"字特色 / 96

三、守住农民利益红线，大力改善民生 / 98

四、特色小镇的"变"与"不变" / 101

## 第九章 三只手的"握手"

一、村党支部全面领导 / 104

二、各级政府全力支持 / 112

三、发挥村民主体作用 / 115

四、发挥市场主导作用 / 119

五、政府、企业与村民的"握手" / 120

## 第十章 并蒂开放的"五朵金花"

一、总体布局与发展思路 / 123

二、生态农业为基 / 127

三、教育事业为本 / 130

四、文化事业为魂 / 133

五、旅游产业为重 / 138

六、康养产业为根 / 142

## 第十一章 博士、硕士的加盟

一、博士与硕士的情怀 / 145

二、大学生的追求 / 149

三、外脑的心声 / 149

四、村民与市民的向往 / 152

## 第十二章 "一镇四园"的田汉小镇

一、浔龙河升级版 / 153

二、"一镇四园"布局 / 155

三、发展新理念指引 / 165

四、"新三要素"支撑 / 168

## 第十三章　浔龙河启示录

一、浔龙河村的集体经济"新"在哪儿？ / 171

二、浔龙河村的创新探索 / 178

三、领导、专家、媒体与群众的评价 / 190

四、浔龙河范本的推广情况 / 195

**参考文献 / 198**

**后　记 / 200**

# 第一章
# 浔龙河的诉说

双河村历史悠久，因有麻林河和金井河流经而得名。其实，双河村有两河一溪，两河即麻林河和金井河，一溪指寻龙溪，后因溪水不断变大，加上杨泗将军斩孽龙的传奇故事以及青年才俊柳中辉书记"生态艺术小镇梦"的缘故，寻龙溪被更名为"浔龙河"，双河村也相应更名为"浔龙河村"。

## 一、历史的回眸

双河村有记载的历史就有两千多年，早期村民从何时何地迁来此处定居已经无从查证，但从政区隶属关系的角度看，有据可查的历史可从公元前223年算起，即隶属于战国秦王嬴政二十四年灭楚后设置的临湘县（今长沙县），经历了两千多年的封建社会朝代的更替和近百年的现代风雨洗礼，留下了杨泗将军斩孽龙和马元起义等故事，仿佛如一层朦胧的薄纱，让双河村的历史显得有些神秘；特别是进入19世纪中后期，在双河村周边地区诞生了张百熙、徐特立、杨昌济、田汉四位大师，被人们称颂为中国近现代教育"四巨匠"，成为我国近现代教育的发源地，从而也从一个侧面印证了湖湘大地的人杰地灵；进入20世纪初特别是抗战爆发后，作为革命老区之一，双河村就建立起了地下党支部，划分为荷叶坝支部和塘湾支部，在地下党支部的组织领导下，许多人为抗日战争和解放战争的胜利英勇奋斗，流血牺牲，于是，双河村在伴随着田汉、聂耳的《义勇军进行曲》的斗争生涯里又生长出了红色基因与记忆。

新中国成立前的双河村，贫穷落后，生活水平低，医疗条件差，有病得不到治疗，村民贫病而死也不足为奇，加上小孩出生率与成活率较低，村民平均寿命只有50出头。双河村的教育十分落后，村中唯有一所设在塘湾狮子山东边的罗家私塾，由于普遍家境贫困，读私塾的仅10人，没有女孩上学。村民主要以农业种养、林业收入为主，经济薄弱，产业结构单一。唯一的手工作坊开设在杨家垅史柏纯，称纯记工厂，做洋线，将原材料发到部分农户手中进行加工，村民因此有些微薄的收入。还有极少数人做着各种手艺：泥匠3人、木匠4人、茅匠2人、铁匠1人、铜匠1人、石匠2人、皮匠1人、染匠1人、机匠1人。这些手艺人收入都不多，只能勉强维持生活。没有手艺的村民就打长工、做短工、砍包柴等赚点零花钱，家住沿河一线的人也会通过接船、送船（拉纤）赚点小钱，维持基本生计。

浔龙河村民早期住宅

新中国成立后，在中国共产党的领导下，双河村经过清匪反霸和土地改革，广大人民群众翻身做了主人，实现了"耕者有其田"，土地回到人民手中，生产积极性空前高涨，粮食产量增加，人民生活得到改善。伴随着合作化运动的推进，双河村从最初的互助组到初级社、高级社，各家各户从单干转入集体,生产关系初步改变。纵观历史,双河村1950—1952年隶属花果乡,分为铜钱社和金河社;1953—1956年属于坪塘乡,分为金丰社和金荷社,1955年金丰社更名为坪塘社;1957—1960年,双河村属于中苏友好人民公社钢铁大队,分为金河分队和金丰分队;1961—1963年,属于果园人民公社坪塘大队,分为金丰支部和金荷支部。1964年修河改道后,金井河改道双河村,就把金河大队和金丰大队合并,以金井河、麻林河两条河流取名为"双河大队",隶属果园人民公社管辖,一直延续到1984年。

1958年全民"大跃进",大办"人民公社",生产队办起了大食堂,各家各户不为柴米油盐操心,"敲钟吃饭,盖章拿钱",但好景不长。由于大部分劳力抽去"大炼钢铁",部分田地无人耕种、管理,造成粮食大面积减产。在3年"天灾人祸"的灾难中不少人为填饱肚子吃糠咽菜,山上不少野生植物、树皮、枝叶等,只要无毒,几乎都被吃尽了。因长期缺粮,一些人因此患上了严重的水肿病。1961年中央纠正"共产风",贯彻执行"调整、巩固、充实、提高"的工作方针,实行以生产队为基本核算单位,社员评工记分,按劳分配,解散公共食堂,恢复社员自留地,从而调动了广大社员生产积极性,生产逐渐好转,生活质量有所提高。1964年,农村开始搞"清政治、清经济、清组织、清思想"的"四清"运动,农村大队、小队干部"人人过关",大会小会作自我检讨,发动群众检举揭发,搞得人人自危。紧接着"文化大革命"爆发,农村也陷入混乱之中。村里一些人成立"造反派"组织,把大队干部当成"走资本主义道路当权派"(简称"走资派"),写大字报、大标语揭发批判,还进行游街示众,挂黑牌批斗。"造反派"还夺了大队的"实权",成立了以"造反派"头头为首的"革命委员会"。"造反派"掌权后,以破"四旧"(旧思想、旧文化、旧风俗、旧习惯)为名大肆毁坏村里的文物古迹,古墓被挖,古碑被砸,古树被砍。双河村大部分历史文物遗迹也就是在这个时候被毁坏的。与此同时,村民一边搞"文化大革命",斗"走资派",抓"牛鬼蛇神",一边搞"农业学大寨",批判"唯生产力论",搞"政治工分",广大社员群众生产积极性被严重挫伤,农业生产停滞不前,人民生活受到严重影响,不少人家"吃粮靠返销,用钱靠借款,困难靠救济",生活水平严重下降。

1978年党的十一届三中全会召开,"左"的思想与政策得到纠正,逐渐平反了冤假错案,全面开启改革开放,农村实行土地联产承包责任制和"统"、"分"结合的"双层经营体制",激活了广大村民的积极性与创造力,人民心情舒畅。在中央一系列富民方针政策指引下,短短几年,生产发展起来了,多数农家粮食自给有余。解决温饱问题后,人们把主要精力转到了开展多种经营、增加收入的发展轨道上。与此同时,推进乡镇体制改革,人民公社变革为乡镇人民政府,1985年,双河村管委会改为双河村民委员会,直至2015年,双河村一直受果园镇人民政府管辖。2015年10月29日下午,双河村村民议事会第一次会议在村民议事厅召开,就"双河村更名为浔龙河村"的议题进行表决,全票通过,将双河村更名为浔龙河村①,仍然受果园镇人民政府管辖。

蓝天白云下的浔龙河村

改革开放以后,村民经济收入不断提高。自20世纪70年代末开始,双河村进入发展的新阶段。科学种田,率先种植农垦五八良种,发展双季

---

① 按照《长沙县果园镇合并村工作方案》,由原双河村、红花村合并后成立新的浔龙河村。

稻，粮食产量倍增。打稻机、抽水机等农用机械不断增多，拖拉机就拥有5台，劳动强度减轻，劳动力得到了初步解放。农、林、牧、副、渔五业并举，多种经营更趋活跃。农民生活得了较大改善。全村在村党支部带领下，修河改道、修路架桥、植树造林，人扛肩挑修通了第一条村级公路，买了第一台汽车，办起了第一家综合工厂，做农具、消防斧、生产消防器材、汽车配件，产品销售到省内外，培养了大批优秀技术人才，为果园汽车改装厂的发展奠定了坚实基础。

随着粮食问题的解决，青壮年农民背上行装迈开了"离土离乡、进城务工"的步伐，和其他地区广大农村一样，浔龙河村由于地处城郊更加方便进城务工，于是，每家每户都有劳动力外出打工，更有部分年轻人在打工积累的经验与资金基础上，把准机会下海创业，这一方面使经济收入快速增长，农村社会阶层出现明显分化；另一方面，也导致了"三留守"和农村"空心化"、耕地零碎化、劳动力弱化等为代表的"三农"问题，反过来开始制约农村的发展。

## 二、地理的记忆

相传距今约200年前的清朝年间，江西有位地理风水先生，带着徒弟，一路风霜来到长沙东乡，追寻龙脉风水宝地，从影珠大山寻到坪塘地带，就在浔龙河境内停留下来，师徒反复观察，发现有美女晒羞、铁笼关虎、喜鹊含梁、渔翁晒网、九狮望坪塘等风水宝地。目前尚有保存基本完好的几座古墓，其雕工精细的碑文，既是研究地方史志的重要资料，也是浔龙河村建设文化艺术小镇的文源之一。

浔龙河村朱术组糠头坡后山，站在山顶观其地形，前面有两座山峰，宛如弯曲的膝盖自后山延伸，恰似一个裸身女人仰卧，从头、胸、腹至裙下一览无遗，取名美女晒羞。相传200年前，一对姑表兄妹，从小青梅竹马，相亲相爱。因表兄是姓陈的一个穷书生，表妹是个富家小姐，被认为是门不当户不对，遭到反对。表兄因婚事不成病倒，年方十七去世。表妹闻此噩耗，悲痛欲绝，决意厚葬表兄。适闻此处有块"美女晒羞"宝地，表妹念表兄在世未得成亲，思虑而死，其情可哀，因此，决定用自己的金银珠宝换来的钱，购置上等棺材，买下"美女晒羞"宝地安葬表兄，以了此生的一段情缘。果然，表兄埋葬三年后，陈家福运喜降，由穷变富。

约200年前，长沙河西望城县有户姓甫的人家，以驾船经商发家，成为当地有名巨富。有一年，甫姓船商带领船队逆水行舟来到现在的浔龙河村石金湾铜钱潭停泊，入住在铜钱潭畔黄泥岭上一户民家，偶尔听到当地人在闲聊之中漏嘴说出该处的风水宝地，并被风水先生研究取名。甫姓船商得知后，不动声色，将地名记在心中。次日清早，他请了当地一位知情者带路查探，看得真真切切，不由心中暗喜，决意买下这块土地作为甫家故人墓地。因怕夜长梦多，事久生变，甫姓船商即组织自己的船员，并请当地百姓，动手开基，购砖瓦、檩木，在黄泥岭山脚下建起了一所甫氏墓庐，用于守墓人和甫氏家人每年祭拜扫墓时居住。后来不久，甫氏陆续在此地建了多处墓葬。在黄泥岭山即有一座女墓，铁笼关虎是座男墓，喜鹊含梁有一座男墓和一座女墓，可惜的是这些墓均已被盗。铁笼关虎坐落在浔龙河村石金湾黄泥岭东侧石坑塘子的西北方位，南面的石坑塘是进出口，北岸如同一只威风凛凛大老虎，关在铁笼子里，因为周围是黑色茶枯石，像铁一样，故被形象地称为"铁笼关虎"。故人就葬于"老虎"的鼻额之间，墓体气势雄伟，大小华标都有，真可谓虎气生威。喜鹊含梁坐落在石金湾黄泥岭上西侧上坨，现为赵龙组辖地，面积约有4亩①，成"一"字形平衡延展120余米，很像一根屋梁，横跨于坨冲，这里也是喜鹊常来落巢的地方，故名喜鹊含梁。

风水先生所说的九狮，均位于金井河畔的北岸，狮子面孔朝南偏东，以整体山峰九座而闻名，在浔龙河就占有七座，坐落在浔龙河村朱术组、大兴组、石金组、赵龙组、金河组，山体前沿，朝南于坪塘地区。当地老人们常说："九狮望坪塘，代代出君王""九狮望坪塘，一仙女一仙郎"。在果园大地冲出了李氏兄妹都成了仙人，后人为方便祭祀，建李公庙于果园村，气势宏伟，与浔龙河华佗古庙遥相呼应，从古至今，两岸信民两厢祭拜。在浔龙河境内，实名叫狮子山的只有一座坐落在朱术塘糠头坡对面，沿于金井河畔的峭壁悬崖，为狮子之王，呈现着特殊风景。在峰顶上行30余米的下方有一个口，象征狮子大张笑口。清末年间，狮子口内葬有墓冢，用石灰沙拌土堆葬而成，墓碑上刻有"柳工敬成大人"字样。另外别无其他留记，九狮中唯有此狮是笑口狮子，底下水流常盈不涸，金井河、麻林河绕膝而过，雄踞傲立，浔龙河人称之为保水口的难得屏障，也是新一代浔龙河人插翅腾飞的精神坐标。

---

① 亩，非法定计量单位，1亩约等于666.667平方米。

## 三、动人的传说

浔龙河村历史悠久，多河汇聚成岛，丘壑绵延，植被葱郁，既有秀丽自然风貌，亦有独特人文景观。一直以来，浔龙河村都流传着杨泗将军斩孽龙和马元起义的浔龙河传奇故事。

相传很久以前，浔龙河出了两个神童，一个叫杨泗，一个名吴孽龙，杨泗长得英俊，生得聪明；吴孽龙虽然长得伟岸，但阴险狡诈。两人从小一起玩耍，吴孽龙对杨泗说："我长大了，要将天下搅成汪洋大海！"杨泗回答说："你胆敢如此，我一定要收拾你。"杨泗八岁那年，一天在河边玩耍，调皮的他把已经造好的木船拔钉毁掉，准备自己重造，却被人毒打致死，抛入金井河中。他的尸体顺水漂流，从杨泗庙漂到枫林港有十里之遥，上浮三天，下沉三天，香三天，臭三天，十二天以后竟然复活成人。可是，他漂流时的臭气触怒了牛头山下龙洞里的吴孽龙。吴孽龙扬言要将沿河一线搅成汪洋大海，当地百姓将面临灭顶之灾。杨泗想，祸是我闯的，应该由我一人承担，决不能让无辜百姓受到伤害。于是，杨泗奋起抵抗，和吴孽龙从金井河一直斗到浔龙河，不分胜负。一时间，天昏地暗，山河失色。狡诈的吴孽龙隐身于浔龙河畔，妄图对杨泗一击致命，却瞒不过杨泗的法眼。只见杨泗大吼一声，猛然身长十米，勒马挥刀，直插浔龙河，并在吴孽龙身上一路拖过去。霎时，雷鸣电闪，地裂山崩，只见峭岩绝壁，片片形如刀切。至今，浔龙河畔的地上还留有一道长300米、宽10米、深2米的刀痕。附近，上有上马田、下马田、马蹄坳，下有浔龙河、落刀嘴、捞刀河，世易时移，沧海桑田，不少奇闻趣事口口相传，至今为当地百姓所传诵。杨泗擒获吴孽龙后，用铁链将他锁在南海铁树上。杨泗得道成仙，百姓感恩戴德，称之为杨泗将军，皇帝封他为平浪王。杨泗斩了孽龙以后，辞别父母乡亲，回到衡山找师父去了，这一去，就再也没有回来。后来，乡亲们为了感谢杨泗为民除害的伟绩丰功，在河岸坡上建造了一座杨泗庙，同时，朝廷拨款、百姓捐助在杨泗庙和枫林港分别建造了紫云台、情缘庵两所庙宇，供后人祭祀，遗憾的是原迹现已不存。

再说马元，马元既是地名又是人名，且是先有这个人名后才有这个地名。马元位于长沙市以东27公里处果园镇浔龙河附近。相传很早很早以前，朝廷腐败，奸臣当权，连年灾荒，苛捐杂税，民不聊生，天怒人愁，怨声载道，最终官逼民反。在马元这个地方有一个叫马元的壮士，虽出身卑微，但一身豪气。他就在马元一带聚众千人，揭竿造反。他自称皇帝，杀富济贫，与朝廷作对，方圆百里威名赫赫，官僚富豪无不闻风丧胆。一日马元率众在石灰咀洗劫一富豪人家，不料朝廷派兵数千人来征剿。马元一马当先率领兵卒奋力拼杀，怎奈寡不敌众，马元便跳下马来，眼看无力回天，马元便乘机骑上一头高大的肥羊仓皇逃命，官兵一路穷追不舍。马元逃到崩堪，突然坡崩地裂，人仰羊翻，马元只得弃羊徒步逃命，前面一条大河，河宽百米，挡住去路，没有河桥，也没有渡船。老天又不作美，突然间电闪雷鸣，大雨倾盆，水流湍急，吐着白浪令人心惊胆寒。无奈之下马元只好弃甲丢盔，脱掉上衣，赤膊泅渡（赤膊河因此而闻名，后人改称赤石河）。马元过了河，途经银龙坑直奔马元而来，当跑到黄狮渡时马元精力耗尽，举步艰难。官兵一拥而上将他团团围住，并就地取了他的首级。他为民牺牲的事迹感动四方，人们为了纪念这位虎胆英雄，便将他被斩首的地方取名皇死渡，后来人们又把它改名叫黄狮渡，并将他驻兵扎营的地方起名马元。

## 四、守望的文脉

浔龙河两岸，山青水碧，流岚飘飞，风光秀丽，集天地灵秀之气，颇有湖湘山水之神韵，恍若世外桃源的境界，的确是人杰地灵之宝地。早在19世纪中后期，在以此地为原点、15公里为半径的范围里，就诞生了张百熙、徐特立、杨昌济、田汉四位大师，同为中国近现代教育"四巨匠"，而成为我国近现代教育的发源地、艺术和戏剧的摇篮。

张百熙，1847年出生于湖南长沙县沙坪，离浔龙河村15公里左右。做过清工部、吏部、户部尚书，京师大学堂管学大臣，著名教育家。1901年后兴办学堂、设立报馆，创办了医学堂、译学馆、实业馆，选派学生出国留学。1902年，张百熙奏《筹办京师大学堂情形疏》，主持拟订《钦定大学堂章程》，筹建京师大学堂，并于1902年1月—1904年1月担任校长。鉴于老师的缺乏，张百熙选派四十余人赴欧美日本留学，各省派官费留学生由此开始。张百熙一生主要从事教育管理工作，注重培养人才，对京师大学堂有开创性的贡献。

徐特立，1877年出生于长沙县江背镇，离浔龙河村不足8公里。中国无产阶级革命家和教育家，毛泽东和田汉等著名人士的老师，是"延安五老"之一。1911年参加辛亥革命,1927年加入中国共产党,同年8月参加南昌起义,1931年11月当选为中华苏维埃共和国中央执行委员会委员,1934年参加长征,新中国成立后,曾任中央人民政府委员会委员,1968年11月28日在北京逝世。作为我国近现代教育事业的奠基人之一,徐特立从事教育和革命长达70多年,培育了大量优秀人才。1940年至1942年任延安自然科学院——北京理工大学前身——院长,开创了中国共产党培养科技人才的先河。毛泽东称赞他是"革命第一,工作第一,他人第一"。他的著作主要收录于《徐特立教育文集》和《徐特立文集》中。他提出了"群众本位"的教育思想,建构了具有中国特色的"群众本位"的教育科学思想体系,他创造性地提出了教育、科研、经济"三位一体"的教育发展方式。20世纪60年代以后世界高等教育的发展以及近20年来我国高等教育产、学、研结合发展的事实雄辩地印证了徐特立"三位一体"科学发展观的深远意义。

杨昌济,1871年出生于长沙县板仓冲,离浔龙河村不足5公里,伦理学家,教育家。因世居板仓,后来被人称为"板仓先生""板仓杨"。求学于岳麓书院,留学于日本、英国,主攻教育学、哲学、伦理学。1913年后回国任教于湖南省立第一师范学校。支持新文化运动,不断在《新青年》《东方杂志》介绍西方哲学、伦理学、教育学思想,提倡民主与科学,宣传新道德。关心毛泽东、蔡和森、萧子升等一批进步青年,促成新民学会的成立;参加筹备湖南大学,被誉为"湖南大学蓝图设计第一人";1918年后任北京大学教授。1920年1月17日病逝于北京。其一生以"欲栽大木柱长天"诗句明志,既承接王阳明"知行合一"的思想,又吸收西方鲍尔生等现代教育家的思想,强调"知行合一""注重实践""反对空谈",其学术思想充满着进步主义的色彩,在我国近代学术思想中占有重要地位。他不仅非常注重德智体美全面发展的教育培养模式,而且也是我国近代系统引进西方伦理学思想的第一人,他旗帜鲜明地反对封建卫道士的伦理,主张破除长期以来封建伦理道德对我国伦理道德思想的禁锢。

田汉,1898年3月12日生于长沙县紧邻浔龙河村的邻村。他不仅是中国革命戏剧运动的奠基人和戏曲改革事业的先驱者,同时也是中国早期革命音乐、电影事业的卓越组织者和创造者。20世纪20年代开始从事戏剧活动和文艺事业,创作话剧、歌剧60余部,电影剧本20余部,戏曲剧本24部,歌词和新旧体诗歌近2000首。他写的《义勇军进行曲》,经聂耳谱曲传唱全国,被定为中华人民共和国国歌,被代代传唱,激励了一代代中华儿女。田汉的创作以鲜明的时代感、强烈的革命激情和积极的浪漫主义著称。1939年后在桂林主编《戏剧春秋》月刊,对京剧、汉剧、湘剧等戏曲进行了改革,写了大量以反侵略为内容的戏曲剧本。他的戏曲作品有《土桥之战》《新雁门关》《江汉渔歌》《新儿女英雄传》《岳飞》《金钵记》《情探》《双忠记》《武松》《武则天》《琵琶行》《白蛇传》《西厢记》《谢瑶环》,以及《金鳞记》(与安娥合作)等,新中国成立后的话剧作品主要有《关汉卿》《文成公主》《十三陵水库畅想曲》等。

由于上述四位教育大师尤其是张百熙的缘故,北京师范大学正筹备在长沙县建立中国教育博物馆。

## 五、独特的区位

浔龙河村珍藏于长沙县果园镇内,地处长沙市核心城区的近郊,紧邻长沙市三环,隐融于拥有1500万人的长株潭城市群中。拥有良好的交通区位与市场区位,交通方便,道路通畅:如图所示,距黄花国际机场20分钟车程,距长沙高铁南站30分钟车程,距绕城高速相连的京港澳高速只有8公里,村内干道黄兴大道与田汉大道纵横交错,形成了多层次、立体化的交通网络体系。浔龙河村建有公交车站,开通了星通3路、9路和16路三条公交线路,至长沙市区三环线8公里、长沙县城区12公里、地铁3号线(开元东路)14公里、长沙经开区16公里、磁悬浮榔梨站20公里,可与长沙市无缝对接。其独特区位主要表现在两个方面:

浔龙河村的地理交通区位

一方面,地处省会长沙和长株潭城市群这一人口不断加密、产业不断做强、价值不断附加的重要空间载体的核心区间里。2019年8月中财委第五次会议明确指出:"经济发展的空间结构正在发生深刻变化,中心城市和城市群正在成为承载发展要素的主要空间形式",明确要求"增强中心城市和城市群等经济发展优势区域的经济和人口承载能力"。目前,在已有百座城市人口出现收缩的基础上,我国会继续沿着北往南流、农村往城镇流、单一城市往城市群流的流向,人口收缩城市会进一步增多、加剧,而在国家中心城市和城市群,则相应显露出特大型城市人口不断加密和"城市群+特色小镇+乡村振兴"不断走向融合的双重特征。

另一方面,地处中国经济强县前六强也是我国中部地区第一县——长沙县——这个"富北强南"战略的中心地带和长沙县经济核心区"一心三片"中的东北角,既能有效承接城市产业转移,又能超前部署高端服务业的布局,加上浔龙河村建有长沙县城综合性大型公交枢纽站,可较为便利地到达长沙县城的各个区域和长沙市区的核心商圈,浔龙河村因而既能实现闹中取静、曲径通幽,又能与大千世界紧密相连,俨然达到世外桃源般的极致境界。

小镇完美交通格局,真是天作之合,使小镇在繁华中彰显宁静,悠闲中不失尊荣。正是这种独特的交通、地理、生态与市场区位,成为浔龙河可以走城乡融合之路、实现乡村振兴的独特条件与资源禀赋。按照《国家乡村振兴战略规划》(2018—2022年)第九章关于依据"不同村庄的发展现状、区位条件、资源禀赋等,按照集聚提升、融入城镇、特色保护、搬迁撤并的思路,分类推进乡村振兴,不搞一刀切"的要求,浔龙河属于典型的城郊融合类村庄,适合走城乡融合发展之路。规划指出:"城市近郊区以及县城城关镇所在地的村庄,具备成为城市后花园的优势,也具有向城市转型的条件。综合考虑工业化、城镇化和村庄自身发展需要,加快城乡产业融合发展、基础设施互联互通、公共服务共建共享,在形态上保留乡村风貌,在治理上体现城市水平,逐步强化服务城市发展、承接城市功能外溢、满足城市消费需求能力,为城乡融合发展提供实践经验。"浔龙河村的实践正好印证了这个结论。

# 第二章

# 尽孝沉思的柳中辉

浔龙河是湖南长沙果园镇双河村的一条小河,历史上与这条河有关的传奇故事并没有给它带来相应的名气,它甚至不是地名"双河"中的一条河。但是从2009年开始,"浔龙河"因为柳中辉这个亿万富翁的小镇梦,渐渐变成了生态艺术小镇的代名词,引起了人们越来越多的关注。

## 一、有点调皮的专伢子

1974年1月28日,湖南长沙市的长沙县果园镇,在一个紧邻《中华人民共和国国歌》歌词作者田汉故居的双河村朱术组的塘湾里,一个属虎的小生灵降临了。那天虽是正月初六,尚处于冬季之尾,但雪后初晴,大地祥和,百姓都还沉浸在浓浓的年味里,而塘湾里的柳家更因喜添男丁举家欢庆,微笑写满了每个人的眼和脸。

由于其父亲是铁路工人,尽管母亲是农村户口,当时柳家是一个典型的"半边户"①家庭,相对于纯农村户口人家,家境要殷实得多。所以,这个小精灵一出生就能得到较好的呵护。这个男丁的小名叫"专伢子",一个玲珑剔透、灵气十足的小调皮,在父母亲的百般呵护中茁壮成长,转眼6岁多就到了上学的年龄。那时,我国农村还没有学前教育的概念,启蒙教育就是小学教育。于是,1980年9月1日,专伢子在父母亲的陪同下,

---

① 在新中国成立后,随着军队南下和知识青年上山下乡,我国有部分家庭出现了夫妻之间有一方是城里人、有城市户口、享受市民或干部待遇,另一方则是农村人、是农村户口、享受的是农民待遇的情况。这样的家庭一般称为"半边户"家庭。

来到了长沙县果园镇双河小学，开始了人生第一个角色的转换——由幼童变成了学生，开启了"扣好人生第一颗扣子"的人生第一站的学生生活。

那时，在学校读书没有像今天这样累，也没有像今天有这么多现代的玩具，人们不知手机、电游、抖音为何物。每个生产大队都有一所小学，学生基本上是走读，农村出去打工的人很少，也就没有了今天的"三留守"困惑。学校特别强调德智体美劳全面发展，学生书包不厚，作业不多，小孩的天性也没有被埋没，专伢子和同学们一起学习，早、午饭后去上学，放学后回家吃饭、睡觉，和父母家人一起生活，不管家里是否贫富，小孩都比较快乐，几乎没有什么心理负担；由于当时的农家普遍缺钱，小孩的玩具多是小孩自己动手，城里孩子自做陀螺、铁环、弹子球、字牌等，山里孩子则增加了诸如下"成三棋"、玩弹弓打鸟、采高跷比赛等活动，基本上是伙伴们一起玩耍、一起调皮、一起快快乐乐、健健康康地成长。专伢子是样样都玩，而且都玩得很溜。就这样，一晃四年过去了，专伢子也成了满10岁的英俊少年了。

1984年9月，专伢子同伙伴们一道升学到长沙县果园镇双江小学读小学五年级和六年级，随着所学知识难度的加大，专伢子也开始把更多的时间投入到学习中来，尽管还不时发生与同学、同桌及前后左右男女同学间的"画乌龟""扯辫子""递条子"的调皮捣蛋行为，但和三四年级相比已经减少很多了。由于学习认真，1986年9月顺利升学至长沙县果园镇果园中学读初中，一直读到1989年7月初中毕业。

专伢子的父亲在铁路上工作，是一名普通的铁路工人，母亲是一位朴实勤劳的农村妇女，由于出生在"半边户"的家庭，从小就享受到了计划经济带来的好处，尽管并不富裕，但能解决温饱。因而专伢子过得还算是幸福的，至少他在农村里度过了美好的少年时光。初中毕业的专伢子，一边在家务农，一边自学高中课程，一边思考着自己的人生。两年的勤农俭学，他开始对农村、农业和农民有了自己的认识与判断，对自己的人生道路也有了基本的打算。当时，他就思考着一个与他年龄不相匹配的问题，即联产承包责任制虽然解决了农民的吃饭问题，但"家家粮菜油、户户猪鸭鸡"的小农经营模式，难以解决"口袋里有钱"的问题。要解决有钱用的问题还得靠务工经商。于是，和许多当时农村青年一样，专伢子也加入到了"打工大军"的行列。

他打的第一份工，是在果园汽车改装厂打杂。1993年初，通过亲朋好友的介绍，专伢子正式以"柳中辉"的大名进入建筑行业，在湖南望新建筑公司当了一名建筑工人，先后任工程施工员、质检员等职，由于工作业绩突出，1999年担任项目经理，2002年在长沙市建设工程集团四分公司担任副总经理。

经过多年和多岗位的摸爬滚打，在师傅和父母亲的鼓励下，他决然下海，2003年9月，他创办了湖南圣力房地产开发有限公司，正式出任公司董事长兼法定代表人，实现了从打工仔到创业者的转变，成为了当地有名的青年企业家，今天称为"青商"。

## 二、走向成熟的企业家

柳中辉天生儒雅、内心倔强、知行合一。在十八九岁的时候，他就开始离开农村、离开家乡，尝试到城市去创业，踏着改革开放的步伐，走南闯北，历练自己。做过推销员，干过个体户，当过包工头，经历了多次的失败，也收获着成功的喜悦，丰富了他的人生阅历，提高了对事、对物、对人、对世界的认知能力，增强了实现目标的敏锐行动能力，提升了对事物的驾驭能力。在一次次的创业中，他的个人财富也不断积累，更加坚定了做一名优秀企业家的梦想。2003年，他注册成立了湖南圣力房地产开发有限公司。公司成立后，充分发扬"团队、创新、品牌"的现代企业精神，独立开发了面积近80亩的圣力华苑住宅小区，那时的柳中辉，年仅三十，意气风发，初生牛犊不怕虎，学习和运用了现代企业的基本管理模式，开始整合行业的优秀人才向企业聚集。中国有句古话：人散财聚、财散人聚，讲的是一个道理，一个团队里要懂得利益的共享，一个带头人不能做守财奴；而且，做企业必须懂得，人的要素比物的要素更重要、更有价值、更应重视。道理很简单，但是做起来却不容易。因为，在利益面前，很多人会认不清方向，容易迷失自己，作为一名青年企业家，尤其要在面对利益诱惑的取舍中不断地锻炼自己、认清自己、提升自己。司马迁在《史记》中讲：天下熙熙、皆为利来，天下攘攘、皆为利往，讲的是世俗社会存在的一种利己的物欲倾向。三十多岁的柳中辉对于人性趋利的弱点的刻画有着自身的免疫力，他时刻告诫自己，企业的生存根本在于"人"。

第二章 尽孝沉思的柳中辉

浔龙河村党总支书记柳中辉在办公中

从2005年到2009年的五年间，随着个人能力与信誉的提升，公司经营管理团队也进一步成熟壮大，公司业务得到了长足发展，承揽了包括高速公路、机场、泵站等多个大型基础设施建设项目，公司在创造了良好的经济社会效益的同时，整体实力也不断增强，在行业中树立了很好的品牌与形象。特别是，在经济上走向财务独立与财务自由的同时，柳中辉在政治上也更加成熟，他积极要求进步，加入了中国共产党，成为一名光荣的共产党员，也成为了三湘第一县——长沙县——的人大常委会委员，并获得了"优秀青年企业家"的称号。当时，湖南大地正在开展"万企联村、共同发展"的工程，柳中辉带领他的团队积极投身于"万企联村、共同发展"的活动之中。

### 三、柳中辉的乡愁之痛

"如果只做工程和房地产，我也能赚大钱，可我心里总有一个梦，那就是要改变我的家乡，让我的乡亲父老也能富起来。"为了这个梦，事业有成的柳中辉苦苦思索着困扰许多回乡创业、报效家乡的有志青年的一个普遍难题，那就是"如何寻找到一个突破口，为生我养我的老家农村做点事情，帮助他们走向富裕"。

浔龙河村在开发前，产业结构非常单一，主要是传统的"粮猪型"乡村式经济模式，即以水稻的种植业和生猪的养殖业为主，生产方式以小规模的家庭为单位，经济发展比较缓慢。根据2009年的统计显示，当年浔龙河村（原双河村）总产值仅700.8万元，其中农业总产值200.6万元，工业产值20万元，其他产值480.2万元，人均年收入4500元，远低于当时长沙市平均水平，因而成为湖南的省级贫困村。由于长时期的分田单干和进城务工，浔龙河村也出现了南方农村带有共性的"三留守"问题和农村"六化"问题，"三留守"即留守妇女、留守老人和留守儿童，"六化"即"土地零碎化""农业副业化""务农老龄化""农村空心化""农民边缘化""集体空白化"。受"农村六化"现象日益凸显的影响，"未来谁来种地养活城里人？""城乡二元结构矛盾如何破解？"就成为重大而紧迫的现实问题。

浔龙河村距离长沙市30公里，曾经地广人稀、单产低下，1万多亩土地上只有1000多亩是耕地，瘦田难留人，当地的1800余口村民除了老人和孩子，大部分都外出务工。但这些劣势在柳中辉眼里，统统可以转化为优势：人少，集中安置就相对容易；耕地少，土地多样性就丰富，水库、山塘、丘陵、林木、荒坡，都是未来生态农业和观光农业的好形态。

2009年，柳中辉是因为父亲去世才回到家乡的，父亲还活着的时候挺得意这个长子，逢人便夸自己有个孝子，不但给自己配车配司机，每月还给自己开五千元零花钱。父亲去世，对柳中辉影响巨大，"我徒有数亿资产，却救不了我父亲的性命。"他想过把落单的母亲接进城，但母亲坚决不肯离乡。柳中辉不放心，只好暂时放下生意，回乡陪伴母亲。见过世面，也享过富贵，回乡当然有各种不习惯，但也正是这种反差让他反观人生和财富，萌生出要彻底改变家乡面貌的心思。

有人说，30岁以前的人难有乡愁，30岁以后才有乡愁，且伴随着年岁的增长，乡愁会愈来愈浓。但是，少小离家老大回，绝大多数农村普遍出现了"回不去的乡愁"。以前每年回家乡，是离不开父母的亲情，陪伴父母几天，走亲访友几天，和儿时伙伴把酒玩耍几天，一周之后，热情降温，然后是寂寞随行，颇有"好山好水好寂寞"之感！为什么会有这样的"乡愁之痛"？！柳中辉一直在思考着……

2009年，柳中辉带着他的优秀团队回到了家乡，他们正值年轻有为、满怀激情的创业阶段，他们有梦想、有情怀、有路径、有自信。同时，他们也心怀桑梓、梦萦乡村，有创业成功的经验，也有一定的资金实力。他们怀着扎根农村、关爱农民、深耕农业，促进美丽富饶乡村、生态艺术小镇建设的梦想回到了浔龙河——那个充满"乡愁"与儿时"梦想"的地方。

是啊，浔龙河村有着交通区位、生态资源和民俗文化三大明显优势，放眼整个长沙近郊，除了浔龙河村，同时具备这三个优势的区域还真的不多。因此，具有稀缺性、独特性和不可复制性。但是，这么好的资源禀赋，家乡父老为什么还要背井离乡出去打工？这么好的资源条件，为什么总是产生不了价值？原因究竟在哪里？那么，能否找到一把金钥匙来打开乡村发展的这把金锁呢？多少个日日夜夜，辗转反侧，夜不能寐，柳中辉反复思考着同样的问题……

在思考的同时，柳中辉迈开了脚步，拜访家乡父老，求教于专家名师，把酒于商界政坛，谈笑于亲朋好友，广纳社情民意，博采金点智慧，最终决定实地考察国内外名镇名村，好站在巨人的肩膀上，去借鉴别人的成功经验与做法。

## 四、心动不如行动

为了寻求答案，为了"回得去的乡愁"，柳中辉和他的伙伴们在行动；为了从整体上把握国内外乡村振兴与发展的模式、经验与教训，为了从趋势上认清我国乡村振兴与特色小镇的特色、路径与模式，从2007年年底到2009年年底，柳中辉自掏腰包几百万元人民币、用了两年多的时间遍访了国内外许多有名气的小镇和村级组织，足迹踏遍了欧美大陆和国内名镇乡村，行程十万余公里，边考察、边思考，同伙伴们一起研讨；回国后，同专家们、师傅们、投资者们一起头脑风暴……不同模式的优缺点，不同路径的优劣势，国内外可吸收的经验、做法在哪儿？渐渐地，战略、思路、规划、目标、主题、举措等一步一步清晰起来……

### （一）国内探索的利弊

通过实地考察调研，柳中辉详细分析并列举了国内特色小镇建设的三种不同模式和乡村产业振兴中的同质化带来的共性问题，并总结得出了这些不同模式与做法的利弊与优劣：

第一种模式——村集体主导模式。其中，老典型有华西村、南街村；新典型有陕西袁家村、浙江鲁家村等。这一模式的优点在于，新典型多属于自发形成，外地特色品牌集聚于此，靠消费旅游带动；旧典型则为集中居住，标准化建设，土地和产业村集体集中经营。缺点在于：①缺乏顶层设计，缺少品质感；②最近十年崛起的乡村，多数产业结构单一，产业风险较大；80年代和90年代的典型，其产业选择基本处于产业低端，多数是过剩与落后产能；③村集体发展思路相对较封闭，严格按本地户口或户籍进行分配，利益圈固化，里面的人出不去，外面的人进不来；④特别是那些老典型，"分"的经营很少，"统"的经营过多甚至过头，外部的资本、产业、人才进不来，经营封闭，不仅易形成封建式家长制"一言堂"和权力与利益家族化倾向，而且易导致管理不规范，经营风险大，盈利模式欠佳。

浔龙河村田园风光

第二种模式——政府主导模式，主要是党政领导干部办点的模式。其优势在于，资金投入量较大，易进行基础设施建设，外在形象改变快，容易得到媒体关注。其不足之处在于：①垒大户、造盆景现象突出，形象工程泛滥；②整合较多的政府部门资源和财政资源，政府及部门资金导入明显；③政府主导，领导在则兴，领导撤则衰，不具备推广价值；④市场化程度低。即使是按市场方式做的地方，也多半是伴随在领导身边的那些利益圈子里面的人在做，即十分有限的市场资源配置，还是领导说了算，与党的十八大所提出的"市场在资源配置中发挥决定性影响和更好地发挥政府作用"的要求相违背。

第三种模式——社会资本主导模式，主要是央企或大型国企主导，例如，深圳华侨城、万科的乌镇等。其主要优点类似政府主导模式，如投资大，形象改变快，品牌效应显著。问题是：①普遍性产业结构缺失，有镇无业，失地农民难以获得保障；②普遍性社区功能缺失，"好山好水好寂寞"现象明显；③变相房地产开发，掠夺式开发乡村，项目区内像欧洲，项目区外像非洲，每个项目区开发都有一个农民安置区，形成典型的"二元社会反差"；④非农化、非粮化趋势明显，带有英国曾经出现过的"圈地运动"特性。

除了上述三种情形之外，还有第四种模式，这是带有普遍性的一种模式，即产业扶贫与乡村产业振兴模式——外力介入与同质型产业发展模式。

最近几年，我国推进乡村产业振兴，各地兴起了"一村一品""一域一品""一户一业"的特色产业发展范式，但几乎不约而同地遇到了"四小"难题：小农户与大规模、小生产与大加工、小企业与大科技、小品牌与大市场的矛盾。第三次农业普查数据显示，全国小农户数量占农业经营主体的98%以上。小农户无大规模生产效益，小生产无人加工原料，小企业无科技研发能力，小品牌无大市场影响力。最近40年来，我国小农户生产中普遍出现了这样的让人记忆深刻的四个印记：

一是"农产品一会儿多了，一会儿少了"，这是农产品留下的市场印记；

二是组织有规模的生产、市场和加工没跟上，号召大家带着感情吃，这是农产品留下的行政印记；

三是搞大规模经营主体，小农户有些茫然，这是政策留下的"真空"印记；

四是小生产、小商品、少收益，抑或"汗流浃背向东流，年终不见有钱留"，这是小农经济留下的历史印记。

在柳中辉书记及村支两委一帮人看来，上述四个印记也是2009年前浔龙河村的真实写照。他们认为，打造浔龙河生态艺术小镇的初衷，就是要彻底破解这个"四小"难题，切实解决产销矛盾，建立乡村产业发展的稳健机制，为产业振兴"闯道"、为农民增收"立向"，这不仅是乡村产业振兴的社会期盼，也是政府与农民主体开发市场的一个深度交融的过程，更是浔龙河村下一步必须破解的深层次问题。

那么，如何破解呢？柳中辉提出了自己的看法与思路，他说：

上述四个模式中，前三个是特色小镇（或乡村振兴）的建设运营模式，后一个主要是乡村产业振兴的模式。这两大模式中明显存在着不少问题，都需要去破解。

一个是特色小镇建设中的问题。2009年前的国内特色小镇，在规划设计和建设经营上存在很多问题，但归根结底是因为小镇特色或主题差异化不明显，文化特色不鲜明，或休闲产品不够创意创新，核心产品不具有核心吸引力，个性化不突出；有的严重偏离方向，出现'非农化''非粮化'甚至步入畸形的房地产开发轨道，不是搞乡村振兴，而是变相地在搞房地产。

另一个是乡村产业振兴与产业扶贫中的问题。即我国乡村产业扶贫和乡村产业振兴中各地兴起的'一村一品''一户一业'所带来的'四小'难题。对于第一个问题，采取综合三种主导模式的有利或优势的一面，避免其不利或劣势，构筑一个与众不同的'乡村式的城镇，城镇式的乡村'来破解；对于第二个问题，关键是要把农民组织起来，推进'规划蚁合、产业融合、品牌整合、集群聚合（四合观）'，盘活沉睡的山、水、田、林、草资源，发展壮大新型集体经济，走产业振兴与共同富裕之路。

为了让大家能够理解他的设想，柳中辉书记用PPT的方式详细叙述了他的"四合观"：

规划蚁合，有两层含义，一是指土地利用、城建、产业规划等五个规划全部叠加为一个规划，即"五规合一"；二是乡村产业振兴要立足于基础，立足于市场，立足于区位优势和比较优势。区域产业的培育有公共性、蚁合性、可塑性、成长性，应根据区域（村域）现有基础、产业潜力与市场前景，实行产业规模、产业延伸深度、产业成长阶段的层次性与梯级式规划，建议村级要有这样的规划，例如，要有十万、百万、千万、亿、十亿级的产业梯次与递进规划，并利用配套措施蚁合规划，有序推进。

大家都很熟悉，产业融合是指一二三产业融合发展。产品的加工、产品质量的不断升级、产品增值空间的拓展，以及产业链的延伸、关联产业的交汇交融、科技含量的不断提升，都与产业融合相伴相生，与农民增收息息相关，产业的融合度可体现"四小"的融合度。要通过标准化对"四小""兼容并蓄"，要通过社会化服务联小做大，要通过"领头羊""领头雁"实现"群羊效应""群雁效应"，要通过政策扶持增强发展的动力。

我所说的品牌整合，是指要克服各自为政、各自为"大"、各自为强、各自为散的思想，要做大地域或区域品牌。因为，地域品牌凝聚的丰富内涵、沉淀的特质文化、积淀的时空优势、深蕴的消费人群等元素都赋予了品牌的价值，应实现地域母品牌与企业子品牌的"叠加"，特别是要重点扶持地域特色公共品牌，让鲜艳的"旗帜"擦亮母品牌，鼓励在区域大品牌中凸显企业品牌。例如，浔龙河村所有产品与服务的品牌都采用"浔龙河地域龙的标识＋企业产品或服务标识"的母子品牌标注方式。

谈到集群聚合，柳中辉说，我国地域辽阔，产业千差万别，一方面产业化、工业化使"四小"面临诸多尴尬，另一方面差异性显著的"地标产品"也为特色产业塑造带来了巨大的商机。"地域的也是民族的"，"民族的才是世界的"。

最后，他从四个"合"的功能角度进行概述：通过产业的规划蚁合扩充张力，通过产业的融合增强活力，通过品牌整合强化市场的文化力，通过集群聚合塑造产业的续航能力。集群聚合，需要慧眼识"基"——看潜力在哪里？慧眼识"财"——看动力在哪里？慧眼识"才"——看"带头人"在哪里？有识有辨，明确方向和目标，才能有的放矢补短板，措施精准有力度，政策扶持有保障，产业发展有后劲。

## （二）欧美特色小镇与乡村振兴的启示

柳中辉一行除了深度考察国内的明星村和特色小镇外，还花了较多的精力与时间考察了日、韩、美、德、法、比利时等6个国家的10个特色小镇，以找寻欧美发达国家的特色小镇的特色与经验借鉴。柳中辉分析说，虽然在古代社会和封建时期，欧美传统游牧文明落后于东方的农村聚落文明；但进入工业文明之后，欧美由于率先迈入工业文明时代而发达于中国的农村文明。因此，随着工业文明的演进，城市文明不断繁衍：从传统城市化而言，资源的低效能消耗使得西方资本主义世界不断走入掠夺世界之途，急速的城市化或圈地运动使得城市环境加速破坏，机械力和规模化、社会化大生产导致产能迅速过剩，不得不用炮舰打开封闭国家的大门,推进贸易国际化。在其后期,广大富人为了追逐好的环境而大规模离开城市中心进入城郊或小镇,逆城市化成为必然。进入新时代,大城市开启了再城市化,大力发展高新技术产业和现代服务业,金领、白领再入城区;次级城市主要发展工业特别是制造业,工匠、职业工人和大量蓝领打工仔占据着次级城市空间;而介于大城市和次级城市之间的基本上是小镇,主要推进第一、三产业融合发展,农民和镇民二维分布。总体上看,乡村振兴与城镇化是一个硬币的两面,缺一不可,而且各有特色,彼此分工,共同支撑着区域经济或地方经济的发展。特别地,欧美的一个鲜明特点是,一座高校就是一个小镇,一个企业就是一个小镇,小镇的特色非常鲜明,主要有三个特点:一是空间形态优美,建筑与自然关系融洽;二是人文形态具有历史底蕴,特色小镇首先特色在文化,其次才是在产业,古城堡和历史遗存一般被保护得很好;三是人居和谐,人居、文化、产业相宜相依,宜居宜业,共生共享。

尽管欧美的小镇和乡村紧密相连,但也有细微的差别,这一点充分体现在日本和韩国等地。所以,柳中辉他们又进一步扩大考察区域,增加了对日本、韩国、荷兰和加拿大等地共计10个国家13个乡村的考察。他们发现,美国和加拿大,由于人少地多,地势平坦,大农场、大农庄很普遍,这对于我国广大南方农村来说,学不了,也没必要学;而日、韩、德、荷等地的原有乡村基础条件情况与我国改革开放30年后的"城乡二元结构"情况类似。所以,他们一行把学习、考察、调研的重点放到了日、韩、德、荷这几个国家。果然,考察后的结果也印证了他们的早期预判,这些国家的确值得我们学习借鉴,其主要经验和做法有:

**一是立足农业产业与产业链建设,开展因地制宜式的日本造村运动。** 第二次世界大战后,日本政府为了提升社会发展的速度,实行了一套城市偏向政策,注重发展城市工业,片面追求经济发展,以求快速推动整个国家的繁荣。在这种策略引导下,势必导致城乡发展的不均衡,城乡二元两极分化,造成农村发展的落后。为了振兴农村,消除城乡"二元结构",实现城乡一体化目标,大分县前知事①平松守彦率先在全国发起了立足乡土、自立自主、面向未来的造村运动。首先,在政府的大力倡导与扶持下,各地区根据自身实际,因地制宜地培育富有地方特色的农村发展模式,形成了为世人称道和效仿的"一村一品",培育了独具特色的农产

---

① 日本的省级行政区有都、道、府、县四种类型,县知事相当于我们的省长。

品生产基地,譬如水产品产业基地、香菇产业基地、牛产业基地等。其次,为了提升农产品的附加值,政府采取对农、林、牧、副、渔产品实行一次性深加工的策略。第三,充分发挥日本综合农协的作用,在农产品的生产、加工、流通和销售环节建立产业链,促进产品的顺利交易。第四,通过完善教育指导模式,开设各类农业培训班、建立符合农民需求的补习中心,提高农民的综合素质和农业知识。最后,政府对农业生产给予大量补贴和投入,支持农村发展。造村运动振兴了日本农村经济,促进了日本农业现代化的实现。因地制宜型模式在具体的乡村治理实践中,非常讲究具体问题具体分析的思路,通过整合和开发本地传统资源,形成区域性的经济优势,从而打造富有地方特色的品牌产品。从当前农村发展的现状来看,很难找到适用于各地区的标准化乡村治理模式,因此,因地制宜型的乡村治理能够充分发挥本地优势,有利于提升乡村社会的整体效益,值得我们学习借鉴。

**二是抓住农村设施建设与环境优化,实施自主协同型的韩国新村运动。**20世纪70年代,韩国政府为了改善城乡关系,推动农村发展,增加农民收入,决定在全国实行"勤勉、自助、协同"的新村运动。自主协同型的韩国新村运动模式具有以下特点:第一,针对农村基础设施破旧的现状,政府在乡村积极兴建公共道路、地下水管道、乡村交通、河道桥梁,以此整顿农村生活环境,提升农民生活质量;第二,通过改变传统的农业生产方式,推广水稻新品种,增种经济类作物,建设专业化农产品生产基地,提升村民的经济收入。政府为此实施了"农户副业企业"计划、"新村工厂"计划以及"农村工业园区"计划,不断增加农民收入;第三,培育和发展互助合作型农协,通过对各类农户提供专业服务和生产指导,以此促进城乡实现共赢;第四,在各个乡镇和乡村建立村民会馆,用于开展各类文化活动,激发农民的参与性和积极性;第五,政府在农村中开展国民精神教育活动,提高村民的知识、文化水平,创造性地让农民自己管理乡村和建设乡村。新村运动的实施改变了韩国落后的农业国面貌,重新焕发了乡村的活力,实现了农业现代化的目标。

**三是围绕村庄整治和可持续发展,推进循序渐进式的德国村庄更新。**德国的乡村治理起步于20世纪初期,其中对于村庄更新是政府改善农村社会的主要方式。1936年,政府通过实施《帝国土地改革法》,由此开始对乡村的农地建设、生产用地以及荒废地进行合理规划。1954年,村庄更新的概念正式被提出,在《土地整理法》中政府将乡村建设和农村公共基础设施完善作为村庄更新的重要任务。1976年，德国在总结原有村庄更新经验的基础上，首次将村庄更新写入到修订的《土地整理法》，还试图保持村庄的地方特色和独有优势来对乡村的社会环境和基础设施进行整顿完善。到了20世纪90年代，村庄更新融入了更多的生态发展元素，乡村的文化价值、休闲价值和生态价值被提升到和经济价值同等的重要地位，实现了村庄的可持续发展。德国村庄更新的周期虽然漫长，但是所发挥的价值和起到的影响都是深远的，对于乡村治理来说，这种对村庄循序渐进的发展步骤更能使农村保持活力和特色。

**四是瞄准乡村治理和规模化经营，谋划精简集约式的荷兰农地整理。** 荷兰的国土面积仅为4万多平方公里，却成为了仅次于美国的世界第二大农业出口国，这样的成就和荷兰乡村实行的精简集约型的农地整理模式是密切相关的。早在20世纪50年代，荷兰政府就颁布实行了《土地整理法》，明确了政府在乡村治理中的各项职责和乡村发展的基本策略。在此之后通过的《空间规划法》对乡村社会的农地整理进行了详细的规定，明确乡村的每一块土地使用都必须符合法案条文。1970年以后，荷兰政府重新审视了农地整理的目标，通过更加科学合理的规划和管理，避免和减少农地利用的碎片化现象，实现农地经营的规模化和完整性。从荷兰农地整理的发展方向看，政府已经改变了过去单方面只强调农业发展的单一路径，而转向多目标体系的乡村建设。

可以说，这些国家的乡村振兴各有特点，但我国在借鉴时，应更多地综合它们的优点，再结合我国不同类型乡村的客观实际与振兴要求进行把握。柳中辉一行正是基于这样的思路，在综合借鉴各自特色与优点的基础上，综合城郊型乡村特点及其振兴要求，将诸国各自显著优点或特色集成应用于浔龙河生态艺术小镇项目的建设之中。例如，在产业振兴中，就借鉴了日本的因地制宜的"一村一品"式农业产业化经营模式；在基础设施建设和人居环境整治方面，就借鉴了韩国、德国、荷兰的经验与做法；在村庄规划、土地整理与可持续发展方面，主要借鉴了德国的经验与做法；在乡村治理和规模化、标准化、集约经营上，主要借鉴了荷兰的经验与做法。从某种意义上说，浔龙河生态艺术小镇之所以叫"中国元素、欧洲风范"的特色小镇，之所以要建成"乡村式城镇，城镇化乡村"，其中一个重要原因，就在于这个名称及其内涵就是在对欧美诸国考察结束后综合把握、吸收、应用于浔龙河的结果，因而带有引进、吸收消化后的再创新特征和"集成创新"的特色！

# 第三章

# 年轻团队的小镇梦

谁能想到，浔龙河生态艺术小镇项目从自发构想与建设，升到县级重点工程，再升级为长沙市、湖南省重点项目乃至国家重点项目，时间还不到三年。同柳中辉书记交流时，他激动地说："刚开始做的时候，我们完全是自发的，人们不太认同，也没有政策支持环境，但现在就大不一样了，我们慢慢地得到了各级政府的认可，给予了各种政策创新的平台，最近又成为了国家住建部智慧社区的试点。"他开玩笑说："我们从流浪儿变成了干儿子，又从干儿子变成了养子，又从养子变成了满仔[①]。"但是，"我有一个关于浔龙河的梦。"穿着布鞋的村支书柳中辉，站在浔龙河河边，指点着两岸，深情地讲述着浔龙河村发展的历程。"浔龙河生态艺术小镇，源于新农村建设，成长于建设美丽乡村，将成熟于乡村振兴战略的实施推进之中。"是啊，浔龙河生态艺术小镇从她诞生之日起，就注定了她的开宗明义与众不同。2009 年，柳中辉和他的团队考察归来后，闭门召开了 17 次研讨会、诸葛亮会，一步一步地构筑起了心中小镇的样子。

## 一、名称：浔龙河生态艺术小镇

由于浔龙河地处长沙县城城郊，属于典型的都市郊区型农村，特别适合于建设特色小镇。当时的柳中辉团队就提出了建设"特色小镇"的构想，比浙江提出"特色小镇"概念还早了将近六年。也许，谁也不曾想到，这个团队 2009 年就提出了建设"生态艺术小镇"的构想。柳中辉说：

---

[①] 湖南的地方方言，指父母最宠爱的小儿子。

"我之所以要取名'浔龙河生态艺术小镇',是因为有如下三个思考。"即

**一是为了充分发挥浔龙河村的城郊区位优势,可以做成"小镇"**。浔龙河村是珍藏于长沙县果园镇内、地处核心城区近郊的一个不大不小的乡村,拥有良好的交通区位与市场区位,交通方便,道路通畅。打开地图,你就会发现,浔龙河的独特区位主要表现在两个方面:一方面,地处曾经的长株潭城市群、今天的大长沙都市圈的东北角,即省会长沙和长株潭城市群这一人口不断加密、产业不断做强、价值不断附加的重要空间载体的核心区间;另一方面,地处长沙县这个中国经济强县前六县"富北强南"战略的中心地带和长沙县经济核心区"一心三片"中的东北角,既能有效承接城市产业转移,又能超前部署高端服务业的布局,还可便利到达长沙县城的各个区域和长沙市区的核心商圈,既能实现闹中取静、曲径通幽,又能与大千世界紧密相连,俨然达到世外桃源般的极致境界。正是这种独特的交通、地理与市场区位,成为浔龙河可以走城乡融合之路、实现乡村振兴的独特条件与资源禀赋。

**二是充分发挥浔龙河村完美的生态环境优势,可定义为"生态型"**。浔龙河村自古山水优美、生态宜人、民风淳朴、人文厚重,是一个养在深闺人未识的大家闺秀,具有得天独厚的生态资源禀赋。村落自然的地势由北向南逐步从高到低过渡,是典型的江南丘陵风貌,虽非奇山异水,但也端庄秀丽,堂堂正正。从湖湘文化与历史的角度看,这样的生态风格,更多地归属于人的胸襟与气度。近15000亩的土地上,森林覆盖率70%以上,阡陌交错,绿树掩映,境内的浔龙河、金井河、麻林河三条河流交织环绕、曲水流觞,还镶嵌有大大小小的100余口山塘水库,错落其间,因而山水相接、明净如镜、烟波荡漾、美不胜收。浔龙河村地处浏阳河第八道湾到第九道湾及其主要支流冲积形成的丘陵地带,土壤以红壤土、水稻土为主,土壤条件优良,耕作层较厚且非常肥沃,气候温暖适宜,属于典型的中亚热带季风湿润气候,气候温和、热量丰富、降水充沛、日照充足,加上耕地连片、山林相间,适于农业产业化、规模化经营,有利于现代生态农业、农事体验休闲式全域旅游、生态农产品产业链的打造,是造就国家级农业综合示范产业园的强有力基础条件。

**三是充分发挥浔龙河村厚重的人文历史资源优势,具有"文化艺术性"**。浔龙河村地方虽小,却因久远的历史文化和近现代的文化教育名人而著名。根据史料记载、民间传说和现存的庙宇等实物佐证,小镇有着两

千多年的历史。三国时期,神医华佗在此地为关帝关羽刮骨疗伤,留有华佗庙、关帝庙各一座。据当地老人介绍,两庙曾经香火旺盛,香客众多,后来遭到破坏,现在的遗迹尚存,特别是华佗庙,原来经年香火旺盛,昭示自三国以来,小镇便是风水宝地。至今人们对这个民间传说深信不疑,津津乐道。从唐代的杨泗将军浔龙河里斩杀孽龙的传说故事,再到明太祖朱元璋在此地留下的传说,仿佛一层朦胧薄纱,让小镇的历史显得更为神秘、令人向往。境内的美丽传说与古迹众多,如浮龙溪、拖刀石、藏龙洞、龙王会、钻龙潭、出龙潭、龙转头、医龙台、顿刀洞、紫云台、华佗庙、杨泗庙、马踏石、关爷庙,以及现代戏剧家田汉先生的外祖母墓地燕子山等。境内其他景点自然天成、相映成趣;周边还有美女晒羞、狮子山、渔翁晒网、铁笼关虎、喜鹊含梁、团鱼山、铜钱潭、金井河等景点,形成了全域旅游的独特民俗风情。在小镇不足10平方公里土地上和半径20公里的范围内,孕育了张百熙、杨昌济、徐特立、田汉等一大批文化名人和革命家。蕴含着丰富的中华民族优秀的传统文化,是中华民族传承的宝贵精神财富,他们唤起了我们久远的记忆,是富含中国元素的肥沃土壤。加上受神农炎帝文化的影响,两千多年来,浔龙河村以种养为主,传家耕读文化,蕴含农耕中医文化。

浔龙河村游客接待中心

改革开放以后,年轻人向往城里生活,纷纷到城里打工、学习、谋生,留下来的人同中国其他农村类似,大都是老人、妇女和儿童。由于大家一股脑儿地往城里跑,逐步冷落了农村、遗忘了乡下、淡忘了乡愁。同时,从另一个角度上看,这也客观上保护了村落的原生态,保护了乡村的比较优势和后发优势,这也许就是林毅夫先生强调的中国为什么还可以保持较高增长速度,经济总量可在2030年左右超过美国的回旋余地。尽管有人对这种说法持怀疑态度,但我认为,这种说法其实很原始,并不天真,因为可以期待和预见,是我辈之人都可以期待与见证的!

## 二、目标:构筑城郊型乡村振兴的浔龙河范本

回顾历史,浔龙河村集体经济起步于新中国成立之初,改革于农村联产承包制推行之时,接续于新农村建设,成长于美丽乡村筑基,而成熟于乡村振兴战略的推进。浔龙河范本的确就是这样一个历史进程的VCR版本,是乡村振兴战略在湖南"两型"社会(资源节约型社会、环境友好型社会)建设中先行先试的一个缩影,是都市郊区型新型集体经济发展壮大的一种范式,尽管目前还只是完成了设想中的一部分,尽管发展壮大新型集体经济实现共同富裕还在路上……但现实中,柳中辉一班人"不管风吹浪打",毫不动摇、毅然决然地正沿着这条路继续前行。

柳中辉称浔龙河范本的特点是"五子登科",他说:"总体上看,浔龙河范本有以下五个特点:一是中国元素、欧洲风范;二是土地集体所有、资本混合所有'双重叠加'的社会主义新型集体经济;三是注重多规合一,在守住耕地、生态和村民利益三条底线的基础上,变资源为资产、变资金为股金、变地权为股权、变农民为市民,盘活乡村沉睡资源;四是创新利用乡村资源的综合运营商,亦即整体开发、建设、运营、管理和促进乡村可持续发展的集成提供商;五是通过'党建引领',创新基层治理,实现'五大振兴',开出'五朵金花'。"

柳中辉对浔龙河范本有细致的构想,具体内容如下:

一是整合开发全村资源,提升价值。利用政府政策,通过土地增减挂钩、异地置换实施农民集中居住,将农村原来没有价值的土地资源、闲置的土地资源集中起来,通过开发利用,提升其经济价值,用于改善村民居住条件和生产、生活设施条件,建设新型农村社区。包括:用于改善农村的基础设施和公共服务配套设施的建设,完善水、电、路、气、网等公共基础和科、教、文、卫、体、商等公共服务配套设施,储备用作集体经济

发展的基础性生产资源与资金来源。

二是组建集体经济平台，发展壮大集体经济。组建新型集体经济组织——乡村资源资产管理公司，将农民手中的资源固化为资产，开展市场化经营，使农民个体和村组集体的产权收益得到保障。具体办法是：将农民手中的宅基地、承包地以及原来权属不清的划归集体的林地、水域、民俗设施（例如庙宇），通过土地集中流转的方式流转到村集体经济平台，用于规模化的现代农业、全域旅游、文化教育、康养产业、智慧田园综合体的开发、建设和运营。

浔龙河村村民第一期集中居住安置区

三是注入社会资本，变资源为资产、变资金为股金、变地权为股权。通过社会资本的下乡，发展基于土地集体所有、资本混合所有的"双重所有制""叠加"与"重构"，盘活村集体的全部资源，通过资本的撬动，从整体策划、规划入手，塑造品牌、植入IP、布局产业，使小镇成为资金流、人流、物流汇集的新天地，实现乡村资源向资产、资本的华美蜕变；通过对农民承包地和宅基地的两个"三权分置"改革，实现地权变股权、农民变居民，促进农民安居乐业，成功人士返乡，最终实现乡村振兴，形成农民增收、农业增效和农村发展的良好局面。

四是倾注城镇现代理念,变村组为社区、变村民为市民。不仅推进城市公共服务向农村覆盖、城市基础设施向农村延伸、城市现代文明向农村辐射,完善小镇的公共配套功能,满足居民高品质的生活需求;而且改变村级组织基层自治为城镇社区基层治理。在不断推进网格化管理的同时,将优质教育资源、医疗资源引入乡村,让老百姓在家门口享受比城里人更好的社会公共服务。所以,浔龙河有了北京师范大学的附属中学、湖南师范大学附中,有了湖南的"星光大道""地球仓""樱花园""紫薇园"和"长沙院子",有了像我这样的人变成了浔龙河村民……

## 三、战略:党建引领、富民优先、创新发展

作为柳中辉团队的梦想,浔龙河生态艺术小镇的总体思路是:坚决贯彻落实五大发展新理念,按照"党建引领、富民优先、破解难题、创新发展"的总体思路,推进浔龙河生态艺术小镇建设,把浔龙河生态艺术小镇建设成为"产业兴旺、生态宜居、乡风文明、治理有效、生活富裕"的特色小镇,致力于打造中国都市城郊型新型集体经济发展的标杆——"浔龙河范本"。从浔龙河的实践看,这一思路的实践内涵包括:

**坚持党建引领**。把政治建设和发挥党员先锋模范作用摆在首位。浔龙河村确立了以党建为统领,以"党建+经济""党建+文化""党建+治理"为抓手的"党建引领"思路,创新开展村企共建党建工作,通过实施村党总支和企业支部的"组织共建、党员共管、阵地共用、活动共抓、发展共促",实现了党员管理的精细化,有力地发挥了党员的先锋模范作用。同时,以党的领导为核心,实现"党务、政务(政务代办与网上办理)、村务、社务(村供销社)、商务""五务合一",建立了以村民委员会、村务监督委员会为依托,以群团组织为补充的社会治理体系。在湖南省率先探索建立"O2O"党建服务平台,彻底打通联系服务群众"最后一公里"。不仅探索按组建群听意见,每个村民小组建立一个一级微信群,使村民小组成员全部入群,由党员或党小组长担任管理员,负责搜集和反映群众提出的问题;而且探索两委建群解决问题,使村支两委成员、党小组长、一级群管理员全部进入二级群,负责线上或线下为群众解决问题。

**立足富民优先**。把提高当地农民生活富裕的程度和提高群众的幸福指数,促进社会公共服务均等化等放在核心位置。柳中辉认为,建设浔龙

河生态艺术小镇的目标,就是要让乡村居民的生活富裕起来,特别是让乡村的农业居民富裕起来,缩小城乡差别、工农差别,解决发展不平衡的问题。为了这个"一诺千金",柳中辉团队进行了重大项目决策的全民公投,由村民自己选择自己的命运。对于思想不统一者,柳中辉团队上门做细致的群众工作不下170次,真是历尽千辛万苦。在统一全体村民思想后,浔龙河村结合都市城郊型乡村的特征,提出了打造"城镇化的乡村、乡村式的城镇"的目标,推进城市公共服务向农村覆盖、城市基础设施向农村延伸、城市现代文明向农村辐射;同时,通过对乡村环境、乡村文化等"乡愁"予以保留,建设生态宜居新型社区。

**力破发展难题**。浔龙河村支两委围绕破解"党建示范的信仰难题、土地流转的制度难题、集体经济的组织难题、多规合一的机制难题、产业发展的金融难题"五个发展难题抓改革,立足产业"五朵金花"融合发展抓产业振兴,努力提高资源配置效率。为此,浔龙河村立足改革创新,确立了"通过巩固和完善农村基本经营制度,深化农村土地制度改革,完善承包地和宅基地两个'三权分置'改革,推动产业融合发展和经营方式创新"的总体思路,推进村集体建设用地、农民承包耕地和村民宅基地的确权颁证与流转改革,组建新型集体经济组织——乡村资源资产管理公司,将农民手中的资源固化为资产,开展市场化经营,使农民个体和村组集体的产权收益得到保障。积极探索从土地确权到流转置换,再到开发使用,使土地资源从固化走向流通,形成完整清晰的价值增值链条。破解产业发展的资金难题主要靠引进社会资本,浔龙河村依托浔龙河生态艺术小镇项目和生态、文化、教育、农业、旅游、物流配送等产业,成功引进一批国有、民营企业,实现了"混合所有制"在乡村的落地,确立了"大力发展农村综合产业,使乡村资源实现资产化和资本化"的产业发展定位。

**力促创新发展**。生态优先,把生态环境优化、生态环境保护放在突出位置,重点是保护青山绿水,保护耕地红线;充分尊重原生态环境,通过多规合一的模式,依循原坡地肌理,将国有建设用地、集体建设用地、流转土地进行合理布局,最大限度地保留青山绿水、蓝天白云。特色产业和美丽宜居的重点是创新体制机制,促进规划体制改革,促进乡村资源利用机制的改革,以"乡村资源的专业运营商、生态特色小镇平台服务供应商"及"美好田园生活的创享家"定义自身的价值追求,实现乡村资源的价值,积极推动工商资本下乡,但严格守住农用地及其农业用途的底线,使工商资本在国家政策许可的范围内运营;引进社会资本投入,推进浔龙河生态艺术小镇的科学、稳健、高效的发展，营造出诗情画意、匠心独具、世外桃源般的田园风光，仅用10年时间，180户1023名村民过上了乡中有城、城中有乡、城乡一体、诗画般的中国元素、欧美风范的田园生活。

## 四、规划：五规合一与"3个三"体系

### （一）五规合一

2014年8月，国家发改委等四部委联合下发《关于开展市县"多规合一"试点工作的通知》，提出开展空间规划改革试点，推动经济社会发展规划、城乡规划、土地利用规划、生态环境保护规划"多规合一"的要求。柳中辉团队的建设思路其实比这一文件精神更早，在2010年就开启了"五规合一"的实践探索，2012年完成了"五规合一"，并获得县政府的批复。特别是，柳中辉等人基于国内外特色小镇的利弊与优劣，尽可能吸收其优势与特色，避免其劣势与缺陷，采用严谨而专业的流程，经过资源评价、文化内涵挖掘、景区总体定位、产品体系设计、规划总体布局、建筑景观设计落地等多个步骤，将自然景观、人文景观等资源进行评价与整合，通过资源的整合及文化的挖掘明确小镇的总体定位及产品谱系。可以说，浔龙河生态艺术小镇的规划设计有两个特点：

其一，是特色小镇四种模式的"嵌入式"综合产物。国内外特色小镇规划设计主要有四种模式：一是自然生态式。这类小镇一般处于独特的地形地貌区，拥有得天独厚的生态景观资源。其打造应以自然景观环境为背景，注重对环境的保护，强调原生态的环境景观，景观设计为画龙点睛之笔，对于人工景观的打造应强调遵循中国古典园林"虽由人作宛自天开"的设计理念，最终形成城景共融、人在景中、景在城中的氛围。二是主题营造式。这类小镇依托独特的资源形成某种主题，如基金小镇、滑雪小镇、温泉小镇、滨海小镇、黄桃小镇，等等。对其打造，应强调主题式的设计，整体建筑和小镇环境都应该体现主题内容，整体上形成鲜明的主题形象。三是文化体验式。这类小镇的活动以艺术文化体验为主，如中国传统的古镇古村，或是现代的壁画小镇、动漫小镇等。其空间体验的尺度可以小到一条休闲商业街，也可以大到整个空间环境，从建筑的文化符号到

整个小镇的肌理形态，构成了完整的文化体验氛围，在打造时应突出有韵味的文化空间体验。四是互动游乐式。主要有亲子游乐公园、体育运动公园、演艺街、自助式餐饮文化园等。国外的如法国的勒芒小镇、西班牙的隆达斗牛小镇等。

浔龙河村的做法是，将生态艺术小镇项目划分为不同的功能板块，将上述四种模式镶嵌于不同的板块之中，最终达成多种模式的互补，极大地放大特色小镇的综合效益。例如，依托浔龙河独特的山坡、水面地貌及其生态景观资源建设地球仓、童训营等自然生态式功能片区；利用地形地貌打造以自然景观环境为背景的樱花谷、紫薇谷等主题营造式功能片区；利用农场、田汉文化与戏剧元素构筑体验农场、国歌旗手体验、戏剧演绎体验等功能片区；与湖南卫视金鹰卡通频道合作，以举办大型活动或赛事为主要吸引物，以协调人与主要的活动场地关系为主，游客参与性强，打造了核心的麦咭亲子活动 IP 的互动游乐式功能片区。

其二，推动经济社会发展规划、城乡建设规划、产业发展规划、生态环境保护规划与土地利用规划"五规合一"。具体特点有八个方面：一是所有规划最终都落实在土地利用规划之中，但充分体现"以人为本"的理念；二是科学划定生态、农业、城镇等空间和生态保护红线、永久基本农田、城镇开发边界；三是围绕生态艺术小镇，强化村民生活圈建设，以镇带村、以村促镇，推动镇村联动发展；四是树立山水林田河草是一个生命共同体的理念，加强对自然生态空间的整体保护，修复和改善乡村生态环境，提升生态功能和服务价值；五是发挥小镇多重功能，提供优质产品，传承乡村文化，留住乡愁记忆，满足村民、市民和游客的美好生活需要；六是注重村民住房设计，建设立足乡土社会、富有地域特色、承载田园乡愁、体现现代文明的村庄；七是严格保护农业生产空间，科学合理划分国歌文化园、田汉艺术园和浔龙河亲子园等，规范园区建设；八是规划好政务中心、社务中心和商务中心，规划好汽车站、停车场、加油站、学校、超市、卫生院、物业管理等，着力构建便捷的生活圈、完善的服务圈、繁荣的商业圈。

## （二）项目内外有别

按照柳中辉的构思，小镇在充分尊重原生态环境的基础上，通过"五规合一"的模式，依循原坡地肌理，将国有建设用地、集体建设用地、流转土地进行合理布局，最大限度保留青山绿水、蓝天白云。为确保"看得见山、望得见水、记得住乡愁"，浔龙河邀请香港贝尔高林、中欧设计院、广州棕榈园林等规划设计机构，确定高标准、高起点的建设规划设计，将其打造成为国内一流的具有典型的区域文化风范、生态环境优美、富饶宜居宜游宜学的特色小镇。

对未列入规划范围的区域，保持原来的山地、林地进行整体流转，并进一步优化生态环境、发挥其更好的生态价值；对列入规划范围内的开发建设区域的生态环境进行生态的全面改造，打造出更具人文特征的山水园林景观，提升项目的整体影响力、旅游吸引力、小镇的美学价值。而且，规划必须就地就势进行规划布局和开发建设，对建筑密度、高度、风格进行严格把关、控制，做到风格统一、格调雅致，不脱离、不破坏自然生态环境的景观和景区设计。对小镇生活污水、生活垃圾进行了城市化的集中处理，避免原来自然循环带来的对自然生态环境的破坏。在建筑的设计中充分利用自然通风采光、注意能源循环利用，全方位践行资源节约的要求。

除山林野趣外，原住民也是一道靓丽风景线，石板路上的行人、廊下晒太阳的老人、自由自在的孩童。浔龙河充分尊重乡村文化特色，通过建设村民广场、村民文化宫等设施，成立文化艺术团、青年联谊会、老年协会等社会组织，满足村民文化生活需求，最大程度地保留乡村文明。

## （三）构筑"3个三"体系

柳中辉的总体思路是，以全局的胸怀、统筹的方法、创新的手段，通过立体、多维的技术措施来促进浔龙河生态艺术小镇的空间、地理、资源的科学布局。构建起生态、生产、生活"三生融合"，农业、工业、服务业"三产融合"，农民、市民、游民"三民融合"，形成以民生规划为核心、产业规划为引领、建设规划为支撑、社会经济发展规划为长远目标、土地利用规划为保障的"五规合一"的科学规划体系。

一是以民生规划为核心。浔龙河生态艺术小镇的民生规划充分考虑了当地农民群众的生产、生活、生态的需求，从改善农民群众的生活品质，提升居住质量、劳动就业、教育医疗、社会保障等各个方面进行全面的民生规划，从维护农民的利益出发，将农民所掌握的土地资源、生态资源转化为财富，实现农民的快速脱贫、增收、致富。

二是以产业规划为引领。浔龙河生态艺术小镇的产业规划建立在当地资源禀赋的基础上,分析本区域的交通区位、生态资源、人文资源、市场需求,通过整合社会资本来撬动,确定了发展生态农业、文化事业、教育事业、旅游产业和康养产业五大产业,其中前三大产业是本底,后两大产业是支撑。这些产业的市场,不仅可以推进产业结构调整与优化,提升近郊农民的生产生活水平,而且可以为市民提供新的投资与消费的市场产品,促进市民慢生活和休闲消费。在全面建成小康社会和我国第四次消费升级的今天,人民对提升生活品质的需求日益强劲,不仅需要高质量的产品与服务品市场交易,更需要有体验式、互动式和创意式的市场提供。因此,产业规划必须满足好乡村旅游产业发展"吃住行、游购娱、体(验)养(生)创(意)""九字诀"的要求,特别是抓好"体验养生创意"的服务提供。显然,在一个充满文化自信的国家和区域,文创产业和康养产业必然成为今天转移当地劳动力就业、吸引城市居民下乡创业、实现小镇长远发展的动力源泉。

三是以建设规划为支撑。建设规划始终遵循"绿水青山就是金山银山"的理念,以"不破坏生态环境、不减少耕地面积"为原则,确保"看得见山、望得见水、记得住乡愁"。浔龙河村邀请了国际知名的香港贝尔高林、中欧设计院、广州棕榈园林等国内外一流的规划设计机构,确定了高标准、高起点的建设规划设计,立志将小镇打造成为国内一流的具有典型区域文化风范、生态环境优美、富饶宜居宜游宜学的特色小镇。对于没有列入规划范围内的区域,保持原来的山地、林地,进行整体流转,并进一步优化生态环境、发挥其更好的生态价值;对列入规划范围内的开发建设区域的生态环境进行生态的全面改造,打造出更具人文特征的山水园林景观,提升项目的整体影响力、旅游吸引力、小镇的美学价值和形象。规划中依山傍水、就地就势进行规划布局和开发建设,对建筑密度、高度、风格进行严格把关、控制,做到风格统一、格调雅致,不脱离、不破坏自然生态环境的景观和景区设计。对小镇生活污水、生活垃圾进行了城市化的集中处理,避免原来自然循环带来的对自然生态环境的破坏。

四是以社会经济发展规划为长远目标。浔龙河生态艺术小镇的社会发展总目标是达到4.1万常住人口,每年300万人次的旅游、研学人口的规模。这是根据自然生态环境的承载能力和配套的公共工程设施规划的总体容量以及建设用地规模的容积率等多个指标综合进行测算而得出的。从而,明确各个指标的边界,使人口与自然永久性协调发展。同时,根据农村人口发展为城镇人口的需要，逐步完善社区管理方式，建立与小镇相适应的科学、智慧化的管理体系。

　　五是以土地利用规划为保障。土地利用规划是实现小镇建设目标、产业发展目标，并保证民生规划得以实施的基础。根据五个大产业发展和建设的需要，小镇对土地的开发利用进行了混合运营的创新。形成了耕地全部保留、林地基本保留、建设用地则根据环境的需要呈点状、带状布局的土地利用规划形态，大量的边坡地、荒地、山地得到开发利用。在14700亩的项目区内，8000多亩不改变使用性质的耕地和林地采用流转的方式先从农民手中流转到村集体的公司，再由该公司流转到开发、建设、运营的公司进行统一经营；1000多亩的集体建设用地用于村民集中居住区建设、基础设施建设、公共设施配套建设和村集体公司经营；2500多亩国有出让用地由政府招拍挂后进行产业开发。目前，浔龙河生态艺术小镇通过集中流转3600多亩土地，建成了1100亩优质稻、620亩绿色蔬菜、600亩苗木基地，200栋民宿农业创客、美食和乡村旅馆空间，用于开发乡村旅游、现代农业、文化教育等绿色产业。

## 五、形象：城镇化乡村、乡村式城镇

　　以政府投资为主、社会资本投资为辅，推进城市公共服务向农村覆盖、城市基础设施向农村延伸、城市现代文明向农村辐射，完善小镇的公共配套功能，满足居民高品质的生活需求；同时，充分尊重乡村文化特色，通过建设村民广场、村民文化宫等设施，成立文化艺术团、青年联谊会、老年协会等社会组织，满足村民文化生活需求，对乡村文明进行最大限度地保留，打造"望得见山，看得见水，记得住乡愁"的栖居地，建设生态宜居和智能化的新型社区。

　　浔龙河范本是中国元素、欧美风范的特色小镇，是一项由社会资本特别是民营资本开展乡村资源整体开发、建设、运营、管理和可持续发展，实现资源创新利用的系统工程。作为这一系统工程的开发者，浔龙河公司选择人口相对稀少、交通网络便利、自然环境优美、人文底蕴深厚的城镇市区，城市周边的郊区和偏远乡村等三种不同类型资源禀赋区域进行有特定主题特色小镇开发，浔龙河公司是综合开发商与整体运营商之一。

　　浔龙河生态艺术小镇的开发建设不仅对市民、农民转化融合的城乡统筹有着重要的意义，而且对于调控城市房地产政策，落实总书记"房子是用来住的不是用来炒的"的指示，意义重大而深远。随着农村集体建设用地面向城市特别是大都市开发租赁住房，也随着农民宅基地和住房可以面向城镇人口改造出租，大量的生态文化资源优越的城郊租赁住房的低成本供给，会导致城市房地产一级市场的刚性需求软化，房地产价格会因此下行，城市房地产投资会进一步下降。这对于改善城市房地产市场供求关系，抑制房价上涨，规避经济脱实向虚都有百利而无一害，不仅广大城市居民因此而减少大量的房价支出，提升市民的福利水平；也可显著增加农村集体和农民的财产性收入，明显改善城乡关系，缩小城乡差别，提高广大农村居民的幸福指数。更重要的是，这些政策的实施，会开启城乡人口的"双向流动"，特别是大量的城镇退休居民会把许多城市的现代经营理念、现代经营要素和市场资源带到广大城郊乡村，甚至是生态资源区位优势显著的边远地区，这必将深度促进城乡融合发展。

一直以来，浔龙河生态艺术小镇项目始终坚持一条"城镇化的乡村、乡村式的城镇"的城乡融合发展的创新之路，力求打造国家级"新农村建设示范村"、"美丽乡村示范村"、"全国美丽宜居村庄"和"全国乡村振兴的范本"，通过10年的不断探索，在现有的土地管理制度下寻求土地资源创新利用和开发，使农村资源实现资本化转变，解决了农民增收、农业发展、农村面貌根本改变的"三农"问题，其开发、建设、运营模式被国内权威专家学者、主流媒体所认可，被称为基于特色小镇的新型集体经济的"浔龙河范本"。

## 六、主题：把农民留住、请市民下乡

根据公共服务设施配套和生态环境的容量，以及开发的产业规模容量来综合测算，浔龙河生态艺术小镇建成后，可容纳4.1万常住人口生产生活，每年可接待300万人次前来学习、培训、旅游与康养，能直接或间接解决1800个农民和市民的就业与创业。

过去农民不想留在乡村，都想去城里，是因为乡村穷、乡村旧、乡村生活没有城里好。现在农民想留在农村，是因为农村有了翻天覆地的变化，农民能在自己的家门口过上比城里更好的生活，能就地攒钱养家，能享受与城里人一样的教育、文化、医疗、自来水等配套服务，更能留住农民的是能享受家乡的美丽生态环境和农民兄弟姊妹对父母及儿女的牵挂。这里有城里没有的青山绿水，还有乡里乡亲的民俗文化，以及永远无法割舍的家庭亲情与温馨。

浔龙河生态艺术小镇的主题是，不但要把农民留下来，彻底解决多数农村现存的留守老人、留守妇女、留守儿童"三留守"问题，更要把城里的市民引进来，让成功人士返乡。特别是让城里人能在生态环境优美的乡村里旅游、休闲、娱乐、养生、学习，也可在小镇里置业、就业、创业；不仅使他们在小镇里释放大城市生活和工作的压力，弥补大城市缺乏青山绿水和负氧离子不足的遗憾，更能让他们重新拾起久违的乡愁、儿时的记忆，重新燃起热爱祖国、热爱大好河山的激情。如果真正实现了上述主题要求，浔龙河范本就真正开创了中国"把农民留住、请市民下乡"的新纪元。

对于城市居民，基于生态移居，可以寻找到更多更好的青山绿水、蓝天白云；基于城镇建设和产业发展，可以获得更多的亲近大自然的就业机会；基于旅游休闲，可以享受到更加纯真的自然美食、乡土文化与民俗风情；基于身心健康，可以呼吸到新鲜的空气，陶冶情操，获取更多的创作、创意和创造灵感，不仅提升生理健康，更能得到更高的精神享受，人们的获得感、幸福感会大幅提升。

对于农村居民，在城镇化过程中，基于城乡基础设施的互联互通和社会设施的共建共享，城乡一体化水平会大幅提升；基于城市的现代经营要素、理念和人力资本的注入，农村、农业的现代化水平会得以迅速提高；大量的银发"上山下乡"，会引发新一轮乡村革命，带来广大农民就地务工、就地创业，彻底解决"三留守"问题，通过就地开店、开厂、开办旅游或文创等其他创新业态与经营业态，实现职业转换，并进一步通过培训，增加自身技能，新一代现代农民就会迅速成长，土地碎片化问题、农村空心化问题、农业弱质化问题、农民收入低地位低的问题等都会迎刃而解。随着乡村振兴战略的深入推进，"城市尾、农村头"式的美丽乡村及其吸引力必将超越城市而成为人们的向往之地。

## 七、路径："五个一"推动项目落地

浔龙河生态艺术小镇项目的原始动力来自创业返乡青年企业家柳中辉

## 第三章　年轻团队的小镇梦

及其团队的回报家乡、建设家园的满腔热情。然而，从热血冲动到项目实施却是一项复杂的系统工程。如何能使美好蓝图变成现实，聪明的柳中辉和他的团队一起，研究新型城镇化推进政策、特色小镇与乡村振兴政策，不断地到政府相关部门去汇报、游说，上千次的汇报、沟通与交流，柳中辉先生的口头表达能力得到了极大锻炼与提高，也的确得到了省市县乡各级领导与政府部门的认可与政策支持。在此基础上，智慧的柳中辉团队进一步细化项目落地思路与对策，终于，"五个一"推动项目落地的路径显现在他们的眼前：

一个堡垒——发挥村党支部的战斗堡垒作用，开启"党建引领+经建支撑+富民优先+创新驱动"的乡村振兴模式；

一面旗帜——高举发展壮大新型集体经济的旗帜，实施土地确权流转，让资源变资产、农村变小镇、农民变市民，实现贫困村变富裕村、村民迈上共同富裕之路的目标；

一个平台——生态艺术小镇，实行项目化运作，探索实现土地集体所有制与资本的混合所有制的"重叠"与融合，让市场在资源配置中起决定性作用和更好地发挥政府作用，政府、社会资本、民间投资、村民各参与主体实现共建共赢共享；

一张图纸——"五规合一"，"三三同体"，建设"城镇化的乡镇，乡村式的城镇"，让百姓"望得见山，看得见水，留得住乡愁"；

一家公司——与棕榈园林股份公司合资组建浔龙河公司，以现代企业制度对接所有项目与多元融资渠道。

在设计好这"五个一"工程之后，柳中辉团队开动了强大的宣传机器，发挥其宣传功能，他们的宣传群众、教育群众、统一群众思想的工作能力得到了大幅提升；他们跑部门、汇报思想、展示蓝图、游说领导，终于，他们的想法得到了党政部门、社会贤达与村民的认可和支持，柳中辉被推选为浔龙河村党支部书记，也是浔龙河公司董事长，成为浔龙河生态艺术小镇项目建设的主要引领者、设计者和推进者。

为了让群众看到希望，让企业看到商机，让政府看到回报，提高各方主体参与建设的积极性，他们扎实开展了浔龙河小镇顶层设计，重点将民生、产业、建设、社会经济发展、土地利用等五种规划蚁合一体，统筹推进，将所有美好的理想落实在规划上。一方面坚持发挥党支部的战斗堡垒作用，以民生规划为核心，高举发展壮大新型集体经济和造福百姓的旗帜，突出民生优先原则，从百姓的向往出发，提出把"既享受城市便利的公共服务，又享受农村优美生态环境"作为浔龙河小镇的追求目标；从农民的利益诉求出发，提出把农村资源变资产、资产变股权、农民变市民作为浔龙河小镇的努力方向；从百姓生活需要出发，对改善生活品质、提升居住质量以及劳动就业、教育医疗、社会保障等各个方面进行全面的规划，并制订详细的可落地的实施方案。另一方面，坚持以产业规划为引领、以建设规划为推手、以社会发展规划为长远目标、以土地规划为保障，为企业展示了有作为的商业空间。依据本地的交通区位、资源优势和自然环境承载力、市场需求等，提出了将生态小镇打造成为四万常住人口、年300万游客接待能力的小城镇，确定了发展现代农业、乡村休闲旅游、文化、教育和乡村地产康养等"五大产业"，并依托浔龙河生态艺术小镇建设平台，实行项目化运作，吸引工商资本进入。坚持底线思维，制定土地规划，为资本和产业落地提供了切实可行的路径。2012年，浔龙河完成"五规合一"的总体规划，得到了长沙县政府的同意批复，从此，浔龙河项目建设有了纲领性指引。柳中辉及其团队的理想、情怀与群众的期盼相一致，与企业的追求相契合，与政府的向往趋同，赢得了上下左右的一致认可。

# 第四章

# 亿万富翁做村官

做好了浔龙河生态艺术小镇的规划设计，只是"万里长征走完了第一步"。要使规划落地，要实现小镇梦的路还很长很长，为了抢时间，还必须抢在政府批准之前就要有行动。所以，从 2009 年年底开始，柳中辉就投入到了紧张而有序的行动之中。

## 一、柳中辉的"四点"思考

柳中辉深深地懂得，要实现他和团队的生态艺术小镇梦，不脱一层皮几乎是不可能的。他反复琢磨的内容基本上是带有策略性质的，即怎样做才能实现自己的小镇梦？经过反复思考，并不断地听取老党员和当地贤达的意见，最终得到并提出了以下"四个必须"的战略思考：

一是必须坚定不移地抓好村里的党建工作，以党的理论自信、道路自信、制度自信和文化自信来统领村委、村民和进村企业家的共同信念，这样才能把握好乡村振兴的政治方向，才能凝聚正能量，形成命运共同体。只有同呼吸、共命运，才能有坚强的信念，才能使各参与主体劲往一处使，奠定成功的基石。

二是必须坚定不移地倡导民生优先、民生为本，始终把老百姓的利益放在首位，通过发展集体经济使百姓走上共同富裕之路。只有这样，才能得到村民的拥护，小镇梦落地才有了群众基础。为此，必须把政府的公共服务均等化作为民生的基础性配套条件，让老百姓共享经济社会发展的成果；必须通过产业资本的发展来带动集体经济的发展，再带动个体经济的发展，形成产业经济驱动集体经济与个体经济发展的动能——必须把公利放在私利之上，把集体经济利益置于企业经济利益之上，做好、做强、做稳集体经济平台，把发展中风险最低、收益最稳，有一定的垄断性、有较好收益的公共项目交集体经济组织经营，让集体经济为老百姓持续、稳健地谋求福利。

星光木屋酒店

云田民宿

三是必须充分发挥市场对资源配置的决定性作用，变城市社会资本为农村产业资本。只有这样，才有经济实力保证小镇梦落地。通过一段时间的思考，柳中辉提出了"把浔龙河公司打造成乡村资源的整体开发与综合运营商"的思路，大力引进优质社会资本，大力引进能将农业产业链优化和延伸的现代农业休闲、现代农业旅游、现代生态康养等项目，优化农业产业结构、提升农业边际效益，促进农村闲置资源有效利用、开发，推进农村资源的资产化和资本化。通过科学、合理、创新的运营模式来撬动，既能将闲置资源盘活，又能放大提升农业资源的价值，更能形成政府、集体、企业、农户之间多主体整合投资与产业发展机制、利益共享机制，带来巨大的经济价值与社会价值，农村经济的"乘数效应"与"边际效用"将得以实现。

四是自己必须带头做村官，并打造一支以村党支部为核心的有号召力和战斗力的队伍，把团队的好想法变成党支部的集中决策和广大家乡父老的统一行动。只有这样，才能解决乡村振兴中社会资本"隔山观火""隔靴搔痒"的难题；也只有这样，柳中辉自己制定的"党建引领、民生优先、创新发展"的战略落地才不会走样；也只有这样，团队"打造文化旅游、绿色生态、美丽宜居的特色生态艺术小镇，破解城乡'二元分割'和农村'三留守'的难题,创建中国田园综合体新范本的梦想"才可能达成。

## 二、统一村民想法不易

对于柳中辉来说,上述四条想法中,第一、三、四条都不算太难,真正难的是统一村民的思想,即第二条。

2010年2月28日,柳中辉全票当选了浔龙河村党支部书记。乡亲们选他,因为他算这里小有名气的能人。以亿万身家的企业家身份来当一名村官,建立威信有时相对较容易,比如村里需要修路,柳中辉就自己掏腰包把路修了。但要让乡亲们一心一意,投入他构思的那个新型小城镇的梦想,则是一个复杂的系统工程。按照柳中辉的设想,在农村建设小城镇,应该首先是人的城镇化:通过国土资源部土地增减挂钩的异地置换政策这个抓手,让老百姓集中居住,引进城市文明集中下乡——城市物质文明的水、电、路、气、网等设施基础,城市精神文明的科、教、文、卫、体等事业都要引入到这个农村新型生态社区里来。这中间,如何说服村民们放弃原来分散居住的房子,到重新规划的区域去集中居住,就是一个难以想象的大难题。

亿万富翁可以当村官,但并不是所有有钱人就可以做村官。这里必须要有一个民主的程序,要让老百姓心服口服,要统一大家的思想,要实现大家的共同愿景。

新型城镇化首先是人的城镇化,要让原住民真心拥护这个事情,而不是摧毁性、割裂性地去破坏农村文明。光是为了集中居住这个事情,柳中辉就组织设计了几十套方案,让村民可以选择自己想住的房子。"一开始我们想盖高楼大厦,但是村民不愿意,他们还是习惯独门独户,所以后来我们就设计成了这样,每家都有一个前院,有一个车库,有一条5.6米的后街,一楼可以做门面商铺,里面有厨房有卫生间。我们组织村民无数次地开会,不断地调整修改和商讨。大家说还是想吃自己种的菜,我们就在住宅旁边规划了50亩耕地作为景观菜园,保证每家每户都有一分菜地。村民说那我们的锄头耙头尿桶往哪里放?菜地里就又增加设计了工具房……"

村民们充分介入设计的小城镇,建设标准被归纳成八个字:欧洲标准,中国特色。这里的学校、公交、文化中心、体育公园、商场、幼儿园、医院……都尽量考虑并保留了乡村文明。比如公园附近专门辟出一块地方做了民俗文化宫,其中一项功能就是承担红白喜事,让农民家里"老了人"之后能有个按照老民俗传统进行祭祀的场所。

保护耕地、保护环境、保护民生,这是中国以往的城市化进程中最容易遭到忽视的问题,也是国家现在重点关注的命题。在浔龙河整个农村产业园区的建设规划中,耕地的面积没有减少,耕地也没有非农化,同时耕地的质量还不断提升。生态环境也得到了极大的保护:"七千多亩林地、河流、池塘和水库,尽可能地不动山,绝对不可去填塘。自然环境之外,人文环境也需要保护,这里是国歌词作者田汉的故乡,而且这里有悠久的庙宇文化,有传统桥梁房屋,都会在新的设计中发扬光大。浔龙河应该是一个'看得见山,望得见水,记得住乡愁'的地方。"

回不去的乡愁,是中国近 30 年来城市化进程中许多人内心的隐痛,这其中当然包括柳中辉这样的一批优秀青年企业家。这个只读到初中毕业的青年人 24 岁离开家乡,因为农村外面有更好的机会,他的理想是进城过上好的生活。经过多年打拼,在积累了原始资本之后,回报家乡甚至改造家乡才成为可能。重新当起了农民的柳中辉把妻子和两个孩子统统接回乡下,不管应酬多忙,每周雷打不动地陪母亲吃饭。他研读与农村改革有关的各种政策和政治读物,反复研究华西、小岗等农村经验,他建设乡村文化中心,按照《中国好声音》的模式举办乡村卡拉 OK 大奖赛和婆媳关系大奖赛,他投拍与浔龙河有关的电视剧在湖南电视台播放……这一切,都让他生出了比以前做生意、挣钱更大的成就感。

村书记是柳中辉仕途的起点,也是他仕途的终点,因为他根本志不在此。有几次,省里的领导看好他的才干,颇流露出提拔之意,他都婉言谢绝。"我说首长,我要真成了公务员,我就不敢跟你讲真话了,因为我会在意官位要往上走。现在我当个村官,说错了你们也不会怪罪,你要是真怪罪,把我撤了,我也无所谓。"他进一步阐释说,"其实,做个村官,还能做点实事,可能记住我的人还多点。"前来视察的省委主要领导们闻言哈哈大笑。

柳中辉一路得到了各种支持,"我向来不要独家的政策,任何特殊的东西都无法复制,我需要的是给我创新的机会。所以省领导就说,外省有的政策,允许你来先行先试,外省没有的政策,你们可以根据自己的尝试,在不违反法律法规的前提下,创新推进。我需要的就是这几句话,我不需要其他东西。"柳中辉书记自豪地说。

## 三、全体村民公投

柳中辉当上村支书后有很多令人激动的创新。其中之一是真正实现了村民自治——开启了村民公投的探索。可以说，浔龙河村特别是生态艺术小镇的构想虽然源自柳中辉，但决策的过程的确是全体村民参与公投的结果，这充分体现了农民的意愿，代表了农民的意志。

"全体村民公投"即村民全体公投票决村集体事务的全新机制与方式，这一机制与方式成为村集体农民意愿表达的最佳方式。今天的农村发展，需要进一步解放思想、解放生产力、创新管理机制。随着时代进步、农民文化素养的提高，农民的投票表决制度成为了理顺农村治理、管理、经济发展的一把金钥匙，能大力促进实现广大农民心中的中国梦。

我国基层治理制度中的基本制度安排是"基层自治制度"，通常指城镇社区市民和行政村村民自治的制度。而自治的方式也有多种，其中就有自治公投的方式。自治公投是指社区市民或村民全体投票对重大问题作出决定的方式。自治公投是一种直接民主形式，是由村民或社区市民通过直接投票的方式，对相关议题表达同意、反对或弃权的明确态度进行表决，然后根据表决结果达成决策的一种制度。它是人民自决权实施的一种特定程序选择，属于民主政治的范畴。从性质上讲，它不是对代议制民主的否定，而是对代议制民主的补充和修正。浔龙河就是采用了这种方式开启了其民主决策的探索。

到目前为止，浔龙河村民一共进行了三次公投，全村18岁以上村民全部回来参加投票。

第一次，愿意不愿意把浔龙河建设成新型小城镇？为打消村民内心的疑惑，以民主的方式征得村民的认可，柳中辉一点点向乡亲们解读浔龙河村新型城镇化的落地构想，2010年3月初至9月上旬，他组织召开了163次大大小小的村民代表大会。慢慢地，村民的态度转为支持。在此基础上，2010年9月19日，村党支部、村委会和浔龙河农业科技开发公司联合组织召开了申请城乡一体化试点、建设生态艺术小镇村民民主决策大会，村上18岁以上村民全部回来参加投票。全村村民投票支持率为97.2%。对不同意的28户农民，村支两委又专门挨家挨户上门宣传，终于赢得了大家的广泛支持，最终作出了在双河村建设浔龙河生态艺术小镇的重大决定。从此，村民集体决策成为双河村的重要决策程序，如果村民不愿意，村支两委决不会强制推进任何事项。

第二次，2010年11月24日，双河村召开了村民集中居住和选房选址的全村民主决策大会，村民投票支持率达到98%。在此基础上，2010年12月23日上午，长沙县在该县果园镇双河村村部举行"长沙县果园镇第一次政府公众开放日浔龙河生态小镇集中居住选址公投活动"和长沙县农村服务平台启动仪式，这标志着覆盖农村、集聚民智的政府信息公开和公众参与平台正式运行，也是践行农民有序参与政府行政决策的生动案例。当天一大早，双河村五七组的村民就来到村部参加"公投"活动。村民卢高士说，2009年双河村就开始组织村民搞土地流转，也就是说，农民把自己的土地转包给公司进行经营，自己每年可以得到每亩700元的粮食补助，公司还可以安排自己和家人在那里上班。"以前家人都在外打工，导致很多土地都荒废了，"卢高士说，"今天，政府又征集民意，以房换房建设生态小镇，而且补助款比购房的价格还要高。我们变成了真正的城里人。"

第三次，2012年4月26日到5月1日，全村再次举行了浔龙河土地合作社成立征求意见暨公投大会，村民愿不愿意把土地流转出来，这一次，群众支持率达到100%。于是，浔龙河村依靠国家、省、市、县各级的政策支持，通过确权和流转把土地集中起来，使之成为与企业平等合作的资本，确立了农民的主体地位，使农民在乡村振兴的过程中占据了主动权。

浔龙河村的村民公投改变的是什么呢？最重要的改变是通过村民公投让村民承认土地进行流转的合法性和合理性，释放了农村土地资源的价值潜力，为现代化农业生产创造了条件；而土地经营权流转及其诱发的规模化、标准化与公司化经营又进一步解放了农村生产力，为农业农村现代化建设打下了基础。

当了村支书，就得兑现自己的承诺，但是，要让面朝黄土背朝天的村民相信他关于新型小城镇的构想却绝非易事。这里距离长沙市仅30公里，但曾地广人稀、耕地少、产量低、瘦田难留人，外出务工者多。但在柳中辉眼里，这些劣势统统可以转化为优势。于是，柳书记一边宣传一边运作，2011年，柳中辉和他的团队为了开发建设浔龙河，成立了湖南浔龙河生态农业科技发展有限公司，通过党建引领、党建开路，通过三年努力，浔龙河项目已初具雏形，并在湖南省内外取得了一定知名度。目前，湖南浔龙河生态农业科技发展有限公司已流转当地农田、果园、山地等共1.2万多亩。其中2000多亩将发展成为高标准的蔬菜生产种植基地。公司现有各类生产管理人员计112人，包括中高级专业技术人员12人。2012年公司与湖南农业大学建立产学研战略合作伙伴关系，成为湖南农业大学产学研长沙唯一基地及教研示范基地，与湖南省蔬菜研究所合作成为省蔬菜研究所成果转化基地与原生态品种培育基地。

## 四、"属虎"兄弟的默契

前面说到，2011年柳中辉和他的团队为了更好地开发建设浔龙河村，成立了湖南浔龙河生态农业科技发展有限公司。这是一家以蔬菜生产加工为主的集蔬菜生产新技术推广、科技成果转化、教学实习培训于一体的，具有科普、观光旅游、休闲、度假等多功能的现代化农业企业，目标是力争将公司打造成湖南省一家集科技农业、信息农业、创意农业、快乐农业为一体的农业展示基地与示范企业。

2013年，时任广东棕榈园林股份有限公司（简称棕榈股份）总裁的赖国传与柳中辉相识，两人同龄都属虎，笃信未来的两位才俊相信"他们很合"，所谓"很合"，主要是对浔龙河项目和对中国农村城镇化进程的理解，两人有着高度的默契，对未来中国乡村振兴与特色小镇的发展前景有着高度一致的认同。例如，他们认为，新型城镇化项目属于中长期投资，重视的是未来价值，强调的是人文关怀，这就需要合作的公司既要有长远的眼光，也要有资本的实力；而且，园林行业跟项目紧密相关，新型城镇化是美丽中国的推手，党的十八大提出了五大发展新理念，第一次把绿色发展列入新发展理念之中，强调绿色发展，建设生态文明，这就需要有专业的公司来推动专门的事业。棕榈股份在生态环境规划设计、建设实施等方面的能力排位当时中国第一，他们整合了欧洲的顶尖设计资源，想要做成行业标杆，而浔龙河人也想把浔龙河做成新型城镇化典范——生态城镇——的中国第一个完整试点，两大合作主体有着思想认识上的高度一致和经济利益上的高度依存。

作为行业龙头，棕榈股份始创于1984年，是国内少有的紧扣国家新型城镇化发展方向与政策，并以生态城镇业务为核心发展战略的上市公司，2010年6月于深交所中小板挂牌上市（股票代码：002431），2016年4月正式更名为"棕榈生态城镇发展股份有限公司"。经过30余年的发展，公司已成长为能够驾驭"建设—运营—内容拓展"全产业链三位一体生态城镇业务模式的专业化、国际化、集团化现代企业。目前，棕榈股份旗下拥有贝尔高林（BeltCollins）、棕榈设计、棕榈建设等控股或全资子公司，并于2016年12月战略收购浙江新中源建设有限公司45%股权，构建从基建到园林、再到建筑全产品线的"规划—设计—施工一体化"国际一流建设平台。在国内20多座城市以及香港、东南亚、欧洲等地设立分支机构，为包括迪士尼、华为、万科、保利等在内的传统商业客户以及政府客户服务，年产值超50多亿元，在中国以及全球创造各类经典作品超过15000多件，在赢得广大客户与业主的赞誉与口碑的同时，也在业内树立了极具影响力的品牌形象。

2013年开始，棕榈股份已不满足于做单一城市园林景观供应商，希望升级为综合环境运营商并成长为生态城镇整体运营商。作为当时国内最大的园林类上市企业，棕榈股份怀着建设生态城镇的梦想，正在谋求公司华丽转身，向特色小镇的开发、建设与运营领域进军，加上园林企业本身在生态种植、景观规划等方面的专业特长，使得这两家的联姻格外"门当户对"。2013年11月4日，在长沙市人民政府举办的2013长沙小城市（中心镇）建设暨现代农业发展投资洽谈会上，浔龙河村与广东棕榈园林股份有限公司顺利实现战略合作签约，后经过几轮洽谈与磋商，决定共同成立湖南棕榈浔龙河生态城镇发展有限公司，专门开发浔龙河生态艺术小镇项目。以此为契机，棕榈股份依托在生态环境领域积累的强大优势，追随国家生态文明建设与新型城镇化发展的战略步伐，率先在湖南长沙、贵州贵安新区等地展开生态城镇试点，探索出一整套行之有效的标准化生态城镇运营模式，并通过PPP/EPC等多种合作模式全面、广泛、深度地参与到中国新型城镇化进程中，与广州、梅州、赣州、湖州、长沙、贵安新区、蓬莱等地方政府发展友好合作关系，结合当地实际，因地制宜地打造与区域镇情相匹配的特色小镇。其中，广东梅州雁洋的"客家小镇"、山东蓬莱刘家沟的"葡萄酒小镇"被列入国家首批特色小镇名单（入选特色小镇共127个），湖南长沙的浔龙河生态艺术小镇被评为全国第四批美丽宜居村庄，一系列荣誉称号奠定了棕榈股份在新型城镇化领域的龙头企业地位。2016年，公司围绕生态城镇发展战略，通过资本并购实现对乐客及乐客奥义、三亚呀诺达、英超西布罗姆维奇俱乐部的参股，进而完成从"生态城镇"到"生态城镇+"的战略升级,在娱乐、文旅和体育三大产业的内容端布局,成功构建集生态城镇建设端、运营端、内容端三位一体的"三驾马车"业务模式,进一步强化公司在生态城镇领域的竞争优势。目前,公司将以"致力于成为全球领先的生态城镇运营商"为发展愿景,持续推动中国的新型城镇化进程,以全体棕榈人的智慧和力量,为中国更多的城镇提供绿色、集约、民生、循环、低碳、智慧的生态城镇解决方案,实现美丽中国梦。

2013年6月,赖国传与柳中辉两位关键人物相识后,双方通过四个多月的初步对接和深入谋划,形成了以下合作共识:一是围绕浔龙河项目的总体规划、园林景观规划、生态环境规划等业务层面开展合作;二是在指导浔龙河项目公司培育上市的企业转型发展层面上开展合作;三是合作成立湖南分公司——湖南浔龙河小城镇投资开发有限公司,该公司主要从事对浔龙河范围内的土地进行前期整理和综合开发经营,开发经营的收益用于城市基础设施建设——城镇基础设施项目、政府重大项目及配套项目——的投资及综合开发建设等。

尤其是双方通过充分协商与洽谈后所作的一个十分重要的战略决策,开启了建设浔龙河生态艺术小镇的序幕。这一事关全局的重大决策是,借助上市公司的资本优势与浔龙河三年多的卓越探索,决定将浔龙河生态艺术小镇作为全国"城镇化的乡村、乡村式的城镇"的样板来打造。其初步的战略选择是,依据浔龙河村的交通区位优势、生态资源和历史人文资源的优势,基于比较优势与后发优势理论,研究制订了浔龙河生态艺术小镇的战略发展规划,拟通过20年的开发建设,投资140亿元倾力打造浔龙河生态艺术小镇项目。2013年11月4日,合作协议正式签订。正如棕榈园林副董事长林彦所介绍的那样,浔龙河生态艺术小镇是棕榈园林挺进新型城镇化业务的首个重点项目,被定位为开启数万亿新型城镇化业务的"钥匙工程",公司为此将全方位高起点打造。签约后,合作开发架构稳步搭建,建设工程快速推进。公司首先在规划端口引进整合"中欧设计平台",由欧洲奥地利等知名设计机构联合贝尔高林、棕榈设计,操刀浔龙河规划;其次在产业导入端口引进北京电影学院,联手启动浔龙河艺术职业教育产教基地,为浔龙河整体产业包括现代农业、艺术职教、影视演艺、观光旅游、文化地产等夯实基础并注入强劲活力。

# 第五章
# 乡贤微笑着带资返乡

浔龙河村是一个典型的"七山二水一分田"的丘陵贫困村。全村土地面积1.48万亩,其中山林地面积10000亩,耕地面积1300亩,水面面积3500亩。尽管地处三湘第一县长沙县,但直到2009年依然还是省级贫困村。要彻底改变这一面貌,实现自己的梦想,靠什么呢?从实干中成长起来的柳中辉讲述了一个深刻的"四靠原理",他说:"生态艺术小镇的建设必须依赖四个东西,可以称之为'四靠':一靠人,二靠钱,三靠政策,四靠科技",而且,"四靠"彼此依存,缺一不可。

生活在城市里的人都知道,发展经济一靠政策,二靠科技,三靠投入。因为农村人口、资金等流向城市的缘故,城里一般不缺人,特别是大城市一般不缺人和人才。但是,农村不同,知识分子、青壮年劳动力和资金大部分进城了,所以,农村普遍缺人缺人才、缺资金。党的农村政策本来就好,特别是党的十八大以来变得更好。所以,实现乡村振兴,建设特色小镇的短板是缺资金、缺人才。因此,柳中辉深深地懂得"靠人""靠钱""靠政策""靠科技"的"四靠原理",更是把主要的时间和精力花费在工商资本下乡、乡贤返乡和政策下乡上。常常挂在柳中辉嘴边的一句话是"理想很美丽,现实很骨感,如果没有资本、人才、政策三下乡来撬动农村沉睡的山、水、田、林、土等资源,再好的梦想也永远只是空中楼阁"。

## 一、战略合作式资本下乡

曾几何时,农村人口、土地、资金的城市指向性流出,在带来城市走向繁荣的同时,农村却在不断地走向衰退。长沙县作为三湘第一县,其县域经济综合实力处于全国前6位,但县域内发展极不平衡,南富北贫,浔龙河村正好处于南北交汇的过渡地带,由城入乡的结合部。村里的主要经济来源是打工收入,由于人均耕地少,农业基本上是自给自足,是一个典型的务工型农业村,农民全是兼业型农民。长沙县南部是一个工商业发达的地区,这为工商资本下乡奠定了先天基础,这些地区年轻劳动力务农意愿很低,农业劳动力老龄化严重,客观上很多农户无力耕种。

### 1."同心工程"架桥

如何扭转这一态势,自2006年起,长沙县率先在全省开展了"万企联村、共同发展"的新农村建设与城乡统筹实践,2011年又启动了"同心工程"。伴随着"万企联村"和"同心工程"活动的开展,2009年,柳中辉作为一名优秀青年企业家,他带领他的团队、他的资本和他们的现代化管理思想与经营理念回到了家乡,拉开了长沙县资本下乡和乡贤返乡建设家乡的序幕。

### 2.平台公司筑基

2011年,柳中辉和他的团队组建了湖南浔龙河生态农业科技发展有限公司,重点是做好土地确权与流转工作,共确权流转了当地农田、果园、山地等共1.2万多亩。其中2000多亩将发展成为高标准的蔬菜生产种植基地。通过党建引领、党建开路,经过探索与努力,浔龙河生态艺术小镇项目已初具雏形,并在湖南省内外取得了一定知名度。2014年,柳中辉引进了他曾经的合作伙伴——广东棕榈园林股份有限公司,合作伙伴的介入,不仅加快解决了生态艺术小镇建设的资本难题,而且也引起了资本市场的广泛关注。此后,政策性金融机构,例如国开金融,及商业性金融机构等,纷纷从多个项目和不同视角切入浔龙河村。

棕榈生态城镇发展股份有限公司于2014年注册成立,注册资本2亿元,由棕榈盛城投资有限公司(50%股份)、湖南浔龙河投资控股有限公司(50%股份)共同出资组建,共同整合政策、资源、资本、团队和产业背景等项目关键因素。公司开发的浔龙河生态艺术小镇项目占地总面积14700余亩,计划总投资140亿元。项目通过土地增减挂钩异地置换实施农民集中居住,完善水、电、路、气、网等公共基础和科、教、文、卫、体、商等公共配套设施,建设新型农村社区,实现农民就地城镇化;通过推进土地集中流转，发展现代农业、农村休闲旅游和小城镇商居开发等农村综合产业，促进农民就地就业。

2014年，浔龙河村被湖南省确定为农村集体产权制度改革试点村，当时全省只有五个村试点，要做的事情是因地制宜、因势利导地做好成员的资格认定、股权的设置、资产的量化、资产的固化范围、改革后资产的运营方式等，根据基层组织、农民群众的实际情况采用民主决策方式集体讨论决定。同时，浔龙河村根据《农业部关于创建国家现代农业示范区的意见》（农计发〔2009〕33号）、《中共中央国务院关于加快发展现代农业进一步增强农村发展活力的若干意见》（中发〔2013〕1号）等政策的指导性意见，找到了加快现代化农业发展、促进城乡一体化的建设与政策依据，结合现实情况积极探索工商资本下乡。

### 3. 多管道资金下乡

浔龙河生态小镇按照"一产为基、二产引导、三产为主、一二三产协调联动"思路，布局了生态农业、文化教育、休闲旅游、健康养老、乡村地产等产业。为发展产业，他们以前述公司为融资受体平台，探索工商资本下乡模式，多管道融资，助推乡村小镇产业发展。目前浔龙河公司已通过股市增发获得14亿元资金，另外还获建设银行总行特批的"新型城镇化"贷款试点贷款授信4亿元，湖南省农商银行贷款授信4.5亿元。同时还采用众筹的方式，向社会广泛开展项目招商，引入投资。到2017年底，全村项目投资超过10亿元，浔龙河已将农村由政府投资为主，转变为企业、政府、村集体多元主体的投资结构。目前，浔龙河生态艺术小镇已有各类企业商户200余家进驻，累计投资产业建设资金7.5亿元，投向主要集中在农业种植（花卉苗木）、农产品加工、休闲旅游、文化、教育、乡村地产等产业，"五大产业"布局逐步形成。引进湖南省股权交易所，进行农业企业的上市辅导，引进国家开发银行进行政策性金融支持，通过参股、贴息、担保等多种形式支持和促进农业企业、农业创客吧和农业创客集群发展。

从村支两委的决策来看，浔龙河村引进工商资本下乡的建设重点在于，探索建设"城镇化的乡村、乡村式的城镇"，打造生态艺术特色小镇。建设浔龙河村的生态宜居工程，"让城市融入大自然，让居民望得见山、看得见水、记得住乡愁"。浔龙河村以打造"城镇化的乡村、乡村式的城镇"为目标，推进城市公共服务向农村覆盖、城市基础设施向农村延伸、城市现代文明向农村辐射；同时，通过对乡村环境、乡村文化等"乡愁"予以保留，建设生态宜居新型社区。

### 4. 工商资本下乡的成效

工商资本下乡，从撬动农业产业园、促进城乡一体化、实现城乡公共服务和公共基础设施均等化开始，把建设农业现代化与新型工业化协同发展起来。工商资本的进入帮助浔龙河小镇逐步建立起了农村产业链，同时也形成了农民的增值链，推动了浔龙河土地价值倍增、农民房屋价值倍增、劳动力价值倍增和自然景观的价值倍增。具体体现在以下几个方面：

一是促进农业规模化经营。浔龙河村引进的工商资本围绕推进农民专业合作示范社、农业专业协会示范协会和现代农庄建设展开支持，这些建设在使用土地时严格按照不高于流转用地总面积3%的比例配套生产、生活用地，并且大量地使用了"四荒"地，来盘活乡村的土地资源，如投资1.14亿元发展生态农业和农产品加工业，种植优质水稻580亩、绿色蔬菜620亩、花卉苗木600亩，近4年共实现营收1600多万元，为农业由弱转强打下了扎实基础。生态产业完成了现代农业基地及加工厂、花木基地建设；引进湖南省农科院、湖南农业大学的水稻专家、农作物专家，通过建立科研基地、技术入股的方式推广应用新品种、新技术、新成果、新装备，发展现代生态农业、科技农业、打造知名农业品牌；支持发展特色生态养殖、农业休闲旅游、农产品加工等产业。

二是促进农民集中居住。截至2018年12月31日，累计完成拆迁、搬迁共计180户，完成了一期一、二批180户安置房建设，投入搬迁、安置资金16456万元（其中拆迁、搬迁款9040万元，安置房建设款7416万元）。完成了180户安置房分配。村民通过集中居住，获得了具有资产价值的房屋。按照村民自愿的原则，由浔龙河文旅公司对一楼商铺进行整体返租，租金为18元/（平方米·月）；对部分二楼住房进行返租，租金为10元/（平方米·月），每年可获得租金收入2万到4万元。

三是促进乡村旅游的发展。投资1.82亿元，加强休闲旅游基础设施建设，开发了以农业休闲、山水观光、文化旅游、健康养生为特色的近郊型短期度假基地，成为长株潭地区休闲、旅游、养生度假的重要目的地。投资3.5亿元发展乡村地产，已开发出全定制原乡墅院、地球村商业街区、创客街、众筹木屋等宜居和投资产品等。完成了浔龙岛基础设施、大塘冲现代农庄及附属设施、浔龙河接待中心、童勋营、牧歌山、云田谷、村民集中居住区乡村创客空间一期（好呷街、土菜街、休闲街、民俗街）、地球仓度假酒店一期、木屋度假酒店一期、樱花谷、水上乐园、商业街等项目建设；文化事业由长沙县政府牵头在浔龙河区域范围内建设田汉文化园；教育事业建设完成了北京师范大学附属学校；康养产业完成了浔龙隐·连山（42亩）建设并热销，完成了108时光潇湘、商业街的建设、销售、招商运营，浔龙隐·礼运、浔龙隐·乐境、时光潇湘、万科博商资长沙院子项目、上海嘉兆国际甜甜湾室内动物园项目等正在建设、销售之中。

四是推进城镇基础设施向村组和农户的延伸。由果园镇政府作为实施主体，累计完成投资53205.57万元，完成了项目的规划设计和控规编制，完成了田汉大道一期、东八线辅道一期、田汉文化园、杜鹃路、驭龙路、村民活动中心及广场、村民集中居住一期基础设施、宋水线B段、金井河人行桥、刘家坪大坝建设、浔龙河综合整治、自来水加压泵房建设等基础设施工程。整合上级职能部门各类项目资金投入10662.29万元（其中果园镇范围内5000万元），完成了原双河村土地整理项目、麻林河路口至果园段整治工程、金井河果园段治理工程、双江垸景观排水渠及幼儿园、临时公交车站建设等，提升了当地村民的生活品质。配合地产和招商项目的开发，累计腾地98.6亩，拆迁安置180户，夯实了产业发展的基础。

五是促进新型集体经济的发展。截至2016年底，浔龙河生态小镇集体经济总量900多万元，比2009年增长近100倍；村民年人均纯收入2.7万元，增长了6倍多，实现了经济收入从贫困村向富裕村的转变。设立长沙县供销社的基层组织——浔龙河村供销社，发展村级电商以及"O2O"线上线下结合的农产品物流和商贸流通业。

## 二、乡贤抱团返乡

正如前面所述，缺钱缺人是当前农村实现乡村振兴的两大短板。浔龙河的做法是把这两个短板捆绑起来加以解决，推进乡贤返乡和工商资本下乡相结合，开启"二重奏"。2018年3月全国"两会"期间，习近平总书记在出席山东代表团讨论发表重要讲话时指出，实施乡村振兴必须实现"五大振兴"，其中关键是实施人才振兴，没有人才振兴，其他振兴都是一句空话。浔龙河的实践也完全证明了这一点。

## （一）做好返乡领头雁

作为乡下人之梦，在国家行政学院，以中国城镇化促进会副主席身份的柳中辉，应邀给全国各地参加特色城镇培训班的学员，分享了浔龙河范本。"我有一个浔龙河之梦，就是要把这里打造成城镇化的农村、乡村式的城镇。如今这个梦想正一步步变为现实……"柳中辉是个有梦想、有担当的自信心强、做事果断、态度坦诚的男人，这样的人作为浔龙河的"领头雁"，而且能满票当选村支部书记是必然的。火车跑得快，全靠车头带。无数实践证明，有个好带头人，农民就满意，地方发展就快。

在把自己的钱拿回来建设家乡的同时，柳中辉和他的团队也回到了浔龙河，柳中辉本人则成为了这个团队的"头雁"。可以这样说，早期是柳中辉选择了浔龙河，而到后来则是浔龙河选择了柳中辉，这种选择也许是一种天意。因为，在大千世界，柳中辉的确是个十分难得也不可多得的"领头雁"，因为父母恩、故乡情，因为担当、责任和格局！

柳中辉自称是个乡下人，尽管职务是湖南长沙浔龙河投资控股有限公司董事长，可他更在乎另一个称呼，浔龙河村第一书记。2018年1月23日下午，他被选为中国城镇化促进会副主席。同时增补为副主席的，还有中国移动通信党委书记、董事长尚冰，科技部原党组成员、《科技日报》社原社长张景安和中青旅实业发展公司董事长伞翔宇。毫无疑问，和这三位新增副主席相比，1974年出生的柳中辉，无论是资历和阅历，都属于"小"字辈。但乡下人有乡下人的底气。十年来，柳中辉在家乡浔龙河村，依托长沙城郊的优势，探索乡村振兴的路子，带领老百姓脱贫致富，创造了全国瞩目的"浔龙河范本"。

理想中，一个人的梦想终归是梦想，现实里，很多事情还是很残酷的。带领百姓脱贫致富是一个系统工程，仅靠小恩小惠，无疑难以长久，也解决不了根本问题，"授人以鱼，不如授人以渔"。话是这么说，可做起来却很难。"功成不必在我，但功成必定有我"。柳中辉认为，人生在世，就要不断挑战难题，何况是为家乡，更有责任和义务。把事业的发展方向，从城市转向农村，本身就意味着担当、付出和责任，也体现一个人的心智、格局和追求。乡村振兴，精准扶贫，着力点就是要调动农民的积极性、主动性和创造性，因为他们才是乡村主人。人心齐，泰山移。柳中辉回乡创业，首先要聚集的就是村民的心。"我来干什么？要向父老乡亲们一点点讲清楚。"为了统一思想，仅2010年一年就召开了163次大大小小的村民代表大会。农民的想法很朴素，老板带着资本下乡，到底是掠夺还是共享？一句话，你投资对我有没有长远的好处？如果没有好处，即便是土地闲置，也不会让你赚钱。作为乡下人，柳中辉深知农民的心思。

一分耕耘一分收获。到2016年，浔龙河集体经济总量达到了900多万元，贫困村变成了富裕村。在柳中辉的眼中，未来中国城镇战略发展中，大城市是太阳，中小城市是月亮，而像浔龙河这种都市近郊型乡村就是星星。没有星星的夜晚，世界就显得孤单。那么，如何让群"星"璀璨？柳中辉说，依然是政府推动为主导，社会资本运作为主体。既要让市场在资源配置中发挥决定性影响，也要更好地发挥政府的作用。因此，政府和市场都要厘清其作用与行为边界，既不能"大包大揽"，也不可"甩手不管"。有所为，有所不为。

## （二）抱团返乡

但是，浔龙河乡村振兴光靠柳中辉个人，即使他有三头六臂也是难以奏效的，还必须有团队，一个强有力的团队。尤其是，要实现乡村产业振兴，还必须要有具有现代产业经营理念和市场经济观念的善筹划、懂管理、会经营的产业运营与管理团队，而这一团队又正是目前我国实施乡村振兴战略中的最大"短板"，它难以从现有乡村土壤上生长出来，必须靠外部"植入"。浔龙河村的百姓很幸运，真的植入了这样的团队。柳中辉积极主动发挥"头雁效应"，带领和他一起在商海打拼多年的同事、朋友、同乡等毅然回归故土，投入建设家乡的怀抱，形成了一个有事业心、有战斗力、能打硬仗的核心市场经营团队，既弥补了浔龙河村实施乡村振兴的最大短板，又成就了他们心目中的伟业。现在来看看这个乡贤团队的主要成员，他们是柳中辉、赖国传、王聪球、黄建平等人。其中，除战略合作伙伴赖国传是广东人外，其他都是长沙县人，也都是柳中辉的同事和朋友。因为筑梦浔龙河以及资本背后的战略远见，让他们走到了一起，形成了最佳的组合与团队。他们既是资本上的合作团队，而且也是经营人才上的合作团队，开启了资本下乡和乡贤返乡创业的"二重奏"。他们是：

柳中辉，1974年出生于浔龙河村，初中毕业，干过农活，做过生意，后来进了乡镇企业上班，再出来自主创业……2009年起任湖南浔龙河生态农业综合开发有限公司董事长，2014年任湖南浔龙河控股有限公司董事长，2018年，担任中国城镇化促进会副主席、中国农业经济学会常务理事、中国企业家博鳌论坛理事会副理事长、吉首大学中国乡村旅游研究院名誉院长，湖南省长沙县果园镇浔龙河村党总支第一书记，湖南浔龙河投资控股有限公司董事长。作为设计师和主要创始人，柳中辉一手打造的浔龙河生态艺术小镇，现已成长为全国特色小镇领域的知名案例，所开创的浔龙河模式和路径对中国乡村振兴战略实施具有典型示范意义。曾获"2018中国农村新闻人物"、第九届"全国农村青年致富带头人"荣誉称号，著有作品《蝶变·浔龙河》。

赖国传，男，汉族，1974年生于广东梅州平远仁居镇，1992年考入华南农业大学，主修风景园林专业。1996年大学毕业之后，赖国传到中国最早的民营园林企业——棕榈园林——工作，1998年任棕榈园林副总经理，继而任总经理。担任景观设计师和项目经理期间主持设计与施工的项目，包括广州翠湖山庄、汇景新城、成都金林半岛、贵阳在水一方等，为居者所称道，成为行业典范，被中国风景园林学会评为"优秀项目经理"。2004年，棕榈园林与保利、万科、星河湾、华润、富力、合生创展以及栖霞、滨江、中南等一系列全国知名房地产企业建立了长期合作伙伴关系，基本完成全国布局，并于2010年6月上市。2014年，棕榈园林成立30年之时，年收入突破50亿元，位居行业第一，成为中国风景园林行业龙头企业，主营业务从传统的生态环境建设延伸到生态城镇的"建设—运营—内容"全产业链。同年5月，赖国传卸任棕榈园林董事、总经理，全身心投入生态城镇试点运营和相关产业投资，并在全国率先提出"生态小镇"的概念。从2016年开始，棕榈园林致力于建设"生态城镇+"，生态城镇+文化小镇、生态城镇+教育小镇、生态城镇+体育小镇、生态城镇+旅游小镇等等，从建设、运营、内容各个方面，贯彻"绿色、集约、智慧、循环、低碳、民生"的理念，建设自然与人生、古典与现代、人文与科技完美融合的生态小镇。

王聪球，1972年出生在湖南省长沙县春华镇九田村，中共党员，湖南省政协委员、长沙县政协常委。1991年6月从长沙县一中毕业，1992年1月至1992年12月从事个体汽车运输，1993年1月至1995年1月，任长沙县果园汽车改装厂路口分厂质检员、质检科科长，1995年2月至1996年12月任长沙县果园汽车改装厂微型车分厂供应科科员，1997年1月至1998年5月担任长沙县光明塑钢门窗厂厂长，1998年6月至2000年10月担任湖南创程实业有限公司董事长，2001年1月至2004年12月担任长沙市建工集团副总经理兼四分公司总经理，2005年1月后开始担任湖南圣力房地产开发有限公司总经理，2009年3月至2016年1月担任湖南棕榈浔龙河生态农业开发有限公司总经理，2016年2月至今担任湖南棕榈浔龙河生态城镇发展有限公司董事长。

  黄建平，男，汉族，1976年1月23日出生于长沙县黄兴镇鹿芝岭村，中共党员，文化程度本科，1994年开始参加工作。现担任湖南天苗房地产开发有限公司董事长、浔龙河控股集团执行总裁、湖南下乡客浔龙河文旅有限公司董事长。1994年6月至1997年7月，在长沙县仙人市建筑公司任资料员、施工员。2005年2月就职任星大建筑公司，担任项目经理。2005年2月开启了人生的第一次创业，投资成立任星大典当公司并担任公司董事长。2008年6月开始担任湖南天苗房地产开发有限公司董事长，2013年9月起同时担任浔龙河控股集团执行总裁。2015年5月着手筹备湖南下乡客浔龙河文旅有限公司，并担任公司董事长。

  园林行业是一项持续造福民生的行业，市场容量大但集中度低，受国家经济政策影响显著，要在市场竞争中取得成功并非易事。越是在风光的高处，战略眼光也就要放得越长远。作为国内最早的民营园林企业，从最初的中山苗圃场发展成为一线的园林景观服务商，棕榈园林在生态环境领域坚守了几十年，为包括迪士尼、华为、万科、保利等在内的传统商业客户以及政府客户提供服务，在中国乃至全球创造各类经典作品超过15000件。2013年以前，棕榈园林的生态城镇战略还仅仅只是一个构想，没有实践经验的支撑，难以获得市场的接纳和认可。通过与柳中辉的接洽，赖国传找到了生态城镇棕榈梦的落脚点——浔龙河。从2013年开始，棕榈园林先后投资8亿元，为浔龙河提供了从顶层规划、景观设计到施工的一系列落地服务，并持续参与到小镇后续的产业导入和运营。在棕榈人的助力下，这座位于浔龙河畔的小村庄，实现了从省级贫困村，到省级生态示范点的华丽蜕变。自2015年项目首期产品问世以来，经过三年的沉淀，建设运营成果喜人，既产生了经济效益，又呈现出社会效益，一跃成为中国新型城镇化的建设新样板。

  经过近几年的酝酿和探索践行后，基于浔龙河小镇范例，棕榈园林对外发布战略，正式转战特色小镇万亿级市场，通过在湖南长沙、贵州贵阳、贵州贵安新区等地展开生态城镇的试点，一步步从建设到运营，形成了一整套行之有效的标准化体系。为了更好地服务生态城镇项目建设，2015年3月，棕榈园林在上海成立了棕榈生态城镇研究院。该研究院由住建部生态城市、智慧城市专家唐震先生牵头，旨在搭建生态城镇发展的全产业链、全过程服务系统，为新型城镇化的增量创新、存量优化、城乡融合发展提供一站式方案解决服务平台。2015年7月，棕榈生态城镇研究院又与中城智慧成立城市生态智慧联合实验室，共同为生态城镇提供理论支撑与技术标准的输出。2016年4月，棕榈园林正式更名为棕榈股份，并提出了"美丽中国·棕榈梦"的新的奋斗目标。通过参股整合浙江新中源、控股贝尔高林（香港），从规划、设计、基建、园林、建筑等方面提供与国际接轨的生态城镇建设端一体化解决方案。并通过整合"上市公司+产业基金"的形式整合全球资源，为生态城镇运营端导入特色化主题与产业，形成了可"生长"在生态城镇土壤里的VR主题公园、WBA英超足球产业、呀诺达特色文旅等具有自主知识产权的特色产品，真正打通生态城镇从建设到运营，再到内容的全产业链。

## 三、乡贤返乡和资本下乡的做法与效果

考察浔龙河资本下乡，印象最深的是，一个农民办起了一个偌大的现代产业园。与那些推倒重来的"大山庄""大园区"相比，这里保持了山村的自然风貌，留住了农民、兴办了产业，望得见山、看得见水、记得住乡愁，确实让人感觉亲切得多、柔性得多。那么，他们的做法有何独到之处呢？

### 1. 乡贤带着微笑来

浔龙河资本下乡源自浔龙河村创业返乡青年企业家柳中辉建设家乡的满腔热情。他既是公司董事长，又被选为浔龙河村的村支书。其具体做法是：

一是让利益相关者看到预期，增加信心。不仅让群众看到利益，企业看到商机，也让政府看到美好的希望。柳中辉凭借出色的口才及其为民的大爱情怀与拳拳之心，把前面所述的"五个一"工程——一个堡垒、一面旗帜、一个平台、一张图纸、一家公司的——落地举措，宣传到了相关部门、领导、群众的心坎上。通过三个月的宣传发动，加上"五个一"落地举措的扎实推进，的确不仅让群众看到了利益，企业看到了商机，更让政府看到了乡村振兴的希望。于是，政府、银行、企业、供销社、村民、市民等所有利益相关者，都信了，都来了，也得到了社会的认可。例如，

县供销合作社把第一个村级供销社落地浔龙河；14亿元的浔龙河公司股市增发抢售一空；建设银行总行特批的"新型城镇化"贷款试点贷款授信4亿元；湖南省农商银行贷款授信4.5亿元；还有许多其他合作伙伴纷至沓来……

二是盘活土地创新运营，让资本落稳脚。工商资本下乡不是做客而是安家，只有与土地结合在一起才有用武之地。为此，浔龙河村村民通过反复讨论，签字画押，推动了土地集中流转、村民集中居住，实行土地混合运营。其一，推动土地集中流转，为产业发展留出空间。通过扎实开展土地核查和确权，并将所有权确权到组，由村民小组自主申请、村民签字同意后实施经营权的集中流转。全村确权面积11580亩，全体村民全部参与流转，由小组统一优先流转给浔龙河公司。其二，推动农民集中居住，节约了建设用地，新增了农用地。浔龙河村通过实施农民集中居住，每户农民节约建设用地0.56亩，总计节约建设用地340亩。对腾退的宅基地进行复垦后，可新增农用地726亩。其三，实行土地混合运营，提升了土地综合利用效率。浔龙河村根据项目建设和产业发展需要，对浔龙河项目区14700多亩土地进行了规划调整，改变建设用地成片布局的传统方式，创造性地采取了点状、带状、片状布局。近万亩农业用地不改变使用性质，保持山水自然风貌，种植水稻、蔬菜、油菜等粮油及花卉苗木等经济作物；3800多亩国有出让建设用地用于建设农产品加工厂、旅游度假设施、小城镇地产、乡村地产等；1000亩集体建设用地用于道路、交通、广场、公园等基础设施配套，农民集中居住区及医院、民办学校、加油站、商场等经营类项目建设。不同性质土地混合运营、功能互补，使建设项目点缀在青山绿水之间。

浔龙河村民俗街和农业创客街

三是多方联动形成合力，让资本扎下根。浔龙河项目由政府推动、企业主导、农民参与。他们努力谋求共识，形成共建共享多赢局面，为工商资本扎根农村厚植土壤。其一是市场运作，资本认可。企业以浔龙河村生态小镇建设为平台，围绕生态农业、文化、教育、休闲旅游和乡村地产五大产业，实行市场化、项目化推进，公司自主投资、自主经营、自负盈亏。2016年项目内各企业共实现营收近3000万元。其二是政府支持，政策法规认可。长沙县、果园镇两级政府都成立了相应机构，强化领导和监督，既鼓励创新又严格审查，确保土地改革不触底线，项目建设有政策支撑。同时，通过土地出让金返还、整合各项政策资金等投入达15亿多元，建设和完善公共基础设施和配套设施，支持产业发展。其三是集体参与，群众认可。浔龙河村成立集体资产管理中心，统一管理300亩集体经营性土地等集体资产，强化集体经济，为农民土地流转后的长远利益提供了保障。农民在土地流转、集中居住、劳务、住房、公共服务等方面获得直接利益，大大提升了农民的生活品质。

**2. 资本跟着项目走**

一是跟着现代农业项目走。成立了湖南浔龙河生态农业科技发展有限公司、湖南浔龙河园林绿化公司，投资7400万元发展生态农业。在基本农田种植优质稻、绿色蔬菜，在旱土、坡地等一般农田种植花卉苗木、水果等，并按照休闲旅游的标准建设蔬菜、花木基地，发展农村休闲旅游，实现了景区和农业、城镇和乡村的完美统一。每年的种植业结构保持在：优质水稻580亩、绿色蔬菜620亩、花卉苗木600亩，近10年共实现营收5000多万元。加强农业生产设施建设，已完成现代农业基地、花木基地、大塘冲现代农庄及附属设施建设等。同时，还投资近亿元发展农产品加工业，修建了加工厂，整合周边优质农产品资源进行加工。

二是跟着休闲旅游业项目走。依托浔龙河原生山水资源，投资1.82亿元，大力推进休闲旅游基础设施建设。目前已完成浔龙河接待中心、童勋营、牧歌山、云田谷、乡村创客空间一期、地球仓酒店一期、木屋酒店一期等项目建设，启动了樱花谷项目建设，完成了麦啃启蒙岛儿童乐园一期建设，形成了"吃住玩学购"五大产品体系："吃"的方面，有"好呷街""土菜街""浔龙河浔鲜餐厅"三大主要产品；"住"的产品，有云田民宿系列客栈、星空木屋酒店、地球仓移动式酒店；"玩"的方面，有麦啃启蒙岛儿童乐园、童勋营素质教育基地，等等。通过众筹、入股等方式，引进各类企业商户 200 余家,覆盖绿色农产品、影视文化、民办基础教育、职业培训、儿童主题公园等各个领域,初步形成较为完善的产业集群生态。2016 年实现营收 1300 多万元。2019 年集体经济收入超过 100 万元,村民人均收入达到 4 万元。

三是跟着乡村地产项目走。利用临近星沙先进制造业集中区的地理优势,顺应农村人口就地城镇化的新要求,以及城市公共服务功能向农村延伸,生产、生活、生态融合发展的大趋势,规划将浔龙河打造成一个能承载 4 万人左右,城乡一体、经济发展、艺术繁荣、生活富裕、生态优美、社会和谐的生态小城镇。目前按照个性化设计、组团式销售、多元化配置、智慧型生活的理念,已投资近 5 亿元发展乡村地产,开发出了全定制原乡墅院、地球村商业街区、创客街、众筹木屋等宜居和投资产品,并投资了 7400 万元建设配套基础设施。

### 3. 微笑伴随成效出

浔龙河资本下乡推动了农村土地改革、产业融合发展、经营方式创新,甚至带来了农村生活方式、社会组织管理的变革,促进了村级党建健康发展。从经济发展的角度来看,最重要的是打通了城乡要素交换的便捷通道,拉动了投资、促进了消费,激活了农村"沉睡"资产。2016 年,浔龙河村集体经济总量 900 多万元,比 2009 年增长近 100 倍;村民年人均纯收入 27000 多元,增长了 6 倍多,实现了经济收入从贫困村向富裕村的转变。具体来说,资本下乡带来了"四个倍增":

一是探索土地制度改革,推动了农村土地价值倍增。土地是农村最重要的生产要素,也是农村改革最具增值潜力的关键变量。浔龙河村从土地确权到置换流转,再到开发使用,使土地资源从固化走向流通,形成了完整清晰的价值增值链条。其一是土地在流转中增值。2010 年,浔龙河成立土地确权调查小组,解决土地承包纠纷,厘清土地产权,完成 11580 亩土地确权任务,将所有权确权到组,并实行统一流转,村民组按照本组当年可分配人口平均分配,人人有份。其二是宅基地在增减挂钩中增值。作为湖南省土地增减挂钩异地置换试点项目,浔龙河通过实施集中居住的方式节约建设用地 340 亩,并且将节约的建设用地指标在黄花镇的空港城进行异地置换,通过土地收益返还,农民每户可得 59 万元的补偿。其三是集体建设用地在经营中持续增值。浔龙河村确定了 300 亩村集体经营性建设用地,建设商店、加油站、停车场等经营性设施,以地入股或单独经营,村集体获得长期收益。

二是试水商居一体,推动了房屋价值倍增。过去的浔龙河村有1/4的住房常年无人居住,而且村民宅基地因为无法上市流通而无法实现自身价值,每年沉淀在土地和住宅的财富巨大。浔龙河村通过实行集中居住,每个农户除从宅基地节约面积增减挂钩中获得补偿外,还可用宅基地永久使用权置换集中居住区新房,新房"有天有地有院子有门面",资产价值大大提升。一方面,新房仅需支付成本价,1~3人户按210平方米建筑面积的基准分配,每增加1人则增加70平方米。新房具有土地使用权证和房屋所有权证,可用作抵押贷款,从而把"呆资产"变成了"活资本"。另一方面,集中居住区按照"前临街道下有门面,后有院子旁有菜地"进行设计建设,形成一条独具特色的商业步行街。全体村民均可获得"一栋别墅、一个门面、一个菜园、一个车库、一个院子",实现了生活条件改善和住房商业价值提升的双重收益。

浔龙河村"湖湘美食街"(湖南特色小吃集聚)

三是促进产业融合与产镇融合,推动了劳动力价值倍增。浔龙河按照"一产为基、二产引导、三产为主、一二三产协调联动"的思路加大产业扶持力度，不但吸收了大量本村剩余劳动力，甚至还吸引了外来就业人员，劳动力报酬也得到较大提升。现代农业种植基地吸纳289名本地村民就业，在项目内从事工程承包建设的62人，约占本村青壮劳动力的60%，年人均工资收入9万元；在二、三产业方面，通过发展农副产品深加工、休闲旅游、乡村地产，新增外来就业人口2000余人，年人均创业收入达到8万元左右。

四是落实全域旅游，推动自然景观的价值倍增。浔龙河村抢抓国家全域旅游发展战略的机遇，积极开发以农业休闲、山水观光、文化旅游、健康养生为特色的近郊型短期度假基地，成为长株潭地区休闲、旅游、养生度假的重要目的地，让"养在深闺无人识"的自然景色成为重要的经济资产。如2015年10月1日，小镇乡村生态主题公园开园，农创社区、牧歌山、云田谷等一系列乡村生态体验项目，吸引了不少市民游客慕名而来，国庆长假期间，接待游客12万人次，平均每天超过了2万人次。

# 第六章
# 盘活乡村沉睡的资源

前面说到,浔龙河村有着交通区位、生态资源和民俗文化三大明显优势,放眼整个长沙近郊,除了浔龙河,同时具备这三个优势且尚未开发的区域真的不多。因此,具有显著的稀缺性、独特性和不可复制性。但是,这么好的资源禀赋,为什么总是产生不了价值?如何找到一把金钥匙来打开乡村发展的这把金锁呢?经过无数个日日夜夜的反复思考,柳中辉终于找到了破解之法:对村中资源、一草一木确权赋能,定价流转,实现"资源变资产""资金变股金""农民变居民",通过清晰的产权激励和可预期的利益回报,以唤醒和盘活那沉睡了多年的乡村资源。

## 一、对一草一木的确权赋能

2010年3月下旬至5月,浔龙河村分阶段组织实施了农村集体土地产权调查工作,调查坚持"尊重历史,尊重现实"和"公开、公平、公正"的原则,以现行法律、法规和政策为依据,调查核实各户土地使用共有人、宅基地、耕地、林地情况,测量各组范围内塘坝、河流、道路等公共用地面积,正式展开集体建设用地、集体公用事业用地(含寺庙)、农户承包耕地(含水田、菜地、水面等)、林地(含林木及经济作物甚至一草一木)、农户宅基地等的"五确权"工作,开启了湖南农村最彻底的确权赋能的探索。这是柳中辉的破题之作,也是开启生态艺术小镇项目建设的开篇之作,对于浔龙河村乡村振兴具有非常重大的意义。所以,柳中辉及其村支两委一班人十分重视这一工作,整个村支两委人员全部投入该项工作，还外聘了政府部门及事业单位专家与技术人员共同参与。

为了便于开展工作，村委成立了土地产权调查小组。调查小组由村民推选德高望重的老同志组成，每个村民小组由组长和村民代表参加，邀请专业的测绘队进行勘测。整个调查工作分为入户调查和组界调查两个阶段。第一阶段的入户调查从3月22日开始，四个调查工作小组分片负责，对全村各组各户居民展开调查。主要是采用查阅户口簿、村民建房用地许可证、林权证等法定证件，询问当事人，现场踏勘等方式，逐户登记了集体土地共有权人信息，调查了各户住房及宅基地使用情况、林地及林业经营情况，最后由户主在调查登记表上签名确认。在此基础上，村委会组织专业人员进行了组界调查，对各村民组四界范围、林地、耕地以及塘坝、河流、道路等公共用地进行了测量；经数字化、图形化处理，形成了各组集体土地权属图，由各组予以确认。

在调查过程中，针对权属不清晰、存在争议的问题，主要采取了以下两种处理方式：一是举证。在双方都认定自己拥有某块林地的权利时，以最近颁发的林权证、建房证等为准。二是现场协调。如果双方都不能拿出有效证明，则邀请有关人员、组代表现场召开会议，对土地的权属沿袭情况进行梳理后协商，得出双方都能接受的界定方案，现场签字、盖章予以确认。土地调查确权工作结束后，形成了《双河村（现名浔龙河村）土地调查报告》。主要取得了以下成果：

一是明晰了土地产权关系。调查结束后，村内每个组、每户农民的土地承包经营权、集体土地所有权和宅基地的永久性使用权都进行了明确，四至界限在哪里，权利属于谁都十分清晰。

二是将土地由村集体所有确权到组集体所有。村里根据调查情况，制作颁发了13个组的土地所有权证[①]，明确土地归组集体所有，为开展土地流转、土地改革等工作打下了较好基础。

三是全面了解了村的土地经营状况。此次调查准确掌握了全村土地的具体情况，包括面积、区域、生产条件、生产价值、经营中存在的问题等，为开展规模经营、发展现代农业提供了准确的参考。

特别是，通过对土地承包经营权现状分析，发现除了土地产权不清晰外，土地承包经营权的长期不变也带来了两大问题：

第一个问题是分配不公。在林地分配方面，历史上是按山林的好坏、

---

① 未合并前的双河村只有13个村民小组。合并后的未全面开展确权流转的组将继续沿用这一办法进行确权颁证并逐步开展流转。

山柴的多少为标准，以"担""灶"等为单位划分林地。这种分配方式下的各户林地得到了政府1982年、2004年两次颁证确权，但政策调整未与土地实际调整相衔接，没有与人口变动情况有机协调，造成了严重的不公平问题。仅从各户林地面积来看，林地最多的户有42.1亩，其次为37.2亩，最少的只有0.2亩，最大相差210倍；按各户林地面积和现有人口数量计算人均面积，最多的一人拥有27.2亩林地，其次为25.2亩，最少的仅为0.04亩，最大相差680倍；即使是在同一组内，最大差距也有79倍之多。

第二个问题是土地效益不高。土地粗放经营，产出水平低，农民增收有限。农业用地既是农民赖以生存的基础，又是繁荣农村经济的来源。但根据调查来看，村民真正从农业用地上获得的收入极为有限。在耕地方面，全村耕地面积为1177.31亩，除双江垸500亩良田外多数为中低产田。每亩具体的投入产出情况见下表。从表中可以看出，如果不计算劳动力成本，每亩农田的毛收入仅为898元，如果计算劳动力成本，每亩还要亏本112元。正是因为种田不赚钱，农村劳动力纷纷涌入城中，农村"空心化"和农田抛荒等现象大量存在。林地同样没有发挥出应有的综合效

**每亩农田投入产出表**

| 项目 | 数量 | 金额/元 |
| --- | --- | --- |
| 种子 | 两季共3公斤 | 150 |
| 地膜 |  | 20 |
| 复合肥 | 70公斤 | 180 |
| 磷钾肥 |  | 100 |
| 农药 |  | 180 |
| 插秧 | 劳动力投入 | 190 |
| 收割机 |  | 200 |
| 育秧 | 劳动力投入 | 200 |
| 田间管理 | 劳动力投入 | 500 |
| 灌溉电费 |  | 20 |
| 运输成本 |  | 50 |
| 晒谷 | 劳动力投入 | 50 |
| 总计 |  | 1840 |
| 产出 | 675公斤 | 1728 |
| 毛利润 | 不计劳动力投入 | 898 |
| 纯利润 |  | −112 |

益。在20世纪90年代国家封山育林政策发布之前,村民靠山林、靠薪炭柴火和草木秸秆做能源;封山育林政策发布之后,农户才逐步转变为烧煤、用电、用燃气,农村山丘植被才逐步恢复。但是,不仅林木依靠自然生长,生产周期长、见效慢,影响了农民发展林业的积极性,而且由于现有林业经营管理制度制约,林业政策不活、机制不灵,与现代市场经济不相适应,造成林地难增收增效,林业陷于低水平发展的困境。

## 二、土地承包经营权的定价流转

依据农业部《农村土地承包经营权流转管理办法》和湖南省《关于进一步规范农村土地流转 切实维护农民合法权益的通知》,针对浔龙河村经营分散化、地块碎片化、劳动弱质化和产业低效化等问题的大量存在,以及农业缺乏竞争力,农民难以增收,农村留不住人的客观现实,为了彻底解决三十年不变的遗留问题,浔龙河村在推进土地流转促进规模化经营上进行了积极探索与创新:

一是土地经营权确权后,村民小组召开全组村民大会,经80%以上村民签字同意后,将经营权收回到组。其中:林地按每亩3600元的价格对原林地承包经营权人进行补偿;如遇征收,则将该补偿款从征地款中扣除,林地附着物归原林地承包经营权人所有。即"确权不确地",农民拥有承包经营权,但不特指具体的某块土地。

浔龙河村麦咭农场(亲子体验农场)

二是按照依法、平等、自愿的原则,由村民小组自主申请,并由该组全体村民签字同意后开展流转工作。耕地、林地、水塘坡土分别按每亩每年300、75、100公斤谷计算,按照当年国家制定的粮食保护收购价(早、晚稻收购价平均)折算成现金进行支付。村民组获得流转收入后,按照本组当年可分配人口进行平均分配，彻底解决了土地分配不公的问题。

三是对流转土地开展现代农业经营。对项目区内不需要开展建设的10000亩土地实施集中流转，并根据其不同类别有针对性发展现代农业。土地通过流转实现大规模农地经营后，为现代农业生产要素的引进创造了条件，通过利用现代农业科学技术手段，让单位面积的农地更多地吸收劳动力、资金、技术等农业生产要素，使得农地产生了小规模经营难以获取的农业规模效益和产业发展质量。例如，在基本农田发展绿色蔬菜、优质稻种植等农业种植，严格控制生产标准，不使用农药、化肥，保护土壤不被破坏。在旱土、坡地等一般农田开展花卉苗木、水果等种植。通过提升农业科技水平和现代化装备水平，促进农业提质增效。同时，开办农产品加工厂，整合基地内和周边优质农产品资源进行加工，打造浔龙河名、优、特、精农产品品牌。按照休闲旅游的标准建设蔬菜、花木基地，结合项目区优美的山水资源、深厚的文化底蕴，发展农村休闲旅游，打造最具特色5A级休闲旅游景区，按照景区建设要求对山地予以保留并开展残次林改造和生态环境建设，充分保留农村整体风貌，提升区域整体品质。

## 三、推进城乡建设用地增减挂钩

农村宅基地使用权是农民基于集体经济组织成员资格取得，而非通过市场行为交易所得，是保障农民拥有住房的一种社会福利。因此，《中华人民共和国土地法》第62条规定："农村村民一户只能拥有一处宅基地，其宅基地的面积不得超过省、自治区、直辖市规定的标准。"第63条规定："农民集体所有的土地的使用权不得出让、转让或者出租用于非农业建设。"不过，目前的试点政策已经允许利用村集体建设用地自主建设出租房面向城里人出租，也开始试水农民住房的"新三权分置"改革。

从浔龙河村来看，农户宅基地使用普遍存在以下问题：

一是宅基地实际使用水平低，基础设施配套差。由于农村青壮劳力大多外出打工创业，文化程度较高的村民特别是大中专学生在城镇企事业单位工作，实际从事农业生产的村民并不多，村民房屋大量空置，有效居住率不高，特别是有些老屋因无人照管、年久失修而倒塌，造成了住房和宅基地资源的浪费。同时，由于缺少建设规划，村庄建设用地粗放管理，既浪费了土地，没有发挥土地资源应有的综合效益，又加剧了农村建设用地的短缺。分散居住的方式，显著增加了水、电、路、气、网等公共基础设施配套的成本，不利于农村社会事业的发展和农民生活水平的有效改善。因此，抓紧清理农村住房，规范住房建设使用，有效整合农村宅基地，合理配置土地资源，提高农民群众居住水平是浔龙河必须解决的一个重要问题。

二是宅基地不能转让、出让的性质，使大量的"不动产"变成了"呆资产"，影响了农民致富增收特别是财产性收益的增长。浔龙河村民和其他中西部地区农村村民一样，将在外打工的收入主要投入到宅基地上的住房建设之中，但这些宅基地及其房产却因为无法上市流通而变得一文不值，多数情况是自建起之日就是贬值之时，直接造成每年沉淀在土地和住宅的资金和财富不少，造成了大量的社会财富浪费。然而，不可流通的宅基地被政府征收后，却能摇身一变，价值成几倍、几十倍增加，其实这是对农民财富的一种变相掠夺。

三是造成土地权属混乱，易产生产权纠纷。尽管法律上对农村宅基地的流转做了限制，但是，由于经济利益驱动、农民与市民需求互补、农村景观和生态吸引力等原因，宅基地买卖、出租、抵押等形式的流转已大量存在，形成了以自发流转为特征的农民宅基地隐性市场，加剧了土地权属混乱和产权纠纷，给土地权属管理造成了很大的麻烦。

那么，如何解决宅基地使用权存在的问题。浔龙河的探索是，通过城乡建设用地增减挂钩，实施农民宅基地置换城镇住房，无疑是一条重要的途径。城乡建设用地增减挂钩是指依据土地利用总体规划，将若干拟整理复垦为耕地的农村建设用地地块（即拆旧地块）和拟用于城镇建设的地块（即建新地块）等面积共同组成建新拆旧项目区（以下简称项目区），通过建新拆旧和土地整理复垦等措施，在保证项目区内各类土地面积平衡的基础上，最终实现建设用地总量不增加，耕地面积不减少，质量不降低，城乡用地布局更合理的目标。

2008年，国土资源部颁发了《城乡建设用地增减挂钩试点管理办法》，要求增减挂钩工作必须"应以落实科学发展观为统领，以保护耕地、保障农民土地权益为出发点，以改善农村生产生活条件，统筹城乡发展为目标，以优化用地结构和节约集约用地为重点"。自2009年起，国土资源部改变批准和管理方式，将挂钩周转指标纳入年度土地利用计划管理，国土资源部负责确定挂钩周转指标总规模及指标的分解下达，有关省区市负责试点项目区的批准和管理。2011年，各省市每年都有一定的土地增减挂钩指标。2012年，针对少数地方片面追求增加城镇建设用地指标、擅自开展增减挂钩试点和扩大试点范围、突破周转指标、违背农民意愿强拆强建等一些亟需规范的问题，国务院出台了《关于严格规范城乡建设用地增减挂钩试点 切实做好农村土地整治工作的通知》，对土地增减挂钩工作提出了严格的规范要求。

湖南省国土资源厅〔2012〕103号文件批复同意的《长沙县2011年城乡建设用地增减挂钩项目实施方案》，将双河村确定为土地增减挂钩试点村。该政策通过腾退的农村建设用地等面积置换城镇新增建设用地指标，并明确将土地增减挂钩置换用地土地收益全额返还，解决农民拆迁安置、公共基础设施建设等的资金问题。

按照户均1.2亩宅基地的标准计算，村上560户共有宅基地面积672亩，实施集中居住后可节约建设用地300亩，将节约的建设用地指标在黄花镇的空港城进行异地置换，并将原有宅基地复垦为耕地。通过土地增减挂钩推动村民实行集中居住既节约了集体建设用地，增加耕地面积，同时也解决了农村公共资源配套难、农民居住品质低等问题，从而为提升农民住房等不动产的资产价值和财产性收益打下了制度基础。

浔龙河生态艺术小镇在实施增减挂钩政策过程中，按照长沙市政府103号令拆除农民的旧房，每户村民可获得50万至60万元的补偿，1~3人户按210平方米建筑面积的基准分配新房，每增加1人则增加70平方米，以一楼商铺1300元/平方米，二楼、三楼住房800元/平方米的价格购买，购得新房并装修后农民还有盈余。通过置换，农民可获得"一栋别墅、一个门面、一个菜园、一个车库、一个院子"，享受了与城市相同的公共设施配套和比城市空间更大、环境更好的生活条件，大大提升了村民的获得感与幸福指数。

就浔龙河的探索实践看，增减挂钩宅基地置换对城郊型和半城郊型乡村振兴的意义非常重大：

一是推动了农村社区建设，实现农民就地就近城镇化。农民集中居住后，配套建设的水、电、路、气、网及医院、学校、文体中心、图书馆、公园等各种设施，形成崭新的美丽乡村社区——城镇化的乡村、乡村式的城镇，农民就近转变为社区居民，既享受与城市居民同等的社会服务与社会保障待遇，又保留了农民的权利，生活品质大幅提升。

二是大大提升村民不动产的资产价值。农民的集中居住用房建设在小城镇中，可以办理房屋所有权证和集体土地使用权证，可用作抵押贷款，农民住房就从原来的"呆资产"变成了"活资本",大大提升了其资产价值和财产性收益。

三是引导城市人群下乡居住,增加人流、物流,促进城乡融合。小城镇建设既保留了农村优美的自然风光,建设了农民菜园、民俗文化宫等,保留了农民的生活习惯,又实现了公共设施的配套,利用便捷的交通区位,能够吸引大量的城市人群下乡置业,真正实现城乡互动、城乡融合。

## 四、建设用地同价同权上市交易

农村集体建设用地分为农村公益性用地、宅基地和集体经营性建设用地三类,是指具有生产经营性质的农村建设用地,包括农村集体经济组织使用乡(镇)土地利用总体规划确定的建设用地兴办企业或者与其他单位、个人以土地使用权入股、联营等形式共同举办企业、商业所使用的农村集体建设用地,如过去的乡镇企业用地。党的十八届三中全会《关于全面深化改革若干重大问题的决定》指出,"建立城乡统一的建设用地市场。在符合规划和用途管制前提下,允许农村集体经营性建设用地出让、租赁、入股,实行与国有土地同等入市、同权同价。"自此,我国农村集体经营性建设用地得以从建设用地市场的"牢笼"中突围,成为农村土地改革的重要突破口。

浔龙河的实践表明,推动集体建设用地入市,逐步建立城乡统一的建设用地市场,推动农村集体建设用地在符合规划的前提下与国有建设用地享有平等权益,不仅有利于形成紧贴市场供求关系的土地价格,建立与城镇地价相衔接的集体建设用地地价体系,而且明显促进了土地在竞争性使用中实现更合理的配置。浔龙河村的做法是:

### 1. 确定规模及主体

一是组建村集体资产管理中心。村集体是集体经营性建设用地使用权出让、租赁、入股的实施单位。由双河村集体成立资产管理中心,统一开展土地的开发、利用和经营活动。管理中心的股东为双河村13个村民小组,股份比例按照村民小组所拥有的具有经营权的土地面积在全村土地总面积的比例确定,股东代表由各小组选举产生。

二是确定集体经营性建设用地规模。根据土地利用规划,确定集体经营性建设用地的规模约为300亩。双河村村委会召开村民代表大会，经代表大会表决同意，将集体经营性建设用地委托给资产管理中心进行经营。资产管理中心根据村庄发展需要，分期办理集体经营性建设用地手续。

### 2. 土地征收

集体经营性建设用地出让、租赁、入股涉及收回建设用地使用权、宅基使用权和土地承包经营权的，集体对相应的权利人的土地权利及附着物进行补偿，补偿标准参照长沙县农村集体建设用地征收的相关标准实施。

### 3. 上市交易

首先是确定土地交易价格。为确保集体经营性建设用地交易价格有据可依，县国土局、果园镇双河村委会制定了"试点村范围内集体建设用地基准地价"，根据"与国有出让用地同价同权"的要求，原则上参照浔龙河项目范围内国有建设用地使用权出让的价格进行确定。

其次是用途管制。双河村范围内的集体经营性建设用地仅采用入股的方式，用于浔龙河生态示范点项目的公共经营性配套项目的建设，如民营医院、学校、商场、文体中心、加油站等。

再次是过程监管。农村集体经营性建设用地经营权的使用应按有关规定办理规划、环保等相关手续。县国土局应将集体经营性建设用地纳入土地市场动态监测监管系统，对超过土地利用合同约定竣工期限一年以上未竣工验收的，县国土局有权参照国有建设用地闲置土地收费标准，报同级人民政府批准后征收土地闲置费，直至竣工验收或另行处置（协商交回农村集体所有权主体或进行转让）。

### 4. 收益分配

一是政府财税收益。双河村集体经营性建设用地使用权交易参照国有建设用地使用权交易应缴税费的标准缴纳相关税费。

二是股东分红收益。土地经营所获得的可分配收益按照股东（村民小组）的股份比例进行分红，村民小组按照当年可分配人口进行平均分配。

三是审计管理。县财政、审计、国土等相关部门出台措施，指导村委会建立土地交易收益的内部审计制度，并制定规范的土地收益分配和使用的外部审计制度。对发现集体所得收益使用方向不符合有关管理制度的，政府有权不受理后续相关土地交易手续申请。

## 五、开展村土地混合运营

在柳中辉的眼里，浔龙河村作为农民就地就近城镇化的典型样板，它既要通过生态社区的建设引导农民就地就近变居民，并引导城市居民下乡居住，同时也要通过发展现代农业、乡村旅游、文化创意和乡村地产等综合产业，实现农民就近就业和致富增收。项目用地必须既有满足农民集中居住和公共配套需要的集体建设用地，也必须有满足产业需要的农用地、国有出让用地，因此，必须开展土地混合运营。

**土地混合运营是保护耕地的基本要求。** 新型城镇化建设要避免过去无边界、摊大饼、无序占有、破坏耕地的弊端，以耕地面积有所增加、质量有所提高作为前提，在进行产业规划时把现代农业作为基础产业，采用规模化、标准化、现代化的种植方式和生态、有机、健康的思维模式进行经营，提高农田的产出效益。同时，农业作为安置当地劳动力就业的重要途径，能够有效地将农民转化为产业工人。

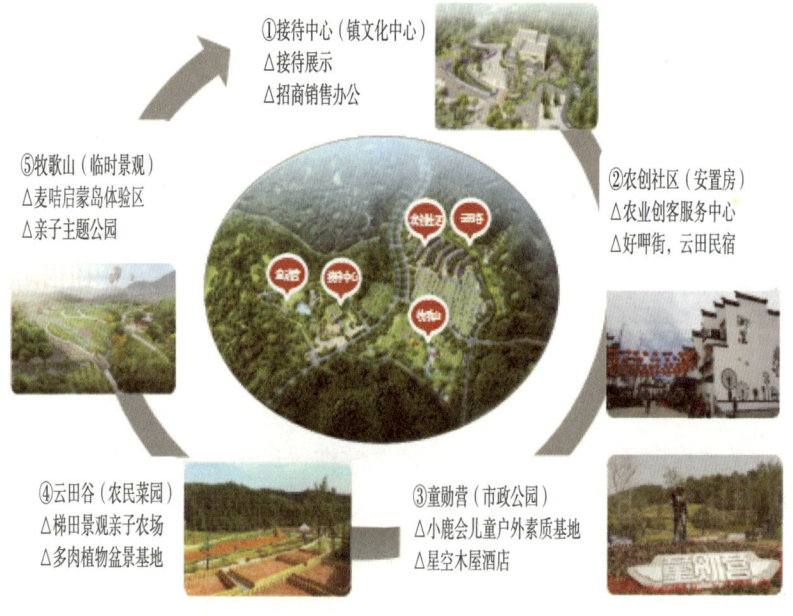

浔龙河生态艺术小镇土地混用后的部分功能分区情况

**土地混合运营是保护生态环境和人文环境的必然要求。** 新型城镇化的要求是"望得见山、看得见水、记得住乡愁"，也就是要充分保留农村的自然风貌和生态文化。因此，从用地布局来讲，建设用地必须采用点状、带状布局，保留山塘、自然景观和人文景观等，使不同类型土地有机融合，做到"你中有我、我中有你"，使生态、人文等农村典型要素得以保留。

**土地混合运营是保护民生的根本要求。**在城市化进程中，对农民土地基本上采取了一征了之的做法，使农民失去了对土地的三大权利，直接变为市民。虽然农民获得了土地补偿、拆迁补偿等，但却失去了赖以生存的基本权利。新型城镇化建设不是对农民进行掠夺，而是通过农民土地承包经营权流转、宅基地使用权的置换和集体经营性建设用地的上市交易分红，来增加农民收入、改善农民生活水平、实现农民市民化。因此，不能将所有的土地全部调整为建设用地，而必须控制建设用地规模，实现产业发展和农民基本权利保障的双赢。

浔龙河土地混合运营的试点是从浔龙河生态示范点项目开始的，具体操作办法是：

首先，土地利用规划是根据项目建设和产业发展的需要调整出来的。

其次，建设用地布局没有采用传统的成片布局方式，而是创造性地采取了点状、带状、片状布局。项目区14700多亩，其调整的结果为：

农业用地10000亩，不改变使用性质，将承包经营权进行流转，基本农田种植水稻、蔬菜、油菜等粮食和经济作物，一般农田种植花卉苗木，农民直接获得土地流转收入，购买粮食解决吃饭问题。

建设用地4700亩，其中国有出让用地3700亩，建设农产品加工厂、乡村度假农庄、小城镇地产、乡村地产等；集体建设用地1000亩，又分为公益性用地、农民集中居住的宅基地和集体经营性建设用地三类。

随着农村集体土地不用经过国家征地环节直接进入城镇租房市场，以及农户宅基地及其住房的"新三权分置"等改革政策的普及与推广，乡村住房租赁、共享度假小院等与乡村旅游、乡村振兴密切关联的产业在城郊型、半城郊型和景区型、半景区型地域得到迅速发展，甚至会带来新一轮城镇人口与工商资本的"上山下乡"，大幅度推进包含人口、土地、资金、技术、理念、模式等全维度资源的城乡双向和相向流动，促进城乡生产与生活的融合发展。尤其是，这些政策的实施与深度推进，将大幅改善城镇房地产市场的供给，必然带来城镇房地产市场刚需的"软化"，对降低城市土地和房产交易价格，平抑未来城镇房地产市场的房价与租金产生重大影响，给城镇居民带来意想不到的福利增加。

按照试点政策，村镇集体经济组织可以自行开发运营，也可以通过联营、入股等方式建设运营集体租赁住房或者共享度假小院。这不仅兼顾政府、农民集体、企业和个人利益，理清权利义务关系，而且也平衡了项目收益与征地成本关系。如果集体组织自行开发，不仅政府征地环节没有了，连开发商这个环节也省去了，节省的成本会非常巨大。以北京、上海为例，土地成本占房价构成的70%，长沙也达50%，这部分就可以免去。加上开发商环节的省去，农村集体建设的租赁房成本可能只有商品房成本的20%（一线城市）到30%（二线城市）。至少可以这样看，对于城郊型、半城郊型农村或者旅游景区周边乡村来说，村集体和广大村民将成为大批租赁住房的股东，长期享受土地红利，这必然带来农村户口的价值大增，也将会出现一大批乡村百姓的新富阶层。这一结果是完全可期也是非常令人震撼的！

随着大数据、人工智能和物联网的普及推广，浔龙河村不仅出现了上述令人振奋的结果，而且，正在积极探索"众筹共享"的模式，加快推进城市居民和外地游客"上山下乡"的进程。

共享度假小院，是结合市场刚需打造的城市家庭回归田园自然、享受共享度假生活方式的第二居所。在这里，城市居民和游客可以享受到共享度假的田园生活：共享旅途、共享文创、共享禅修、共享运动、共享医护……享受阳光、空气、养分、水……从浔龙河村拟定的计划看，这种共享度假小院的实现路径是"众筹共享"模式，但对"众筹共享"项目建设、运营有着严格的要求：

一是项目用地应当符合城乡规划、土地利用总体规划及村土地利用规划，以存量土地为主，不得占用耕地。

二是尊重农民集体意愿，合理确定项目运作模式，维护权利人合法权益，确保集体经济组织自愿实施、自主运作。

三是建立项目报批（包括预审、立项、规划、占地、施工），项目竣工验收，项目运营管理等规范性程序。

四是集体租赁住房出租，应遵守相关法律、法规和租赁合同约定，不得以租代售。承租的集体租赁住房，不得转租。探索建立租金形成、监测、指导、监督机制，防止租金异常波动。

五是承租人可按照国家有关规定凭登记备案的住房租赁合同依法申领居住证，享受规定的基本公共服务，逐步建立健全对非本地户籍承租人的社会保障机制等。

# 第七章
# 增大村民的"奶酪"

在柳中辉书记为班长的村支两委看来,实现乡村振兴的关键是要实现乡村居民收入的大幅增长,使农民走向富裕。习近平总书记说过,小康不小康,关键看老乡。农业强不强、农村美不美、农民富不富,关乎亿万农民的获得感、幸福感、安全感,关乎全面建成小康社会的成色。乡村振兴,生活富裕是根本。实施乡村振兴战略,必须不断拓宽村民增收渠道,让广大村民走上共同富裕的道路。而走上共同富裕的道路关键有两点:一是要发展壮大新型集体经济,把村民纳入新型集体经济组织之中;二是要构筑增加农民收入的长效机制,畅通农民增收的渠道。关于前一点将在后面"浔龙河启示录"一章中结合浔龙河村的情况予以说明。从后一点来看,除了国家政策性的强化农民转移性收入保障机制之外,浔龙河村的总体思路是,不去动用村民的既有"奶酪",而是努力增加村民的"奶酪",具体做法有三:一是打破村民财富的"黑洞",让农民的房屋能像城里房产一样可以实现保值增值;二是发展新型集体经济,让农户的承包地通过有效流转实现稳定的入股分红;三是彻底打破农村"三留守"的怪圈,让农民就地就近就业与创业,使农民的工资性收入或创业收入得到保障。

## 一、破解村民财富"黑洞"

村民收入主要由农副业经营收入、打工的工资性收入、房屋等不动产的财产性收入和利息、股息等其他收入构成。浔龙河村是典型的"粮猪菜型农业",人多田少,粮食能自给就很不错了。村民主要是养猪和蔬菜生产，最近几年，考虑环保与农村人居环境整治等多因素，养猪的村民也越来越少了，主要是发挥城郊优势种植蔬菜。尽管种植蔬菜的收益普遍高于种粮，但成本支出也高。所以，浔龙河村真正靠种养业富裕起来的村民并不多，加上资讯信息和农民知识的不足，村民进行等投资的也很少。所以，外出打工的人多，打工收入成为了主要收入来源。因而，一直到2009年，浔龙河村还是省级贫困村。

此外，长期影响村民收入水平的一个重要因素，就是财产性收入。新中国成立70年来，我国城乡居民收入差距不仅没有缩小，反而进一步扩大，其主要原因是，2000年后，随着城镇居民住房的货币化改革，城市住房变成了商品，可以通过房地产买卖交易的增值来实现升值，尤其是在快速城镇化的时期；而广大农村，农民不仅打工收入低，其住房和宅基地也因缺乏完整产权而不是商品，不能进入市场流通，当然也就无法实现增值。所以农民一家辛苦一辈子，将大部分财产变成了不能升值、只能贬值的住房，而最终成为吞噬农民财富的"黑洞"。因此，要提高农民收入，不仅要提高其工资性收入，而且更重要的是提高其财产性收入。正如前面所述，浔龙河的农户宅基地使用普遍存在三个问题：一是宅基地实际使用水平低，基础设施配套差。由于农村青壮劳力大多外出打工创业，村民房屋空置率达到31%，有些老屋无人照管、年久失修，造成了住房和宅基地资源的浪费。二是宅基地不能转让、出让的性质，使大量的"不动产"变成了"呆资产"，影响了农民致富增收特别是财产性收益的增长。三是农户的承包耕地与林地等资源没有确权与组织化流转，没有定价难以市场化，村民只能守着无法资产化的资源，出自耕地和林地的收入不高，效益低。以柳中辉为班长的村支两委正是看到了农村这一深层次的问题，决定从农户承包的耕地、林地和农户的宅基地流转置换入手，来破解村民财富"黑洞"这一体制机制性障碍。

柳中辉的总体思路是"分三步走"的战略：第一步，资源资产化。通过"半市场化"的方式将村民手中的"一草一木"资源确权，赋予其价格，在探索"三权分置"改革的基础上，将农户承包土地的经营权和农户宅基地的使用权，按照历史、户籍、地域等多种因素将地权部分转移到村组集体；第二步，资产资本化。通过"全市场化"的方式推进。集体经济组织变成资产平台后，引入民间社会资本，集体平台把集中起来的资产变成股权，以集体持股、参股或控股的方式，同民间社会资本合作，开发具体的项目。第三步，资本证券化。把集体经济组织或平台公司打造成上市公司，使股权变成证券化的资本。

破解农户承包土地资产难题的做法，在第六章中进行了详细的说明。在破解农户宅基地及其住房这一财富"黑洞"时，他们的具体做法是：

第一步，进行村民公投，解决愿不愿意搬迁集中居住的问题，并确定宅基地选址和住宅户型。

第二步，向省市县各级政府申请，将双河村确定为土地增减挂钩试点村。该政策通过腾退的农村建设用地等面积置换城镇新增建设用地指标，并明确将土地增减挂钩置换用地土地收益全额返还，解决农民拆迁安置、公共基础设施建设等的资金问题。

第三步，按照户均 1.2 亩宅基地的标准计算，未合并前村里 560 户共有宅基地面积 672 亩，实施集中居住后可节约建设用地 300 亩，将节约的建设用地指标在黄花镇的空港城进行异地置换，并将原有宅基地复垦为耕地。

浔龙河村返租村民集中居住住房开办的民俗酒店

第四步，建设住房，进行拆迁、搬迁。按照村民公投通过的"一栋别墅、一个门面、一个菜园、一个车库、一个院子"的设计标准进行建设，按照长沙市政府 103 号令拆除农民的旧房，每户村民可获得 50 万至 60 万元的补偿。新房按 1~3 人户 210 平方米建筑面积的基准分配，每增加 1 人则增加 70 平方米，价格为一楼商铺 1300 元/平方米，二楼、三楼住房

800元/平方米，购得新房并装修后农民还有盈余。

通过上述四个步骤，村民享受到比城市空间更大、环境更好的生活条件，彻底破解了几十年的村民财富的"黑洞"。

当然，要不要继续推进农民宅基地及其住房的商品化，使之成为农民私产，能有效抵押和自由流通，并在此基础上推进农村城市人口和资源的双向流动，还要等待中央的政策精神与许可。显而易见的是，农民住房的商品化不仅能直接提高农民的财产性收入，而且更在于它将吸引一大批城市居民特别是掌握先进技术和理念的退休干部与市民加入到浔龙河建设的队伍中，农民卖掉宅基地及其住房可以到城市买房变成市民，而市民可以到农村买房成为农民，从而推进农业现代化，促进城乡一体化发展，推动农村改革走向深入。

## 二、让新型集体经济增大村民的"奶酪"

2018年9月21日，习近平总书记在中共中央政治局就实施乡村振兴战略进行的第八次集体学习中指出：要把好乡村振兴战略的政治方向，坚持农村土地集体所有制性质，发展新型集体经济，走共同富裕道路。农村集体经济是以集体土地为纽带的社区性合作经济组织，是集体成员利用集体所有的资源要素，通过合作与联合实现共同发展的一种独立的经济形态，与国有经济共同构成我国社会主义公有制的两种基本形式。

回顾历史，我国农村40年来的全部改革可以说都是围绕"土地集体所有制"和"资产混合所有制"两条主线开展的改革，前者确立和保证了广大农村的社会主义方向与性质，后者激励和诱发着农村不断走向市场经济的轨道，并不断焕发出农村集体经济的新活力。浔龙河村的实践也充分证明，坚持以市场化改革为导向，深化农村集体产权制度改革，发展新型集体经济，推动资源变资产、资金变股金、农民变股东，可以不断增加农户的经营收益，增大村民的"奶酪"。

十年来，浔龙河村的探索实践可以说是开创性的。浔龙河村科学确认农村集体经济组织成员身份，明晰集体所有产权关系，发展新型集体经济。这个新型集体经济，新就新在不是传统的"一大二公"的集体经济，而是集体成员边界清晰、集体产权关系明确的股份合作经济，是个人积极性与集体优越性得到有效结合的新型集体经济，是更具活力和凝聚力的农村集体经济;这种集体经济新就新在"双重所有制"的"叠加"与"重构"上。"双重所有制"是指土地的村组集体所有和资产或资本的混合所有,是由这两个所有"叠加"在一起的(详细说明参见本书"浔龙河启示录"一章的内容)。

通过土地集体所有制和土地外资产的混合所有制的产权制度的安排,浔龙河村不仅发展壮大了集体经济,更带来了乡村振兴,促进了区域经济协调发展。从探索意义看,混合产权制度的安排清晰了政府、企业、村合作社和农户多重主体各自产权与利益边界,使传统集体经济产权虚置、利益模糊问题得到了解决,促进了所有利益相关者的广泛参与和协同,既调动了政府和广大农民的积极性,更调动了国有、民营企业等市场主体的积极性;既保持了农村社会主义集体经济的性质与方向,又充分利用了市场价值规律,推动了产业振兴。目前,每年去浔龙河旅游、休闲、开会、调研的人络绎不绝,特别是节假日,更是人山人海。尽管浔龙河生态艺术小镇还只是初具雏形,许多项目还在建设落地之中,但仅仅是这些探索,就已经彻底改变了省级贫困村的面貌,也为都市郊区或城郊型农村找到了一条发展壮大集体经济、实现乡村振兴的新路。他们的具体做法如下:

### 1. 探索建立了新型农村混合所有制

农地的集体所有制与资本的混合所有制这一"双重所有制"实现"叠加"与"重构",并结合村情与实际形成有本村特色的"新型农村混合所有制",为实现"资源变资产""资金变股金""农民变居民"奠定了制度性基础。在以柳中辉为班长的村支两委看来,通过清晰的产权激励和可预期的利益回报,尤其是让农民的收益能"保底",这样的话,才能得到广大村民的拥护。浔龙河村为了让农民收益与生活"保底",以耕地每亩每年300公斤谷,林地75公斤谷,坡地、水塘及其他闲置用地100公斤谷的标准,按照当年国家粮食收购价以现金的形式发放租金。若按2015年的粮食收购保护价计算,村民户均每年可获得6270元的现金收入,村民以土地流转收入购买粮食,保住了农民的饭碗。在以永久性宅基地使用权置换过程中,充分考虑农民利益,增加农民财产性收益。通过土地增减挂钩政策推动村民实行集中居住。旧房拆除后,每户村民可获得60万元左右的补偿,并可用宅基地永久使用权置换集中居住区新房。为实现村民稳定长效增收,在项目区规划300亩集体经营建设用地,由村集体以土地入股的方式参与停车场、加油站等可经营项目,其获得的股份收益由村民按土地合作社中的股份比例进行分红,以集体土地收益权实现村民增收目标。在产业规划过程中,村集体充分考虑当地劳动力资源的适应性。农民实现就地城镇化,转变为新型社区居民,在保有原有土地的资产性收益外,享受与城镇居民同等的基础设施、公共设施配套及社会保障水平。

从总体上看,浔龙河生态小镇项目将农村由政府投资为主,转变为企业、政府、村集体多元主体的投资结构。企业负责项目区内的生态农业、文化、教育、旅游和乡村地产等产业项目建设,发挥出项目建设的主力军和先锋队作用;政府通过城乡公共服务均等化项目、涉农资金和土地收益返还等财政性资金投入,完成项目的基础设施建设和公共配套工程建设;村集体主要负责村民集中居住项目和村集体产业项目的投资,多数是以土地资源的置换和入股作为投资方式。

### 2. 组建平台公司和集体企业,培育现代经营主体

(1)浔龙河村集体成立了土地专业合作社,通过统一管理、全面摸清家底,将原来沉睡的乡村土地资源唤醒,在自愿互利、合法创新、正确引导的原则下,经营好全村的集体土地资源,收益由村集体的合作社统一分配,建立了兼顾国家、集体、个人土地增值收益分配机制,大幅提高村民收益是浔龙河村土地制度改革试点的重大突破。

(2)组建了湖南浔龙河生态农业科技发展有限公司,重点是做好土地确权与流转工作,共确权流转了当地农田、果园、山地等共1.2万多亩,其中2000多亩将发展成为高标准的蔬菜生产种植基地。

(3)组建湖南棕榈浔龙河生态城镇发展有限公司,注册资本2亿元。它是一家中国新型城镇化大背景下的小城镇专业运营商,主要从事小城镇投资、建设、运营等业务,产业范围主要为生态环境治理、基础设施建设、现代农业、文化旅游产业投资与管理、旅游景区开发管理及教育培训、小城镇商居开发等。对于浔龙河小镇的产业"造血",柳中辉形象地将之比喻为"麻将馆理论"。只要企业和创客们有想法、有创意,浔龙河小镇就会为他们提供实现创意的平台,在前期还会提供帮扶机制。只有当产业开始获利了,浔龙河小镇才会从中"抽水"获得收益。并且当一个项目很有前景潜力时,小镇还会"抓几个鸟",用股权激励机制吸引他们在这里深扎根。目前,地球仓等新型项目已经从浔龙河成长起来,成为创新创业的佼佼者。

(4)成立浔龙河商贸有限公司作为集体经济发展主体,该公司与长沙

县供销社、湖南浔云农业科技公司联合成立了湖南省首家村级标准化新型供销合作社，探索形成了"党建＋村建＋社建"的村级集体经济发展新模式。目前，已累计投资100万元，建成了长沙县北部农产品展示销售中心、线上销售平台、24小时无人购物店、浔鲜餐厅等，为浔龙河项目的村民和游客提供优质服务。同时，浔龙河村还被批准为湖南省农村集体经营性建设用地上市交易同价同权试点村，在浔龙河项目区内规划了300亩集体经营性建设用地作为集体企业的资产，通过建设超市、加油站、停车场等经营性项目，可以使村集体实现健康稳步发展。

（5）浔龙河村与项目开发公司按照95∶5的股份比例，成立了浔龙河村集体资产管理公司，作为发展集体经济的主体。公司按照现代企业管理制度，主要以土地入股、租赁的方式开展经营，确保收益稳定；财务接受村委会、村务监督委员会的审查和监督，并定期公开。村民以组为单位对公司的收益进行分配，每个村民组按照已确权的土地面积在全村土地总面积中的比例分配收益。集体资产公司成立后，成为对接企业、市场的发展平台，为村级集体经济壮大奠定了基础。

### 3. 寻找适合集体资产的经营方式

从实践探索来看，所组建的浔龙河村集体企业，通过开展土地租赁、土地流转服务，建立供销社浔龙河村供销点等多种形式开展经营，增加集体经济收入。同时，与浔龙河村土鸡养殖、蜜蜂养殖、优质稻种植合作社开展合作经营，引导支持合作社实施产业扶贫。在此基础上，基于不同的土地性质，也考虑到集体资产的经营方式，浔龙河村集体经济经营模式主要有两种：

（1）经济服务型。以村集体经济组织为平台，对接浔龙河项目内的开发企业，为村民和村集体开展流转、租赁服务，收取5%左右的服务费。一是土地流转。目前浔龙河农业科技公司流转土地921亩建设现代农业基地、浔龙河现代农庄流转土地97亩、湖南樱之谷文化公司流转土地540亩建设樱花谷、湖南顺业文化旅游公司流转土地345亩建设水上世界、浔龙河生态农业公司流转土地180亩建设童勋营，共完成土地流转2000多亩，每年村民获得流转收入116万元，村集体年收入6万元。二是房屋租赁。由集体公司对80户村民集中居住房屋门面和部分住房租赁后再出租给浔龙河公司，2016年租金收入32.16万元，按照农民的实际租赁面积进行了分配，村集体收入1.6万元。三是资产租赁。对村里闲置的集体资产——旧村部、两所旧学校——进行租赁，年租金收入为5万元。

（2）市场经营型。对集体经营性建设用地进行经营，目前已经投资和将来计划投资的项目主要有：

①浔龙河公共停车场：占地面积80亩，以村集体经济补助资金50万元为资金来源。建设停车位1800个，主要为浔龙河项目区内的游客开展停车服务。

②浔龙河加油站：占地面积16亩，计划总投资3000万元。村集体企业以土地入股，占股22%。

③大型综合超市：占地面积25亩，计划总投资2000万元。村集体企业以土地入股，占股45%。

④其他经营新领域：启动了北师大附属学校、时光潇湘、浔龙隐、水上世界产业项目建设，希望通过加快产业发展，为村民提供更多的就业、创业机会，为村集体经济发展提供支撑，带动村民致富增收。

### 4. 促进资源整合，形成"共生崛起"的好环境

浔龙河村供销合作社开业典礼（县联社参股村集体控股）

对政府各部门支持农村农业发展的支持政策资源、企业家和社会各方的资源、村集体的资源和农民的资源，实现有效整合。在未来中国的城市群战略中，大城市是太阳，中小城市是月亮，而像浔龙河这种都市近郊型乡村是星星。现在各种类型的特色小镇方兴未艾，在柳中辉看来，未来特

色小镇推动的主要方式是政府主导、社会资本为主体的市场运作。要厘清政府行为边界，既不能"大包大揽"，也不能"撒手不管"，要敢于让社会资本主导，让基层集体充分表达意见。

总之，浔龙河村严格按照"清产核资、摸清家底、设置股权、量化资产、配置份额、发放权证"等步骤，将村级集体资产，按成员资格和劳动贡献等要素折算成分额进行量化，按人头决策、按份额分配，彻底落实农村集体经济组织成员对本组织集体资产的股份占有权和收益权，充分调动起各个方面的积极性。

（1）集体经济的发展活力显著增强。一是通过开展经济服务，每年可以获得近10多万元的经济收益。二是通过集体经营性建设用地的经营，为浔龙河村的长远发展预留了足够的空间，集体经营性项目建设后，每年收入可达到260万元。同时，村集体经济与产业发展同步推进、捆绑发展。产业发展得越好，集体收入的水平越高，村民的收入也越多，项目发展的群众基础也就越好。建设的服务性项目，收益可靠，发展稳定，为集体经济的稳步壮大提供了保障。通过发展壮大集体经济，浔龙河村已经发生了巨大变化。

（2）农民的"奶酪"、蛋糕得以做大。一是土地流转收入。按2015年的粮食收购保护价计算，村民户均每年可获得6270元的现金收入，村民以土地流转收入购买粮食，保障了基本的生活需要。二是集中居住后的财产性收益。按照"宜居宜业""两型生活"的要求，充分考虑村民生活习惯和长远生计需求，按照"前临街道下有门面，后有院子旁有菜地"的标准进行设计，建成具有一定综合承载能力、生态宜居的集中居住区，夯实村民就地市民化的基础，目前已建成安置房180栋并完成了分配，农民已经乔迁新居。通过门面和部分住房出租，村民每年可收入2万~4万元。三是就业和创业收入。现代农业种植和农产品加工，可为45岁以上的劳动力提供对技能要求不高的就业岗位；乡村休闲旅游和乡村地产开发，可为18~45岁的劳动力提供简单培训即可就业的服务性工作岗位；乡村旅游、文化教育带来的大量客流和学生，能够为村民创业提供良好的平台。同时，通过成立统一的就业服务中心，可为村民提供培训、指导，并安排就业。通过就业，可以发挥出人力资源最大的价值，村民收入水平大幅提升。发展现代农业和乡村旅游，提升土地产出效益，同时保障农民在不损失任何权益前提下获得稳定的长期可持续收入。截至2019年，已安排当地劳动力289人，月平均工资5000元（含五险一金）；带动创业100多人，每年增收 8 万到 10 万元。

（3）确保了 2017 年底的脱贫摘帽。通过就业安置、产业扶持、金融支持、移民安置、政策兜底、扶贫基金参与等六大举措，在 2016 年，浔龙河集体经济总量达到了 900 多万元，比 2009 年增长近 100 倍，村民人均纯收入 2.7 万元，增长 6 倍多，贫困村变成了富裕村。2017 年底全村贫困户实现脱贫，摘掉了省级贫困村的帽子；2019 年实现了全面小康的目标，现在正开始向农业现代化迈进。

## 三、彻底走出"三留守"怪圈

2009 年以前的浔龙河，由于新型集体经济尚未发展起来，尽管距离长沙市只有 30 公里，也曾经地广人稀，但由于 10000 多亩土地上只有 1000 多亩是耕地，加上产业结构单一，主要是传统的"粮猪型"乡村式经济模式和以家庭为单位的小规模生产方式，农民增收缓慢。俗话说，田瘦难留人，2009 年当地人口 1600 多人，其中劳动力 1026 人，除了老人和孩子，季节性在外打工有 600 多人，常年在外打工劳动力 271 人，留守在农村的基本是妇女、儿童和老人，"三留守"问题严重。据 2009 年的统计显示，当年浔龙河村（原双河村）总产值仅 700.8 万元，其中农业总产值 200.6 万元，工业产值 20 万元，其他产值 480.2 万元，人均年收入 4500 元，远低于当时长沙市平均水平，因而是湖南的省级贫困村。2009 年以后，随着承包地、宅基地的有效流转，不仅外出打工的人越来越少，而且外地有不少人来村里打工；不仅促进了本村农民的就地转移、转化，而且还促进了外地人来村就业创业。目前，浔龙河村已基本没有"三留守"现象。他们的具体做法如下：

### 1. 村企同建，公司安排就业

除了村党支部和村委会成员以外，浔龙河公司就有员工近 400 人，主要由本地村民、青年企业家群体、农村与农业创客群体、外来的城市高学历的专业技术人才组成。另外在工程建设上，还在 400 多名建筑类工人在项目上务工。30~45 周岁的青年，占员工总数的 60%，是一支典型的年富力强的团队。同时员工中录用了当地大量的农村人口就业，通过一定的职业素质培训，他们都具备了一定的技能，实现就地就近城镇化。在所有员工中，农民占 60%，他们在自己的家门口上班，既能照顾好家里，也有了稳定、可观的收入来源，过上了幸福生活。从青年企业家和外来的专业技术人员分析，这些青年企业家，都是 20 多岁从农村出去创业，成功后返乡置业、创业、反哺农村的"归雁""乡贤"，他们带来了资金，带来了资源，带来了发展的新思维、新理念，他们懂经济、懂政策、懂管理。同时引进了一大批农业、金融、经济方面的专业技术人员，他们有能力、技术、学识，大力促进了农村、农业的经济社会发展。还有一大批农业创客，他们带着理想、带着情怀、带着工匠精神，把自己的心血倾注到了产品上，开发出一个个各具特色、各具吸引力的创新产品，吸引着市场的消费经济。

### 2. 成立就业创业服务中心，促进就业创业

对失业、无业居民开展就业咨询、职业培训、就业创业指导等多方面的服务。针对不同年龄结构、知识结构的居民开展不同层次的培训、指导，安排在适合的岗位。整体上做到能够就业、愿意就业、服从安排的都能够就近就业。同时，鼓励村民创业发展，成立浔龙河众创基金，利用金融产品为村民提供创业资金支持。2015 年 12 月 24 日，中共长沙县委、长沙县人民政府主办的长沙县农创天地新闻发布会在浔龙河生态艺术小镇成功举行，浔龙河项目被授予长沙县（浔龙河）农村创客孵化基地。项目利用自身在交通区位、乡村资源、政策注地、产业平台等方面的优势，响应县委县政府"三个一百"创新创业的号召，致力于将浔龙河项目打造成为万亩生态艺术众创空间。浔龙河万亩生态艺术众创空间建设开展以来，先后引进了下乡客公司、文旅公司等创业企业 70 家，累计投入资金 9051.2 万元，安排劳动力就业 300 人，产生营业收入 1179.9 万元。

### 3. 加大产业扶持力度，吸收就业

浔龙河村按照"一产为基、二产引导、三产为主、一二三产融合发展"的思路，加大产业扶持力度，不但吸收大量本村剩余劳动力，甚至还吸引外来就业人员，劳动力报酬也得到较大提升。2016 年，浔龙河村集体经济总量 900 多万元，比 2009 年增长近 100 倍；村民年人均纯收入 2.7 万元，增长 6 倍多，实现经济收入从贫困村向富裕村的转变。目前，现代农业种植基地吸纳 289 名本地村民就业，在项目内从事工程承包建设的 62 人，约占本村青壮劳动力的 60%，年人均工资收入 9 万元；在二三产

业方面，通过发展农副产品深加工、休闲旅游、乡村地产，外来就业人口不断增加，年人均就业或创业收入达到8万元以上。2017年，浔龙河村已安排产业就业人口330人，其中，本村农民有15户23人实现了创业，有235户307人实现了就业，而且收入按创业人数和就业人数总计分别达到1396万元/年和925万元/年。

  浔龙河的探索，不仅形成了平等竞争、规范有序、城乡统一的劳动力市场，推进了农村劳动力转移就业和就地创业就业；而且规范了招工用人制度，健全了农民工劳动权益保护机制和农民工与城镇职工平等就业的制度，尤其是提高了新生代农民工职业技能培训的针对性和有效性，其就近就地促进就业创业的做法，的确是具有开创性的。

# 第八章

# 守住三条红线

　　保护民生、保护耕地、保护生态，这个在以前最容易被忽视的问题，今天却成了国家最关注的问题。以柳中辉为班长的村支两委，深深地懂得，建设特色小镇，实现乡村振兴，必须守住"生态环境保护"、"永久基本农田"和"农民利益保护"三条红线，只有这样，才能真正实现农业强、农村美、农民富的乡村振兴目标。为此，浔龙河村在村党支部的带领下，启动了"守住'三条红线'的生态艺术小镇的建设项目"……今天，当你走进村里去观察，你就会发现，在整个生态艺术小镇的开发建设过程中，浔龙河村的耕地面积不仅没有减少，反而增加；耕地不仅没有被非农化，而且耕地质量在不断提升。同时，民生得到了极大改善，生态环境得到了最严格的保护。这一切都源于深入贯彻落实习总书记所提出的"五大发展理念"，走绿色发展之路的结果。

## 一、守住生态红线，促进绿色发展

　　什么样的村庄能让村民宜居，让市民下乡，让游人流连？"绿水青山就是金山银山"。浔龙河蝶变背后的秘诀并不复杂，就是始终坚持以人为本，守住生态底线。

### 1. 按"两山"理论明确保护性开发思路

　　浔龙河人按照习近平总书记提出的"绿水青山就是金山银山"的"两山"理论，坚持资源节约、环境友好"两型社会"建设要求，充分尊重、保护土地和生态在农村改革中的价值。坚持资源节约，开展农村土地综合运营，集约、节约、高效利用土地，提升单位土地价值；根据环境特点开展产业规划和建设规划，不破坏环境且通过开展综合治理提升环境质量。建设过程中，按照"宜居宜业"、保护环境的要求，依山就势进行规划布局和建设，对建筑密度、高度、风格进行严格控制，使其与自然环境相适应，"不挖山、不填塘"，充分保留乡村自然山水田园风光。学习不少地方成功建设特色小镇主要都得益于其良好的生态资源的经验，浔龙河人清晰地看到，农村综合改革与发展不能靠大拆大建来实现乡村的美丽和农村的开发，而是要建立一种人、自然、产业、城镇和谐共生的局面，让城里人愿意下乡，让乡下人能够享受"城里人"的生活，建立农村发展与生态保护的良性互动发展。农村的开发利用要遵循地形地貌布局，做到建设用地集约、节约，尽量减少建设过程中对环境的破坏。农村产业要以卖生态化的产品为主要方式，努力提高农村产业产品的生态附加值。居住空间布局要体现农村生态化特色，实现生态保护与农村发展的良性互动。

浔龙河村山水资源原生态保护

柳中辉介绍，浔龙河的发展定位，就是打造一个为当地村民提供城市生活品质，为都市人提供田园生活需求，以生态旅游为主导产业的田园综合体，一个既生态环保又原味浓情的乡村小镇形态。为确保"望得见山、看得见水、记得住乡愁"，浔龙河确定高标准、高起点的建设规划设计，将其打造成为国内一流的具有典型的区域文化风范、生态环境优美、富饶宜居宜游宜学的特色小镇。

## 2. 从乡村视角建"生态家园"

柳中辉等乡贤都有城市生活的经历，对雾霾、城市内涝、水体污染、交通拥堵等城市病已有切身的感受，对于新一轮特色小镇建设及其绿色、生态小镇的理念与认识远超一般市民。在他们看来，无论是国家级特色小镇（建制镇），还是各地形形色色的特色小镇，生态环境都是最重要的。他们始终坚持"生态小镇可以不是特色小镇，但特色小镇必须是生态小镇"。例如，从政策层面看，生态如果不达标，特色小镇申报将会被一票否决。无论是国家政策层面，还是地方实践层面，建设特色小镇都必须突出"生态"理念。住建部、发改委等三部委在《关于开展特色小镇培育工作的通知》中明确指出了"绿色发展"理念、"绿色生态特色小镇"的概念，把注重生态环境保护作为基本原则之一，要求补齐生态环境、城镇基础设施、公共服务等短板。

按照习近平总书记的"两山"理论的要求，浔龙河村以生态园模式为依托发展的休闲观光农业是目前"绿色经济"下的理想农业发展方向。生态园是传统农业与现代观光业结合的产物，在"绿色经济"的大背景下，"绿色"与"生态"概念日渐普及，在生态园规划中要着重体现"绿色""生态"，将农事活动、自然风光、科技示范、休闲娱乐、环境保护等融为一体，实现生态效益、经济效益与社会效益的统一。

浔龙河生态艺术小镇项目结合区域内优美的山水资源、深厚的文化底蕴，发展乡村旅游、康养休闲，打造最具特色5A级休闲旅游景区。按照景区建设要求对山地予以保留并开展残次林改造和生态环境建设，充分保留农村整体风貌，提升区域整体品质；路网合理，土地利用集约节约；自来水符合卫生标准，生活污水全面收集并达标排放，垃圾无害化处理，绿化覆盖率较高，防洪、排涝、消防等各类防灾设施符合标准；鼓励多规协调，建设规划与土地利用规划合一。可以说，这些举措都彰显了特色小镇的绿色生态要求。

景区以生态为基底，对资源及环境保护极为重视，空气质量良好，是天然氧吧；地面水环境质量良好，污水排放达标。自然景观保护得力，基本保持自然景观的真实性和完整性；科学管理游客容量。景区建设严格按照规划实施，主体建筑有特色，与自然景观相互协调，通信、电路布置没有影响到景区景观，景区绿化覆盖率超过50%。景区大力提倡环保节能，推行使用环保材料，没有使用不可降解的一次性餐具等非环保型材料的情况。

浔龙河村依山坡肌理建成的樱花谷

建好"生态园"。"生态园"位于浔龙河生态艺术小镇的西南边，紧邻田汉大道、浔龙河路、宋水线，地理位置优越、交通便捷。占地面积约1000亩，本区内已有运营项目樱花谷，且可以依托周边已运营的云田谷、好呷街、麦咭农场，以及即将营业的水上世界、时光潇湘进行游客导流。

生态园的建设定位是：依托良好的山水自然基底，打造一处四季有花、四季有景，融合中国山水、田园、园林艺术元素的生态园。集休闲、观赏、慢生活体验、科普教育等多功能于一体，与浔龙河生态艺术小镇现阶段已有的旅游产品形成联动互补，弥补目前浔龙河产品体系中慢生活休闲体验产品的短缺，促进浔龙河全域旅游的全面发展，增强不同年龄阶层客群的游玩体验感。具体定位如下：

**客源定位**：主要面向长株潭市区，覆盖全省和"一带一部"[①]。

---

[①] 2013年11月，习近平总书记在湖南考察时，要求湖南发挥东部沿海地区和中西部地区"过渡带"、长江开放经济带和沿海开放经济带"结合部"的区位优势，提高经济整体素质和竞争力，加快形成发展新格局。这一定位被称为"一带一部"。

**客群定位：** 成人观景休闲为主客群，亲子家庭、学校团体为次客群。

**功能定位：** 观赏、休闲、慢生活体验、科普教育。

**形象定位：** 山水园林乐活田园。

**目标定位：** 打造一个以园林花卉观赏为特色、科普博览为主的综合性景观生态园。

**主题思路：** 坚持保护地形和山水格局的整体性，建立人与环境的和谐关系，围绕休闲观光游，通过花卉景观、园艺园林、建筑艺术、产品置入等多方位的策略，来丰富景区产品体验内容，提升景区的形象，精心打造一个集赏花、休闲、慢生活体验、科普教育等多功能为一体的综合性景观生态文化园。

**建设项目：** 紫薇园、香草园、梅园、昆虫博物馆、盆景大观园、樱花谷童乐园等。

### 3. 从城市群视角建设"市民公园"

浔龙河生态艺术小镇以浔龙河 14700 余亩原生山水资源为基础（包括近 8000 亩山地，2000 余亩水域，以及 4700 余亩建设用地），借助浔龙河便捷的交通条件和优美的生态环境，以建设"城镇化的乡村、乡村式的城镇"为目标，打造特色鲜明、产业发展、绿色生态、美丽宜居特色小镇。特色小镇能满足都市人田园生活的需求，是一个以生态旅游为主导产业的田园综合体，一个既生态环保又原味浓情的乡村小镇。通过乡村就地城镇化和建设市民公园和假日公园，打造原住民 / 回归民 / 探访民均向往的、城市文明与乡村文明相结合、宜居宜业和宜游宜商的美好田园生活方式和生活空间，实现全民安居、乐业、乐享生活。

景区有原生态的山水田园资源，有华佗、杨泗将军等丰富的民间传说和湘中特色民俗文化，有田汉、浔龙河等本地大 IP 资源，通过与金鹰卡通频道合作，引进麦咭等超级 IP。景区依托这些独特优势旅游资源，开发了丰富的"吃住行游购娱"产品，对游客形成强大吸引力，覆盖亲子、中青年、老年等全龄游客群体。完善了景区游览设备设施及服务，建有占地面积达 28 亩的浔龙河接待中心、片区游客服务中心（处）。景区有大小停车场 3 个，总面积 33000 余平方米，能同时满足 1500 台左右的停车需求，布局较合理，场地平整坚实，标志规范、醒目。景区道路和游览路线布局基本合理、顺畅，景区配有环保电瓶观光车。景区建成供销合作社、24 小时智能售货店、小卖部三级旅游购物体系，售卖湖湘农特产品、手工艺品及麦咭衍生产品等。景区配置有直饮水、园区 WIFI、广播系统等设施设备，配备了影视系统、广播系统、宣教材料展示等设备。在景区按照游客体验感，合理设置休闲木亭、长廊、桌椅等 30 余处。根据项目特性和不同人群需求，景区配备导游员、讲解员，形成规范导游讲解服务。景区与湖南邮政达成制作邮政明信片的合作，能提供邮政服务、邮册、纪念邮票等。景区设有通信基站，并与移动、联通等运营商形成合作，在大型活动人流剧增的情况下安排应急移动通信车。景区设立有食品安全检测室，配有专业检测设备，餐饮服务干净卫生。景区配有专业的物业公司负责环境卫生清理，园区环境清洁干净。景区公共卫生间、垃圾箱按照景区配套设施标准建设，布局合理，并建有第三卫生间。景区安全管理机构和制度健全，设立有安保部，共有保安员 19 人，制定有《旅游安全生产工作细则》等 10 余项安全管理制度，园区覆盖监控系统。参照国家标准，结合景区自身特点在景区范围内设置了标识标牌共 100 多处，为游客提供了系统、明了的指示和提示服务，尤其是设置有各类安全、温馨警示标志，还设有医疗卫生室，配备医护人员、急救箱、常用药品、医疗器械等，建立了景区突发事件紧急救援预案并向游客公布内部救援号码。

浔龙河村与山林相融的地球仓木屋

　　景区与金鹰卡通频道、长沙政法频道、FM90.5 高速广播电台等开展战略合作，同时结合旅行社、网络等线上线下渠道，并举办系列大型活动，例如，麦咭音乐节、民俗文化节、疯狂麦咭嘉年华、浔龙河迎春灯会、浔龙宴、樱花节、自动车赛、风车节、浔龙河龙虾节，开拓市场和宣传景区，迅速在长株潭及省内部分地市形成巨大市场吸引力。浔龙河生态艺术小镇完全变成了长株潭城市群的市民公园。2016 年 5—12 月接待游客 74 万余人次，2017 年上半年接待游客 86 万余人次。

景区形成了浔龙河特色的"互联网＋全域旅游"管控体系，管理体制健全，经营机制有效，独创"四员服务""保姆手册"；管理人员配备合理，中高级管理人员具备大专以上文化程度；具有独特的产品形象、良好的质量形象、鲜明的视觉形象和文明的员工形象；有正式批准的总体规划，开发建设项目符合规划要求；培训机构制度明确，业务培训全面，效果良好，上岗人员培训合格率达 100%。

浔龙河生态艺术小镇将立足科学规划，大力打造以生态为基底，以湖湘文化为内核，以本地特色为辅助的综合性景区。通过媒体宣传，组织和主办大型活动，提高服务质量建立品牌口碑宣传等多种形式，做好景区的对外宣传和形象包装，积极地开拓客源市场，大力整治环境，加大投入力度。2015 年浔龙河启动了一系列新的项目建设，包括投资 2 亿元的麦咭

浔龙河村云田谷亲子体验园

水上世界，占地面积达 33000 多平方米的浔龙河公交客运站，占地达 40000 多平方米、可容纳 1200 台车的生态停车场，以及 1000 亩的浔龙河生态园、500 多亩的麦咭生态农场。在各级政府的正确领导下，在旅游部门的大力支持下，通过不懈努力，浔龙河景区的发展步伐一定会迈得更

快，浔龙河生态艺术小镇的明天一定会更好。

为把浔龙河生态艺术小镇打造成国家级 5A 景区，目前，村支两委正全力抓好以下工作：①建设良好的旅游交通；②打造优质的游览体验；③抓好旅游安全管控；④强化环境卫生管理；⑤改进景区邮电服务；⑥丰富旅游购物；⑦优化经营管理；⑧保护资源和环境；⑨提升景区旅游资源吸引力；⑩扩大景区市场吸引力。

## 二、守住耕地红线，保持"农"字特色

国家对工商资本进入农村，既支持鼓励，也有严格约束，并非放任自流。如 2015 年农业部、国土资源部出台《关于加强对工商资本租赁农地监管和风险防范的意见》，鼓励工商资本发展农产品加工流通、农业社会化服务以及现代化种养业，禁止擅自改变农业用途、严重破坏或污染租赁农地等行为。2016 年农业部出台《农村土地经营权流转交易市场规范》，对土地流转市场和工商资本下乡进行了系列规范。

### 1. 助农不伤农

一是工商资本下乡必须解决好产业定位的问题，做到助农不伤农。浔龙河项目根据自己的自然和地理优势，布局了五大产业，其中将农业摆在首位，并严格守住基本农田的"红线"和不改变农地用途的"底线"，做到农业总产值、农地面积、农业投入只增不减，将现代农业规模化、集约化与农村劳动力就近就业、农民增收结合起来，将农业休闲、田园风光与乡村旅游结合起来，将绿色生态健康与特色小镇现代生活方式结合起来，努力打造一个为当地农民提供城市品质生活、为都市人提供田园生活场所的田园综合体。浔龙河的实践说明，资本下乡必须依据自然资源禀赋和传统产业优势确定好产业，以发展现代农业为基础，推进多产业融合发展。

二是资本下乡必须体现农民是土地的主人，企业是开发的主力，政府是服务的主体。资本下乡的本质就是企业在政府的引导和监督下，从农民手中获得土地经营权，进行更高效益的开发利用。在农民、企业和政府三者中，农民相对弱势，但他们是法律意义上的农村土地的主人，土地是他们赖以生存的根本，任何资本下乡都应把农民的权利落实好、体现好。浔龙河项目建设过程中，资本点燃了农民的热情，全体村民积极参与土地改

革,支持土地集中流转和农民集中居住,为浔龙河公司进村开发建设铺平了道路,显示了浔龙河农民渴望发展、支持发展的主人翁姿态;随着项目不断推进,浔龙河村逐步实现资源到股权、农民到股民、村民到市民的嬗变。农民的土地经营权流转了,但承包权还牢牢掌握在自己的手中,土地主人的权力感、获得感、幸福感不断增强。浔龙河公司作为项目的主要参与者,运用市场机制进行投融资和产业项目建设,盈利模式清晰,资本市场看好。政府通过支持浔龙河项目,推动了土地改革和农业结构调整,推进了就地城镇化,引入了新产业、新模式,培植了新经济增长点。浔龙河的实践说明,资本下乡必须把农民当成主人,尊重农民的权利,保障农民的长远利益。唯有如此,社会才会稳定,共建共享共赢的基础才会牢固。

**2. 耕地保量提质**

浔龙河的做法是,2013年长沙县人民政府对《浔龙河生态小镇总体规划》进行批复,明确建设用地面积4897亩,占项目总面积的33.3%,其中国有出让用地3897亩,集体建设用地1000亩。2013年,浔龙河公司通过招拍挂取得国有出让地300亩,占国有出让用地规模的7.6%;房地产资金投入已达4.24亿元,占2013年项目资本投入的58.9%,分别是休闲旅游、生态农业和农产品加工业投入的2.3倍、5.7倍和10.7倍。照此发展,浔龙河项目存在房地产过度开发、其他产业发展资金不足的隐患。2015年,村支两委对其进行科学论证,加以规范。通过实施土地增减挂钩和综合整治,有效增加耕地面积。浔龙河村通过实施农民集中居住,每户农民可节约建设用地0.8亩,总计节约建设用地448亩。对腾退的宅基地进行复垦和项目区内产业发展用地平衡,新增耕地400多亩。土地集中流转后根据产业发展需要开展土地整理和标准化建设,增加了近10%的耕地面积。不改变耕地使用性质,不将耕地非农化。在进行农业生产过程中,严格控制生产标准,不使用农药、化肥,既避免了土地抛荒,保留耕地的农用性质,又保护了耕地土壤不被破坏,通过提升农业科技水平和现代化装备水平,促进农业提质增效。

同时进一步加强人居环境和生产条件的改善:推进厕所革命,推行垃圾分类处理,强化大气污染物防控,争创国家生态文明建设示范小镇。强化河流治理改造:金井河是湘江二级支流,流经浔龙河项目区境内4公里,河道两侧均为基本农田区,金井河(果园段杨泗庙桥下游)河流整治项目总投资1750万元。金井河的治理工程是一项惠民工程,在防汛抗洪中发挥了重要作用,恢复和改善了河道生态功能,美化了人居环境,发挥了治理的综合效益,又对生态农业发展起了不可估量的作用。

### 3. 保护好山林与水面

浔龙河村内浔龙河、金井河、麻林河三河交汇,山清水秀形成独特的自然风光。全村林地证载总面积为4293亩。麻林河、浔龙河均在村内注入金井河,为捞刀河的支流,属湘江水系。全村共有山塘水坝183口,水面579亩。这些水资源主要用于灌溉,极少部分用于养殖,因此整体效益不高。项目地丘壑绵延,植被葱郁,河岸喀斯特地貌明显,山清水秀,灵气十足。这里气候温和,降水充沛,日照充足,生产期长,土壤以红壤、水稻土为主,耕作层较厚且相对肥沃,有利于农业经营。以杨泗将军斩孽龙的传说形成马踏石、拖刀石、藏龙洞、出龙潭等人文景观和关帝庙、华佗庙等历史景观,构成了浔龙河村独特的文化底蕴。同时,这里还是国歌词作者田汉先生的家乡。

## 三、守住农民利益红线,大力改善民生

浔龙河生态艺术小镇改善民生的创新探索是源于土地政策创新来实现的,而土地政策创新又是在坚持土地公有制性质不改变、耕地红线不突破、农民利益不受损三条底线的前提下,通过土地改革实现农民土地资源的资产化来达成的。具体探索思路是:以土地确权将村民的资源资产化,进而通过流转、置换、融资等多种手段实现资本化,再通过发展产业实现农民就地就业安置,提升人力资源价值,以增加农民收入和改善民生事业。

### 1. 以土地确权促进资源资产化

农村土地属于农民集体所有,这是农村集体经济的基础。长期以来,农村集体资产产权不清,一些缺少集体经营性资产的乡村,集体经济意识淡薄,集体经济实现形式已趋于无。没有农民集体经济组织,面对工商资本下乡,就可能难以维护好农民利益。浔龙河村在生态小镇项目推进过程中,村里成立集体资产管理中心,将土地经营权统一收回到村民小组,由小组统一行使土地流转、参股、增减挂钩的权力;对集体经营性建设用

地，统一经营管理，发展集体经济，保障了农民的长远利益。浔龙河村通过土地确权，一是明晰了土地产权关系。调查结束后，村里每个组、每户农民的土地承包经营权、集体土地所有权和宅基地的永久性使用权都进行了明确，四至界线在哪里，权利属于谁都十分清晰。二是将土地由村集体所有确权到组集体所有，根据调查情况，制作颁发了13个组的土地所有权证，明确土地归组集体所有，为开展土地流转、土地改革等工作打下了较好的基础。三是全面了解了村里的土地经营状况。此次调查准确掌握了全村土地的具体情况，包括面积、区域、生产条件、生产价值、经营中存在的问题等，为开展规模经营、发展现代农业提供了准确的参考。浔龙河村的实践说明，土地、山林、水面等有形资产和对土地的承包、出让、出租、收回等权力都是可以激活的集体资产。农民集体经济组织强大了，集体经济壮大了，农民才有更多的收益权和话语权，农村基本经营制度的优越性才能得到更好发挥。

### 2. 推进村民土地资产的资本化

浔龙河村的做法是，土地经营权确权后，按照依法、平等、自愿的原则开展土地流转工作，村民将土地经营权流转给村集体，村集体再统一流转给企业开展现代农业经营。湖南省国土资源厅湘国土资函〔2012〕103号文，批复同意的《长沙县2011年城乡建设用地增减挂钩项目实施方案》，将双河村确定为土地增减挂钩试点村。该政策通过腾退的农村建设用地等面积置换城镇新增建设用地指标，并明确将土地增减挂钩置换用地土地收益全额返还，解决农民拆迁安置、公共基础设施等建设的资金问题。双河村被确定为湖南省集体经营性建设用地上市交易同价同权的试点，在项目区规划300亩集体经营建设用地，由村集体以土地入股的方式（2013年土地每亩价格约为60万元，总资产为1.8亿元）参与商场、民营学校、医院、加油站、文体中心等可经营项目的运营，其获得的股份收益由村民按土地合作社中的股份比例进行分红，实现村民长效增收。加上开展土地混合运营土地利用的试点和创新民生金融，实施农村土地三权抵押融资，农户的土地资产及其附着物迈入了资本化的轨道。

### 3. 开启村民居民化探索

促进村民居民化转变的关键是推动城乡公共服务均等化和城乡文明深度融合，既引入城市社区专业化、精细化、精准化的管理服务，又对淳朴、自然的乡风文明予以保留、放大，完善个人成长发展的要素，提高生活的幸福指数。浔龙河村积极推进农业转移人口市民化，逐步把符合条件的农业转移人口转为城镇居民。创新人口管理，加快户籍制度改革，进城落户农民完全纳入城镇住房和社会保障体系，在农村参加的养老保险和医疗保险规范接入城镇社保体系。他们的具体做法是：

一是完善公共配套。推动城乡公共服务均等化，水、电、路、气、网等基础设施和科、教、文、卫、体、交通等服务设施的全面配套，实现自来水、电力、天然气、互联网、有线电视等基础配套100%接入；同时，项目区内规划了幼儿园、小学、中学、医院、商场、银行、加油站、文化中心、农民公园、公交车站等公共配套设施。公共设施配套充分考虑了可居住人口的规模，做到完全满足人的生活需求。

二是推动村民向居民转变，村委会向居委会转变，提高组织化、专业化服务水平。进一步健全党支部、居委会和艺术团、老年协会、青年联合会等群团组织和志愿者的作用，为居民提供专业化、组织化程度高的服务，在服务中实现有效管理。同时，要加强素质道德教育、职业技能教育，使居民能够自觉按照社区的要求规范自己的生产、生活行为，并掌握学习一技之长，实现就地就业。积极开展丰富多彩的精神文化活动，追求健康、向上的形式和内容，倡导正能量，共创、共享社区文明。

三是推进农区向社区转变。浔龙河生态小镇获批住建部首个智慧型社区试点，他们通过综合运用现代科学技术，整合区域人、地、物、情、事、组织和房屋等信息，统筹公共管理、公共服务和商业服务等资源，以智慧社区综合信息服务平台为支撑，依托适度领先的基础设施建设，提升社区治理和小区管理现代化，促进公共服务和便民利民服务智能化，这是一种社区管理和服务的创新模式。按照规划，浔龙河生态艺术小镇将把蔬菜、水果种植，艺术园林，中药材种植，养蜂，养龙虾，作为特色现代生态农业重点打造；同时发展农产品深加工业，形成产、供、销一体化的特色农业发展模式。目前，一个集生态休闲、旅游观光于一体的现代农业园区已建成。

四是提高社会保障水平。村民完成集中居住后，初步形成了农村新型社区，使原有村民可享受城镇居民的社会保障水平。按照政府、集体、个人各负担一部分的原则，为其购买城镇居民养老保险，提高农村社区居民的保障水平。

五是推动劳动就业创业。成立就业创业服务中心，对失业、无业居民开展就业咨询、职业培训、就业创业指导等多方面的服务。针对不同年龄结构、知识结构的居民开展不同层次的培训、指导，安排在适合的岗位。整体上做到能够就业、愿意就业、服从安排的都能够就近就业。同时，鼓励村民创业发展，成立浔龙河众创基金利用金融产品为村民提供创业资金支持。

六是加强精神文明建设。积极开展丰富多彩的精神文化活动，追求健康、向上的形式和内容，倡导正能量，共创、共享社区文明。通过倡导文明正能量，打麻将的人在减少，赌博歪风受到扼制，邻里关系和谐，重塑了文明乡风。同时，文化也成为了项目建设的润滑剂，增强了群众对文化建设的积极性和主动性，为特色小镇的建设起到了重要的推动作用。浔龙河村加大对本土文化的挖掘整理，先后撰写了长篇小说《浔龙河传奇》、编辑《浔龙河》报、拍摄《浔龙河》电视剧、编写了《浔龙河村志》，它们不仅成为研究当地历史文化的重要资源，也成为小镇发展文化旅游产业的宝贵财富。

## 四、特色小镇的"变"与"不变"

### 1. 定海神针式的"四不变"

一是土地公有制性质不变。浔龙河项目根据民生改善、产业发展和公共工程建设的需求实施土地的混合运营。其中，3800多亩土地调整为国有出让用地，由企业摘牌后用于农产品加工厂、旅游服务设施、学校、小城镇地产、乡村地产等产业项目建设；300多亩土地调整为镇集体建设用地，用于道路、桥梁等基础设施及垃圾站、污水厂等公共配套设施建设；386亩保留宅基地性质，用于村民安置区的建设；300亩土地调整为村集体经营性建设用地，由村集体经营，用于建设加油站、停车场等服务性设施；其余近万亩土地仍然为农业用地，所有权归组集体，承包权由农民所有，经营权则进行流转。无论是国有，还是镇、村、组集体所有，土地的公有制性质始终没有发生改变。

二是耕地的农业性质不变。浔龙河项目所在的原果园镇双河村共有耕地面积1173亩。在项目建设过程中，始终坚持不减少耕地面积、不让耕地非农化的原则。第一，是在建设用地规划调整时，不占用原有耕地，并通过土地整理和增减挂钩项目的实施,增加了10%的耕地面积;第二,是对耕地进行流转后,将620多亩基本农田建设为优质稻、蔬菜基地。严格控制生产标准,连续8年不使用化肥、农药,使土壤得到了有效的改良。将其余的500多亩一般农田建设为花卉苗木、果木基地,起到了良好的生态效果。

三是农民的根本利益不变。浔龙河项目通过盘活农村资源,让农民"依托于土地,但不依赖土地"致富增收,以土地承包经营权流转保障农民基本生活。

四是乡村自然生态不变。建设过程中坚持按照多规合一的要求和"环境友好、资源节约"的原则,建设用地点状、带状布局,最大限度地保护原生态环境。同时,积极开展生态修复和改造。负责项目区内生态提质的广东棕榈园林股份有限公司是国内排名第一的园林类上市企业,具有生态规划、生态建设和生态技术应用的行业领先优势,将把浔龙河的原生态环境建设成四季有花、时时有果、色彩绚烂的乡村花园。

### 2. 心花怒放式的"三变"

一是农村的投资结构转变。将过去农村主要由政府投资转变为企业、政府、村集体多元主体的投资结构。其中,企业负责项目区内的生态农业、文化、教育、旅游和乡村地产等产业项目建设,发挥出了项目建设的主力军和先锋队的作用;政府通过城乡公共服务均等化项目、涉农资金和土地收益返还等财政性资金投入,完成项目的基础设施建设和公共配套工程建设;村集体主要负责村民集中居住项目和村集体产业项目的投资,主要以土地资源的置换和入股作为投资方式。

二是农村的产业结构转变。浔龙河项目区的农业产业发展由过去的农户单独经营转变为企业的规模化集中经营,产业内容也由过去的"粮猪型"单一产业转变为生态农业、文化、教育、旅游和乡村地产开发等"一、二、三"产业融合的复合型。其中,生态产业以生态治理、生态环境建设和绿色农产品、花卉苗木生产为主,为项目奠定良好的生态基础;文化事业突出民俗文化、亲子文化、影视文化和创客文化项目,为小镇营造浓厚的艺术气息;教育事业重点通过与北京师范大学合作发展基础教育;以民兵训练拓展基地、麦咭启蒙岛、童勖营等项目开展素质教育;乡村旅游产业则实施"互联网+全域旅游"战略,开发形成"吃、住、行、游、购、娱、养、学"等旅游产品;乡村地产开发总规模2500亩,以

"众筹+私人定制"为特色，吸引市民下乡居住。五大产业之间形成了互为依托、相互促进的互动关系，生态产业、文化事业、教育为基础产业，做到盈亏基本平衡。在中短期内重点发展乡村地产实现盈利，长期则以旅游产业等形成持久稳定的收入来源。

三是农村的治理结构转变。随着浔龙河项目的推进，项目区逐渐形成了由原住民、周边村民、外来人员组成的人口结构，最终将发展成为总规模4万人的新型社区。根据人口结构的变化，原有的村级管理已经不能适应管理需求。因此，要成立浔龙河社区，实施更加全面、精细、规范的社区管理，为所有居民提供同等的公共服务，包括文化、计生、社会保障、医疗保险、就业服务等。同时，要成立集体经济组织，对原住民的土地资源和资产进行流转、租赁，对300亩集体经营性土地进行经营，使农民始终能够享受原有的土地权益带来的收益。

# 第九章

# 三只手的"握手"

"麻雀虽小肝胆俱全"。一个乡村或特色小镇的建设与治理虽然规模较小,但是,从乡村治理体系看,它依然离不开政府的行政行为、企业的市场行为和公民的社会行为等一系列规范与约束,也就是离不开政府治理、市场治理和社会治理这三个最基本的治理维度及其合作,亦即离不开政府的"有形之手"、企业(或乡村经济组织)的"无形之手"和乡村居民公共道德这一"第三只手"的"握手"。浔龙河村的乡村振兴与特色小镇治理探索,可以说是比较好地处理了"三只手"的关系,在村党支部的战斗堡垒作用与全面领导下,真正实现了"三只手"的"握手"。

按照"市场在资源配置中发挥决定性影响和更好地发挥政府作用"的改革要求,浔龙河村的探索实践解决好了"三只手"的关系。其具体做法是:村党支部全面领导,积极争取各级党委政府全力支持,村民发挥主体作用,公司和集体经济平台发挥主导作用。浔龙河村的实践真正厘清了所有参与乡村振兴的主体的作用边界,划分好了地方政府、村党支部、村委会、企业、村民各自的职责定位,所有利益主体的积极性与作用都得以发挥。

## 一、村党支部全面领导

浔龙河村组织振兴的最大特点是通过党建引领,实现了村党支部对乡村振兴的全面领导,即把党中央的党建指示精神落实到具体的带领群众率先脱贫、率先致富和率先实施乡村振兴的工作实践中,创造了"党建引领"的乡村组织振兴与治理新模式。

## （一）组织上党支部村企同建

浔龙河生态艺术小镇的党组织机构按照"村企合作促发展、党群共建新农村"的宗旨，组建了浔龙河村企共建党建工作领导小组。包括浔龙河村党总支、浔龙河公司支部在内的 224 名共产党员、375 名共青团员，在以柳中辉为班长的党总支带领下，始终坚持"党建示范、民生为本、生态优先、机制创新、产业支撑"的系统性运作，主动开展非公企业党组织建设，通过非公企业党建标准化、社会组织党建区域化的建设，大力提升非公企业党建水平；创造性地开展非公企业与社会资本如何植入集体主义和社会主义价值观的探索，开启了社会资本立足关注民本、民生，关注生态、文化和以此为基础撬动产业持续发展的新试验；积极探索采取村企党组织共建的模式，进一步有效地发挥浔龙河村党组织的带头模范作用，加强指导和帮助非公企业党组织的共同建设和管理，促进各板块党组织的相互融合与共促共建。为充分发挥党的领导核心作用，浔龙河村以党建带村建、企建，推进村企"组织共建、党员共管、阵地共用、活动共抓、发展共促、机制共享"，组成了精干、有战斗力的团队。为加强党员队伍管理，两套支部按照"精细管理、规范提高、分类指导、全面推进"的工作思路，全面实施"党建＋经济""党建＋社会治理""党建＋文化""党建＋民生""党建＋生态"等"党建＋"行动计划，建立、完善了以党支部的领导为核心，以村民委员会自治组织、监督组织为基础，以群团组织、经济组织、社会组织为补充的基层社区治理组织体系，制定《村民公约》，建立村民信用评价体系，全面推进"依法治村、诚信立村、产业兴村、文化强村"。建立四级民主决策机制，即党支部提议、村支两委扩大会议商议、村民议事会审议（或决议）、村民代表大会决议和议事过程公开、实施结果公开的"四议两公开"，对重大事项实行村民公投。小镇建设至今，举行了三次重大事项的全村村民公投大会，第一次，愿意不愿意把浔龙河建设成新型小城镇，支持率 97.4%。因为如果老百姓不愿意，我们绝不能强拆房子。第二次，集中居住、选房选址，愿意不愿意？支持率 98.14%。第三次公投，愿不愿意把土地流转出来，这一次，支持率达到了 100%。通过"党建＋"行动计划的实施，党组织的凝聚力不断加强，党员干部和党员的素质不断提升。其具体做法是：

### 1. 组织共建

成立了以柳中辉为组长，徐宏勋、张博闻为副组长的浔龙河村企共建党建工作领导小组。2016年，将浔龙河村党支部升格为浔龙河村党总支，经过精心组织安排、严格纪律要求，在镇党委的支持下，顺利完成了党总支换届选举，新选出党总支委员7人，选出了精明强干的领导班子。党总支成立后，分别成立党总支第一支部、第二支部、第三支部，重新划分了8个党小组。其中，浔龙河公司党支部设立一个党小组，即浔龙河公司党小组。将原湖南浔龙河生态农业开发有限公司党支部更名为湖南浔龙河投资控股有限公司党支部，将下属子公司、分公司党员合并到该支部，完成支部换届选举，下设三个党小组。

浔龙河村党建服务中心（浔龙河村村部）

### 2. 党员共管

一是建立健全工作制度。完善党员、党小组学习、谈心，党员思想汇报制度，完善民主生活会制度、"三会一课"制度、党员管理制度、发展新党员制度、党员联系群众制度、星级党小组评比制度。二是实施分类考核。要以长沙县、果园镇《党员"三务"分类积分管理考核实施办法（试行）》为标准，对党小组成员实施精细化管理和党员分类积分管理，作为对党员进行民主评议的重要参考依据。三是开展信用体系建设。建立党员信用评级制度，成立信用体系评价领导小组，根据党员遵纪守法、诚实守信、尊老爱幼、邻里和谐、家庭和睦、踏实勤劳和先锋模范作用的发挥等基本情况进行信用评级，并与其评优评先和银行授信评级直接挂钩。四是狠抓党风廉政建设。加强党内民主建设，教育引导广大党员认真贯彻民主集中制原则，重团结、求协作、促和谐。开展好党务公开，主动将党组织的决议、决定及执行情况，党的思想建设情况等党务政务在公开栏进行公示，自觉接受广大党员和村民的监督。

### 3. 阵地共用

分别在各党小组和村部建设"村企共建"党建工作阵地，做到"六个一"：一面党旗、一块标牌、一个记录本、一个宣传栏、一套桌椅、一套学习资料，实现制度上墙；增强阵地的会议、教育、培训和综合性功能，提高利用效率；增强服务群众的功能，使其成为党群交流的阵地；增强议事功能，认真开展各项党建活动，实施好民主议事制度。完善公司支部阵地建设，将原童勋营木屋餐厅改为企业支部阵地，设置党员志愿服务站、"党建+旅游"接待点，让支部办公室、会议室、党员培训中心、茶座、书吧、乒乓球台等成为企业支部开展组织活动、企业员工交流、党员参加志愿服务的重要场所。

### 4. 活动共抓

一是开展"创建示范党员家庭、争当优秀党员"活动。着眼党员在发展经济、孝敬父母、教育子女、和睦近邻等方面的表现，评选出优秀党员家庭和优秀党员并予以表彰激励。二是广泛开展"三联三问三解"活动。每名党员联系"三户"以上群众，做到"问需于民排解生活困难、问情于民化解矛盾纠纷、问计于民破解发展难题"。三是开展党员"亮身份"活动。每位党员都要日常佩戴党徽，主动亮明身份，紧紧围绕浔龙河项目这个中心工作，充分发挥党员的先锋模范作用，积极主动宣传项目建设的积极作用，正面引导村民支持项目建设。

### 5. 发展共促

一是夯实发展基础。通过活动的开展，使广大党员始终保持全心全意为人民服务的本色，进一步密切党群关系，提高党支部的领导能力和工作水平，团结和带领广大村民早日实现浔龙河生态艺术小镇的建设目标。二是加快经济建设。通过"村企共建、统筹发展"，推动现代农业、文化、教育、乡村旅游、乡村地产等产业的落地增效，促进企业实力壮大和农民就业增收；要依托纯集体股份企业对集体经营性建设用地进行经营，以土地入股的方式建设加油站、商场等经营性项目和旅游项目，获得长期收益后对村民进行分红；按照农民自愿的原则，对农民集中居住区的住宅、商铺、菜园等统一规划、招商、管理、运营，壮大集体经济，以村民就业创业服务中心为平台，推动村民就地转移就业创业。三是促进精神文明。通过抓党建加强社会主义核心价值观教育，推动依法治村、诚信立村和文化强村。依托文化艺术团、老年协会等群团组织开展丰富多彩的群众文化活动，活跃村民的精神文化生活；扎实开展信用村建设，以乐和乡村建设为抓手，促进传统道德回归，重塑乡风文明；深入推进法治文化建设，不断提高依法治理水平，构筑平等、公正、法治、诚信、友善、和谐的社会氛围。

### 6.机制共享

制定了党支部对党小组管理考核办法，从日常管理、特色活动开展等方面对党小组进行考评管理。进一步强化了对党员的日常管理，实施"三务"积分考核，为每名党员发放了电子积分卡，实施标准分管理和动态分管理，根据党员的表现进行评分积分。进一步加强党员干部作风建设和廉洁文化教育，成立了党员志愿者服务队，开展了微心愿品牌活动，党建各项工作取得了突出成绩，被评为湖南省先进基层党组织，是中组部及省、市、县各级党校农村党员培训教学点。

总之，通过村企"组织共建、党员共管、阵地共用、活动共抓、发展共促、机制共享"工作的推进，产生了良好的效果。

## （二）管理上村支部全面领导

### 1.实现"三建三务"全覆盖

浔龙河村在村支两委带领下，将农村基层组织的党建、村建和社建（即村级经济组织）"三建合一"。在此基础上，实现农村基层党务、村务、商务"三务合一"，通过组织再造与服务提供，推进村集体的大转型、大发展，实现村级集体经济组织再造，打造集体经济升级版。村支两委全力做好五类工作：一是配合县乡党务及政府部门提供公共物品，包括农村广播、农村教育、农业生态与环境保护、农村污水处理设施、农业技术推广、农村公路与机耕道、农村公共图书室、公共卫生室、村部、中小学校等的建、运、管、服；二是配合县乡党务及政府部门积极提供准公共物品，包括农村水、电、气、通信设施，农村山塘水库及水利灌溉设施，集体用农业生产资料和合作社各类资产等的建、运、管、服；三是强化对村级商务和设施的管理，突出"三特"——特定对象（农村经营主体）、特定产品（供应的农资和销售的农产品、日用品）、特定服务（农技、农村公共服务等），加强指导与协调，围绕市场主体、市场规律，立足"三特"，服务"三农"；四是落实党和国家的重大方针、政策，重大改革决策部署落实落地，保证农村阵地和人民群众掌握在党的手中，抓好村组基层治理；五是做好群众思想工作，促进重大村级项目与重大决策的形成与落地。

浔龙河村党总支是乡村振兴的核心领导与战斗堡垒，是乡村振兴的支撑平台。其职责有：

（1）开展组织建设、干部队伍建设、文化建设、民主建设。

（2）贯彻落实上级文件与政策精神。

（3）制订浔龙河村发展规划。

（4）确定新型集体经济组织形式与分配方案。

（5）对村组资源进行确权，如前面所述的"一草一木"的确权颁证。

（6）制订土地流转方案以及产权交易与分配方案。

（7）制订决策方案与表决办法，组织就有关重大表决事项进行公投表决。

（8）开展村组基层治理。

村民委员会是乡村振兴的主要推手，其职责主要有：

（1）土地拆迁、搬迁与居民安置。

（2）土地流转。

（3）经营集体经济：

　　①开展村域内土地管理，特别是就项目建设范围内建设用地的管理，按照"谁用地、谁出钱"进行；

　　②获得非建设用地土地增减指标政策性收入；

　　③开展集体经济组织经营，获得经营收入。

（4）保护生态环境，开展村民人居环境整治。

（5）社区建设及社保体系管理等。

### 2. 推进规范化管理

原村党支部在组织上较为涣散，主要原因是党组织的新生力量少导致其号召力、带动力弱。新成立的党支部，增加了以柳中辉为代表的一批新生的年轻骨干力量，并选他为班长，在配好班子、选好人基础上，做到了村党支部的组织管理的规范化。按照党中央对基层党支部提出的"554"要求（即"健全基本组织、建强基本队伍、完善基本制度、开展基本活动、落实基本保障"的"五项基本建设"，"有人管事、有钱办事、有章理事、有地议事、有责问事"的"五有要求"和"支部阵地建设规范化、班子队伍运行规范化、党员干部教育规范化、组织经费保障规范化"的"四个规范化"），并遵循《村民委员会组织法》规则，积极推行村务公开、民主管理制度，进一步完善村务公开、民主管理的内容和方式，重点完善村务公开、财务公开制度。研究制订《党支部和村委会任务标准化管理办法》，进一步将村支两委任务标准化。总之，通过抓先进、促规范，推行党员、干部承诺制，村干部坐班制、积分制考核来强化组织管理规范化与标准化建设，乡村治理开始进入规范发展之途。

### 3. 探索精细化管理

挂牌上岗，公示干部姓名、职务、工作职责以及个人承诺事项等内容，接受群众监督。规范机关内部管理，定岗定员定职责，明确班子成员的行为规范，特别是对涉及服务群众、项目审批等事关群众利益的事项，明确服务流程、审批程序和时限要求，做到办事程序公开、依据公开、时限公开、结果公开，切实提升服务水平。坚持"党团活动日"，每周组织村委、企业党员干部学习讨论、志愿服务、走访慰问等，有效增强党组织凝聚力和号召力。浔龙河村严格执行村干部坐班值班制度，加强党员的理想信念、根本主旨、组织纪律和科技文明教育，强化经常性管理和监督。广泛开展党员联户、示范户活动，推进广大党员在乡村农业结构调整、推进乡村发展中发挥先锋典范作用。抓好发展党员和推行发展党员"公示制"，突出在优秀团员、青年、妇女、经济"能人"、科技标兵等优秀分子中发展新党员，严肃处理不合格党员，保持党员队伍的先进性和纯洁性。浔龙河村党支部将全村村民按照村民组划分为13个一级群，每个群设立了民生快递员，目前全村经常在家的560户群众中，已经有426户群众加入了一级群；民生快递员为二级群，主要负责信息的收集和上传；O2O决策群为三级群，负责对群众的问题进行解答和办理。设立了O2O信息员，加入到每一个群，随时了解、搜集、整理群众反映的问题，并对问题解决进行了督促、落实和反馈。建立了群组管理制度，确保了O2O平台的正常运营。对所有村干部的职责分工进行了明确和公示，确保责任到人。自O2O平台建立以来，充分发挥出了服务员、管理员和宣传员的"三员"作用。对接到群众反映的问题，全部进行登记、反馈、处理和公示，对村里解决不了的问题及时向有关部门反映情况。此外，浔龙河村利用O2O平台发布创业项目、招聘信息、生活小贴士等，大大方便了村民的生活。

## （三）机制上党员受教育群众得实惠

浔龙河村的治理模式选择，在强调"党建引领"的基础上必须选择产业发展富民的"经建支撑"，这是一个治理模式能够保持长期有效的基础与前提。推进基层党组织建设，实施"党建引领"，必须紧扣经济建设和增加农民收入这个核心，这是打造长效机制、提高基层治理效率的根本，亦即"党建引领、经建支撑"。浔龙河村始终围绕"党员受教育，群众得实惠"这根主线，着力处理村民在思想观念、政治观念、政策观念和工作作风等方面的突出问题，高标准、高质量地发展经济，增加农民收入，积极探索新形势下发展经济、增加农民收入的新路子：通过与湖南金鹰卡通频道战略合作，成功举办"麦咭音乐节"、"疯狂的麦咭嘉年华"、春节灯展、樱花节、龙虾节、长沙乡村休闲旅游节"嗨夏·青春季"启动式等活动；完成了《浔龙河》电视剧拍摄，完成了与湖南金鹰卡通频道合作的麦咭启蒙岛儿童乐园一期建设，成为湖南金鹰卡通卫视《疯狂的麦咭》《嘭！发射》等节目的拍摄录制基地；2018年以田汉诞辰120周年和田汉戏剧园项目建设为契机，与绿地集团、星光集团、国家大剧院强强联手打造艺术小镇，与海湾智库合作建设田汉生态大剧场，引进中国电影集团打造中影南方影视拍摄基地；教育方面成功引进了北京师范大学附属学校等。

总之，浔龙河"党建引领"的实践带来以下三条基本经验：一是农村组织振兴的固本之举，关键在于建立覆盖全面、功能齐全的农村基层党组织建设体系，特别要加大在"空白点"设立党组织的力度，不断提高农村基层党组织组建质量，使党执政的组织基础进一步夯实，使党同人民群众的血肉联系进一步密切,让农村基层党组织真正站到扶贫开发"前台"。二是基层党组织建设必须要有个好的带头人。三是农村基层党组织要改变党组织直接抓具体事务的方式,变成引领型党组织,抓大事、抓方向、抓决策,并督促有关部门搞好公共服务,吸引、带动群众参与农村公共事务,让农民群众有更多的获得感。

## 二、各级政府全力支持

浔龙河村隶属于长沙县果园镇,自 2009 年以来,县委县政府和果园镇委镇政府全力支持浔龙河村建设浔龙河生态艺术小镇,它们发挥的支持作用主要表现在"引领、服务、监督、推动"四大方面。

### (一)引领作用

主要表现在规划引导、模式指导、政策指引、立项支持四个方面。

(1)政府的规划引导具体体现在三个方面:一是在城乡建设规划中,确定到 2050 年规划期末,把浔龙河村建成产业丰富、经济繁荣、结构优化、设施齐全、人民生活富裕、环境优美、城乡一体、低碳、节能、环保的生态艺术小镇;建成容纳 4 万常住人口、年接待 500 万流动人口的生态艺术小镇;二是全面推进乡村振兴的生态规划、空间规划、产业规划、社会发展规划、土地利用规划"五规合一",将浔龙河的生态艺术小镇项目确立为湖南省"五规合一"试点项目;三是在政府规划管理部门引导下制定好每个乡村的具体振兴规划,争取让浔龙河村乡村振兴规划被省市县确立为样板。

(2)政府的模式指导体现在两个方面:一是根据湖南省各乡村的资源禀赋条件与经济社会发展基础,总结提炼出诸如"生态社区""特色小镇""田园综合体""名特庄园"等各具风格的乡村振兴模式的基础上,把浔龙河模式确立为城郊型乡村推进城乡一体化发展的特色小镇模式,并予以推广;二是按渐进式或梯度式分类推进的原则,在充分尊重民意选定具体模式的基础上帮助村支两委全力推进小镇建设。

(3)政府的政策指引体现在两个方面:一是省市县政府部门积极宣传贯彻落实中央文件和地方政府规定精神,并允许浔龙河村就有关文件精神先行试点示范;二是重点支持浔龙河村在推进两个"三权分置"改革,实现土地确权颁证基础上促进土地的有效流转的试验，认可浔龙河村在维护公有制基础这个根本前提下，推进乡村土地利用混合化、承包地的资产化、乡村资源的资本化与证券化的试点探索。

（4）在重大项目立项等方面给予支持。浔龙河生态艺术小镇是国家发改委城市近郊型特色小镇示范、农业农村部全国乡村振兴示范、全国文明村、湖南省新型城镇化特色小镇建设示范项目、湖南省重点工程、湖南省"两型"示范创建项目、长沙市重点工程、长沙市城乡一体化建设"15+1"试点项目、长沙县城乡一体化建设"14+2"试点项目、住建部智慧型社区试点项目、长沙市现代农业综合配套改革示范项目、长沙市"美丽乡村示范村"、联合国开发计划署授予的"节能建筑推广村"。

### （二）服务作用

创新乡村治理体系，走乡村善治之路。建立健全党委领导、政府负责、社会协同、公众参与、法治保障的现代乡村社会治理体制，健全自治、法治、德治相结合的乡村治理体系，做好农村基层组织工作，加强农村基层党组织建设。就村级基层来说，政治治理主体也离不开党委政府，但具体体现在村支两委及其主体责任上；但从经济上看，治理主体则是村级集体经济组织和下乡工商资本提供商等，例如合作社、供销社、混合所有制的集体性质公司和民营企业等；从社会主体看，有村支两委、妇女、共青团组织，还包括全体农村居民和上山下乡的城镇居民等，他们都是社会治理的主体。因此，一个良好的基层治理必然是村党支部领导下的全体社会组织与成员的社会共治，因而必须调动全部参与主体的积极性与主观能动性。主要表现在：其一，为广大乡村居民——原住民、外来民和旅客——提供政务服务和公共服务；其二，围绕乡村涉法涉诉开展民事调解、仲裁与审判服务，维护乡村社会稳定；其三，对村支两委和民兵、共青团、妇女、老龄委等群团组织的业务工作进行对口服务。

### （三）监督作用

（1）对特色小镇和各类乡村振兴的建设项目的投资、建设、运营及其收益分配进行审计监督等。

（2）对乡村村支两委及党员干部进行监督，预防"微腐败"，开展"微监督"；深化村民自治实践，严肃查处侵犯农民利益的"微腐败"，建设平安乡村，确保乡村社会充满活力、和谐有序。

（3）对体制内的组织换届与选举工作进行组织与纪律监督。

### （四）推动作用

（1）推动水、电、路、气、通信、文、教、卫、养、保等公共产品提供，包含建设、运营维护。由果园镇政府作为实施主体，累计完成投资53205.57万元，完成了项目的规划设计和控规编制，完成了田汉大道一期、东八线辅道一期、田汉文化园、杜鹃路、驭龙路、村民活动中心及广场、村民集中居住一期基础设施、宋水线B段、金井河人行桥、刘家坪大坝建设、浔龙河综合整治、自来水加压泵房建设等基础设施工程。配合地产和招商项目的开发，累计腾地98.6亩，拆迁安置180户，夯实了产业发展的基础。

（2）整合涉农项目投资，集中投放乡村振兴事业。整合上级职能部门各类项目资金投入10662.29万元（其中果园镇范围内5000万元），完成了原双河村土地整理项目、麻林河路口至果园段整治工程、金井河果园段治理工程、双江坑景观排水渠及幼儿园、临时公交车站建设等，提升了当地村民的生活品质。

（3）建设用地方面的政策支持。一是省市县政府审批了4700余亩的浔龙河生态艺术小镇建设用地，并将双河村确定为土地增减挂钩试点村。该政策通过腾退的农村建设用地等面积置换城镇新增建设用地指标，并明确将土地增减挂钩置换用地土地收益全额返还，解决农民拆迁安置、公共基础设施建设等的资金问题；二是对乡村振兴项目在项目区内的国有土地出让收入，用于支持区内项目建设等。

（4）主动配合乡村积极争取从相应上级政府部门获取各类支持政策与资金，促进地方乡村振兴建设。在各级政府部门的支持下，浔龙河生态艺术小镇已经成为4A级景区，全国首批乡村旅游名村（湖南省11个、长沙县2个），国家发改委认定的都市近郊特色小镇标杆、农业农村部认定的乡村振兴示范案例；是湖南省首批中小学生研学基地、湖南省首批中小学研学旅游基地、湖南省国防教育基地、湖南省委组织部和省委党校的教学基地、湖南省农业农村厅乡村振兴培训基地。

## 三、发挥村民主体作用

浔龙河的乡村振兴充分体现农民的意愿,村民的主体作用得到了极大的发挥。其最主要的创新做法有三个方面:一是探索"全体村民公投",即村民全体公投票决村集体事务的全新机制与方式;二是实行村民自治的"四级民主决策制度";三是道德建设这一"既有形又无形"的"第三只手"得以落地。

### (一)全体村民公投

全体村民公投这一机制与方式,在浔龙河村已经成为村集体农民意愿表达和村民参与决策的最佳方式。今天的农村发展,需要进一步解放思想、解放生产力、创新管理机制。随着时代进步、农民文化素养的提高,农民的投票表决制度成了理顺农村治理、管理、经济发展的一把金钥匙,能大力促进实现广大农民心中的中国梦。

我国基层治理制度中的基本制度安排是"基层自治制度",通常指城镇社区市民和行政村村民自治的制度。基层群众自治制度是依照宪法和法律在新中国成立后的民主实践中形成的,是由居民(村民)选举的成员组成居民(村民)委员会,实行自我管理、自我教育、自我服务和自我监督的制度。自治的方式也有多种,其中就有自治公投的方式。自治公投是指社区市民或村民全体投票对重大问题作出决定的方式。自治公投是一种直接民主形式,是由村民或社区市民通过直接投票的方式,对相关议题表达同意、反对或弃权的明确态度进行表决,然后根据表决结果达成决策的一种制度。它是人民自决权实施的一种特定程序选择,属于民主政治的范畴。从性质上讲,它不是对代议制民主的否定,而是对代议制民主的补充和修正。但是,要真正推进这种方式的难度和风险较大,对组织者的组织能力是一种考验。

十年来,浔龙河村一共开展了三次公投,第一次,2010年9月15日,村党支部、村委会和浔龙河农业科技开发公司联合组织就愿不愿意建设浔龙河生态艺术小镇进行公投,全村18岁以上村民投票支持率为97.4%。第二次,2010年11月24日,召开了村民集中居住地选址全村民主决策大会,村民投票支持率达到98%。第三次,2012年4月26日到5月1日,全村再次举行了浔龙河土地合作社成立征求意见暨公投大会,村民愿不愿意把土地流转出来，这一次，群众支持率达到100%。

浔龙河村村民第一次公投现场

浔龙河村的村民公投改变的是什么呢？最重要的改变是通过村民公投让村民承认土地进行流转的合法性和合理性，释放了农村土地资源的价值潜力，为现代化农业生产创造了条件；而土地经营权流转及其诱发的规模化、标准化与公司化经营又进一步解放了农村生产力，为农村现代化建设打下了基础。

## （二）四级民主决策制度

### 1. 村民自治制度

就我国农村基层群众自治而言，其主要成效有：一是民主选举制度的明确建立。《中华人民共和国村民委员会组织法》（以下简称《组织法》）中明确界定，凡是我国年满18周岁的村民，不分教育程度、种族、居住年限等，都具有选举权和被选举权。《组织法》以法律权威的形式保障了基层民众当家作主的权益。二是民主决策制度的初步完善。民主决策制度是集中村民智慧，在科学和民主基础上提出的决策，属于基层民主建设必须遵从的决策。该制度综合考虑到了集体利益的使用和分配、村级财务的支出和收缴、村级公共事务的具体应用以及农村基层群众自治所需要的村规、自治章程的设计和修改等。以上各类章程和制度均需要伴随着农村基层群众自治制度的实践应用而逐步完善。三是民主管理制度的逐渐形成。民主管理制度在农村基层群众自治制度应用过程中，是以保障人民民主实体地位而构建起来的制度。在农村中，村规民约和村民自治章程作为农村政治文明的代表，按照其对民众的约束性，可称作"小宪法"。我国农村基层群众按照"小宪法"的要求管理村级事务，在具体执行中又将民主管理制度逐渐延伸成"四议一审两公开"以及政务公开、村务公开等民主管理体制。四是民主监督制度的现实应用。民主监督制度是以村委会组成人员为对象，在我国相关法律条款的要求和约束下，组织、纠正并监督村委会成员管理方式和方法的制度。缺乏监督和制约的权力势必会走向腐化和滥用。民主监督制度的实际应用，同样覆盖到政务公开和党务公开等直接关系到农村基层民众管理组织的廉政建设层面，尤其是委员会成员的罢免要求设置，更是监督和管理村委会成员的基本条例。

**2. 四级民主决策制度**

浔龙河村在民主集中制的前提下，通过村集体四级民主决策机制的探索，形成了村民普遍能接受的、操作规范且公开透明的、高效率的基层治理制度。四级民主决策是指：一般事项村支两委集体会议决策；较大事项村支两委扩大会议决策；重大事项村民代表大会集体决议决策；特大事项全村村民民主决策。在此基础上完善了《村民议事会制度》，确保了村民议事会在村民代表大会的授权下实施民主决策。

（1）民主决策的内容。包括以下方面：

村集体土地的承包经营；

村集体土地的出租转让；

村集体所有的建筑物的承包、租赁、出售、拍卖；

村集体资产的购置、维修、处置；

新办集体经济的立项、建设；

集体经济经营所得的分配；

村集体资产产权制度改革；

种植业用地变性为林业用地或养殖用地；

农用土地变性为非农建设用地；

农业结构调整；

宅基地使用；

农村集体土地征收征用、补偿安置；

自来水、有线电视、村级道路、办公用房、文化体育、村内生活用电等村集体投资项目的建设维修；

生产、公益事业的筹资、筹劳；

绿化美化、垃圾清运、村内保洁等需由村集体投资的环境治理；

涉及公共安全的突发事件处理应对；

农村宅基地的安排使用和旧村改造；

救济、救灾款物的使用分配；

村民会议或村民代表会议认为应当列入的其他事项。

（2）民主决策的程序。分以下六步进行：

第一步：提出议题。村党支部、村民委员会主要负责人深入群众，调查收集民意，列出需经民主决策的重大事项，并达成一致意向，提交村级组织联席会议讨论。

第二步：召开联席会议。村党支部书记召集和主持由村党组织成员、村民委员会成员参加的村级组织联席会议，形成初步方案。

第三步：上报把关。初步方案形成以后须经包村干部、包片领导审核把关，凡需进行行政审批的项目，包村干部、包片领导审批把关后，上报镇党委、镇政府有关职能部门，镇党委、镇政府将提出指导性意见。

第四步：召开党员会议。组织召开党员大会，在认真吸纳镇党委、镇政府意见基础上，对方案进行进一步补充完善。

第五步：提交村民代表会议讨论。将方案提交村民会议或村民代表会议讨论。按照有关规定，必须有代表总数的三分之二以上的成员参加，所作决定须经到会人员过半数通过形成决议。到会代表必须要在决议上签名（备查），并将决议结果在公开栏上公布，同时报镇党委、镇政府有关部门备案。

第六步：组织实施。村党支部、村民委员会、村集体经济组织依照村民（社员）会议或村民（社员）代表会议所作的决议，按照各自职责，组织实施。

（3）民主决策的目的。包括两个方面：

一是立足把村里的"蛋糕"做大，把村的闲置资源及利用效率低的资源开发出来；

二是分好"蛋糕"，通过把"蛋糕"分好来调动村民积极性与创造性。我国农村社会历来有"不患寡而患不均"的观念，所以做大"蛋糕"和分好"蛋糕"同等重要。但必须强调，无论是做大"蛋糕"还是分好"蛋糕"都必须体现习近平总书记"以人民为中心的发展思想"，切实做好改善民生各项工作，让村民共同富裕，共享发展。

### 3. 个体村民权益与职责

对于每个具体的村民而言，其职责与权益主要是：

（1）以公投参与特别重大事项决策；

（2）选出村民代表参与重大事项决策；

（3）对重大决策与项目实施进行监督；

（4）参与村集体经济活动与就业或就地就近就业、创业；

（5）开展土地承包权流转，实施土地确权后流转入股分红，获取收益；

（6）参加村集体和社区各种公益性活动和文化团体活动；

（7）以主人的身份对八方来客提供热情周到的服务，积极主动介绍浔龙河村的风土民情、民俗文化。

### （三）浔龙河的"家国文化"与德治

浔龙河村立足"家国文化"提升乡土文化，发挥德治在乡村治理体系中"看不见的手"的作用，通过不断加强文化阵地、文化组织建设和系列文化活动的开展，使乡风文明成为浔龙河的显著特质，也成为浔龙河治理的突出特色。浔龙河村把"爱家爱国"作为文明建设的抓手，着力建设"家庭、家园、家国"的"家"文化体系。家庭文化：先后开展了孝亲家庭评选、婆媳关系评选、家风家训评选、乡贤评选等活动，倡导"和谐、孝顺、贤达"等优秀传统家庭文化；家园文化：制定了《村规民约》，并使其成为村民的日常规范，使广大村民自觉参与到建设家园、爱护家园的行动中来。村民自发成立环境督查组、志愿服务队、民兵应急分队等，开展保护环境、维护秩序行动；家国文化：倡导国歌精神，成立村民国旗护卫队，定期开展升国旗、唱国歌活动。以O2O党建服务平台为载体，经常性开展爱国、爱党教育，使传播正能量蔚然成风。

## 四、发挥市场主导作用

考虑到进入乡村振兴实践中的企业有多种形态，所以其职责有些许不同：针对村集体经济组织和平台式工商企业而言，其主要职责是招商、投资、运营、管理；对于一般性上山下乡工商资本而言，其主要职责是发展产业，推进产业振兴。无论是平台公司还是具体产业经营公司，都是以市场为导向，以价值规律与公平交易为准绳，在市场中拼搏。在14700亩的项目区内，8000多亩不改变使用性质的耕地和林地流转到开发、建设、运营的公司进行统一经营；1000多亩的集体建设用地用于村民集中居住区建设、基础设施建设、公共设施配套建设和村集体公司经营；2500多亩国有出让用地由政府招拍挂后进行产业开发。2017年，浔龙河生态艺术小镇通过集中流转3600多亩农民土地，建成了1100亩优质稻、620亩绿色蔬菜、600亩苗木基地、200栋民宿农业创客、美食和乡村旅馆空间，用于开发乡村旅游、现代农业、文化教育等绿色产业，所有这些产业和大大小小近200家公司企业在浔龙河生态艺术小镇开展专业化、有特色的经营（详见第十章）。

## 五、政府、企业与村民的"握手"

浔龙河生态艺术小镇的华美蝶变的秘诀并不复杂，就是始终坚持以人为本，牢牢把握住"创新、协调、绿色、开放、共享"的核心理念。通过实施村民集中居住和公共基础设施集中配套建设，当地很快形成了新型农村社区，并通过社会资本的撬动，打造市民农庄，吸引市民下乡置业、就业、创业，打造乡村文化旅游阵地，引导市民下乡休闲、旅游、体验。这样，形成了当地农民的民生、区域内城市市民的民生与乡村文化旅游者的民生三者之间的融合发展。

浔龙河村通过永久宅基地置换新房、农民集中居住住房分配、公共基础设施建设以及生活居住配套设施完善等举措，使当地农民居住条件、生活条件得到了显著提升。浔龙河特色小镇建设却另辟蹊径，巧妙地把市场、政府和农民都整合进来，形成了"企业市场运作、政府推动和监督、基层组织全程参与、民本民生充分保障"的全新模式，促进了政府的"有形之手"、企业的"无形之手"和村民的道德"第三只手"的"握手"。

**政府的"有形之手"**：完善基础设施和公共政策功能。在资金投向上，政府主要负责投向规划区域内的公共基础设施和公共服务设施建设领域。在资金来源上形成了多元化的资金渠道：农民搬迁安置所需资金由增减挂钩置换用地土地收益进行平衡；水、电、气、网、公交车站等生活服务配套设施所需资金由政府相关行业或企业进行投入；国土整理、水利建设、农网改造、交通建设等基础设施建设所需资金，则整合中央、省、市、县四级强农惠农政策和新型城镇化相关专项资金进行集中投放；其他基础设施建设和公共功能配套所需资金则由项目区内4500亩国有出让用地和项目融资用地的土地收益返还进行保障。

**企业的"无形之手"**：提供产业设施和提高产业效率。为了确保项目的资金投入，通过土地增减挂钩异地置换的土地收益返还，解决农民拆迁安置资金；通过整合政府涉农项目解决水、电、路、气、网等公共配套和项目区内部分基础设施建设资金；通过企业自筹资金和银行"城乡融合"新农村建设贷款项目，解决项目区内基础设施升级改造和产业发展所需资金，这样就能形成稳妥的投资渠道。同时，通过优先发展现代农业和农村休闲旅游业，形成人气后再进行小城镇建设开发和养生地产、旅游地产的开发，促进一、二、三产业融合，给企业带来稳定的市场回报，确保项目持久发展的动力。项目改变以往由政府为主体投资、市场参与建设的模式，由公司作为投资主体，政府主导推动，将政府与市场的资源优势有机整合，形成项目建设推动力。为确保项目建设期间资金运行安全、充足，湖南棕榈浔龙河生态城镇发展有限公司等企业制定了一整套科学稳健的投融资计划，以自筹资金和部分银行贷款作为项目建设启动资金，以土地增减挂钩、土地异地置换所产生的收益作为中期运转资金，以五大产业效益作为项目建设长期发展资金。

**村民的"第三只手"**：《国歌》红色文化基因与德治。义化振兴是乡村振兴的灵魂，而社会主义核心价值观则是文化振兴的内核。核心价值观是国家、民族文化自觉的必然结果，深深根植于我国优秀传统文化之中，表达了国家、社会和个人最本质的价值诉求，体现了社会评判是非的价值标准。就此而言，核心价值观就是一种德，是最深层次的自治。浔龙河生态艺术小镇是中国近代著名剧作家、戏曲作家、《国歌》词作者田汉先生的故乡，素有"田汉故里、国歌摇篮"的美誉。田汉先生在国难当头的危机时刻创作出的《义勇军进行曲》，激励了无数中华儿女奋勇抗争，赢得民族的解放和尊严，鼓舞中国人民取得了抗日战争的伟大胜利。新中国成立以后，《义勇军进行曲》被定为国歌，更是成为了中华民族的灵魂，象征着中华民族的坚强斗志和不屈精神永远不会被磨灭。因此，在田汉先生的家乡建设爱国主义教育基地，对展现田汉先生不屈的斗争精神，弘扬伟大的国歌精神，传承革命传统，激发革命斗志，激励人民奋力实现中国梦具有非比寻常的重要意义。浔龙河小镇正在建设田汉大道，用来完善周边配套旅游道路、旅游设施,美化环境,并筹建田汉文化长廊、田汉大剧院、国歌文化园,来深度挖掘、学习、研讨、传播田汉文化,将田汉文化打造成中国文化名片,提升国家文化竞争力,助推全域旅游的发展。同时,收集整理现当代的历史、文化名人杨昌济等人文资料,提炼出湘中地区人们的忠、义、孝、悌、才、情的精神品格,并结合湖湘文化的一些代表性思想、人物及其作品,研究湖湘文化对浔龙河乡土文化的影响;挖掘浔龙河的民俗文化与农耕文化、自然生态与养生文化的关系,为发展文创产业、绿色有机农业和大健康产业提供基础支撑;组织浔龙河文化艺术团、老年协会、青年联谊会等载体,积极开展文化活动,建设村民活动中心,开辟了图书室、棋牌室、文化广场等活动场地。依托文化组织和阵地,浔龙河村开展了丰富多彩的文化活动。

# 第十章
# 并蒂开放的"五朵金花"

十年来，柳中辉所构想的"五朵金花"产业布局梦，一步一步地得以实现……浔龙河村通过生态艺术小镇这个综合项目树立起"功能化＋立体化＋互联化"的产业发展理念，"生态产业、文化事业、教育事业、旅游产业、康养产业"五大特色产业有机结合、布局合理，正在茁壮成长。其中，以全域旅游产业和康养产业为主导产业，生态产业、文化事业、教育事业作为基础产业；中短期内重点发展教育和康养产业，长期则发展旅游产业、文化事业、现代生态农业，以此形成持久稳定的经济支撑。从经济学学理看，突出模块化产业单元功能及其产业链之间的互为依托、相互促进的产业逻辑体系的"五朵金花"正在显现其功能价值，并推进着浔龙河从脱贫走向全面小康，并向农业现代化迈进。

## 一、总体布局与发展思路

浔龙河生态艺术小镇以文化规划为底蕴、生态规划为承载、旅游规划为脉络、教育规划为核心、地产规划为出口建立项目规划轴线，形成"生态产业、文化事业、教育事业、旅游产业、康养产业"五大特色产业有机结合、相容并生的产业布局，走出了一条"城镇化的乡村、乡村式的城镇"的城乡融合发展的新路子。

浔龙河生态艺术小镇拥有 4700 余亩建设用地，呈点状、带状分布于原生态山林中。依托项目区域内的不同配套，将规划形成生态产业为基础、文化事业为灵魂、教育事业为核心、旅游产业为抓手、康养产业为引擎的五大产（事）业融合再配套地产的"五加一发展模式"的产（事）业体系。①依循原坡地肌理，不破坏地形，分析地块特点设计功能区域；②保留原生树木，蔚然成林，营造富有层次、丰富多变的景观；③结合开放空间的打造，在浑然天成的山间湖畔，藏风聚气，知山乐水；④多规合一，将国有建设用地、集体建设用地、流转土地进行合理布局、混合使用，提高土地经营附加值，凸显低成本、物超所值的园林差异化优势，实现高附加值的私家花园产品模式。

产（事）业发展定位如下图所示。

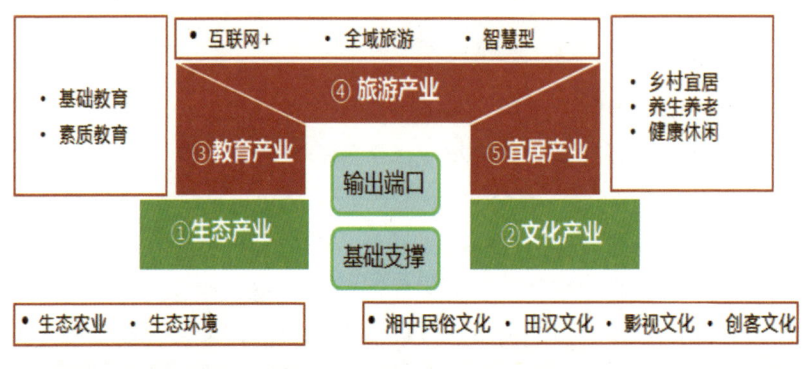

浔龙河生态艺术小镇产业发展定位示意图

## 1. 生态农业定位

（1）生态农业作为项目内所有产业规划的基础，为项目提供了良好的生态环境基底；

（2）基于生态农业核心以及国家新型城镇化政策的破题，为项目带来了基础配套的导入，国家政策的倾斜以及政府的关注，又同步实现了项目知名度的提升；

（3）通过生态产业规划与其他四大产（事）业规划的结合，实现了生态城市规划与产（事）业规划相融合，解决了企业生态效应与经济效应、社会效应的平衡，符合可持续发展战略原则。

### 2. 文化事业定位

（1）传承保护湘中民俗文化，利用和充分挖掘项目本土文化底蕴，发展相关的文化事业，将本土文化发扬光大，为产业添加文化的内核；

（2）建设国歌文化园、田汉戏剧园、田汉文化长廊、田汉大舞台、田汉博物馆等，将田汉文化打造成长沙县文化名片；

（3）结合旅游产业发展影视文化，凭借潇湘影视基地（卡梅隆电影村）的落户，金鹰卡通麦咭系列节目的拍摄、录制，形成影视文化号召力，打造泛旅游目的地文旅产业；

（4）鼓励并大力支持创客文化，通过对不同业态的乡村创客项目和产品进行创业孵化和营销，致力于打造中国首家万亩生态艺术创客空间。

### 3. 教育事业定位

浔龙河生态艺术小镇全域素质教育基地由"基础教育""研学教育""培训教育"三大板块组成：

（1）通过引进国内权威的优质教育资源（北京师范大学），以民办公助合作模式开发建设幼儿园、附属小学及中学，满足当地居民及周边客户的基础教育资源配套需求；

（2）引进国内外先进的研学教育模式，通过麦咭运动不一样、甜甜湾世界最大的室内萌宠动物园、童勋营、民兵训练营、田汉文化园、农民安置区、紫薇谷、樱花谷等产品衍生研学教育；

（3）建立中国乡村振兴培训学院，依托湖南城乡融合发展研究院、湖南师范大学乡村振兴学院师资力量，建立新农村培训基地、创客培训基地、乡村振兴培训基地，为新农村建设和创客发展提供强有力的人才保障。

### 4. 旅游产业定位

旅游产业定位于乡村旅游、农业旅游、城郊休闲旅游、城郊亲子旅游、生态康养旅游：

（1）依托浔龙河生态艺术小镇优越的地理位置，为发展旅游业提供了基础；

（2）发展"互联网＋旅游"，多元主体共同参与，打造泛旅游区域；采用安全智能的"一卡通"技术，实现园区内便利、快速、安全的消费支付；

（3）利用好麦咭、地球仓、田汉星光戏剧、甜甜湾萌宠动物世界等资源，为项目地输送客流，维持项目的热度与市场曝光率。通过人流的导入，带动文化事业、教育事业、生态产业以及康养产业的发展。

### 5. 康养产业定位

立足中医和医养结合，引入中日康养医院，打造乡村宜居、休闲养老、健康养生于一体的康养基地。

### 6. 产业运营模式

运营模式主要是：通过生态农业、文化艺术等内涵传播（田汉文化号召力、影视文化号召力、湘中民俗文化特色等）；通过教育培训、生态康养等配套留客（北京师范大学名校相伴、生态自然环境优美、健康医疗商业等综合配套齐全）；通过休闲旅游、物业客服等运营做客（旅游度假的探访民、智慧社区服务的原住民）；通过资源售卖赢客（教育培训地产、健康养生地产、旅游商业地产、优质资源的产业投资等），实现从人流量导入到商机形成到获取利润的运营模式。浔龙河产业商业模式与浔龙河产业盈利模式如图所示。项目核心开发团队自2009年起，致力于区域产业核心构建、板块价值提升和精品项目建设近十年，具备丰富的产业运作和

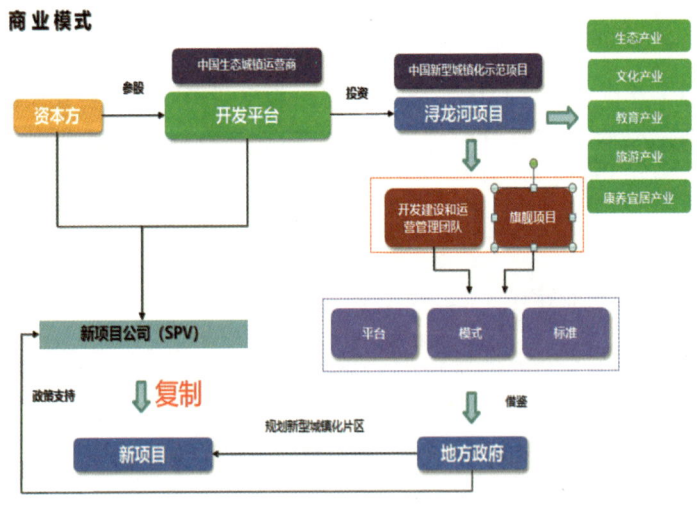

浔龙河产业商业模式结构图

生态城镇建设经验。依托对本项目前期工作的引导，有效消化基础设施和

景观改造成本，在不需开发投入的前提下将项目内各产品的交通价值、景观价值、配套价值等充分提高，实现产品附加值的最大化。在税费、财务费用、营销费用、装修费用四个环节综合置业成本降低 20%~40%。

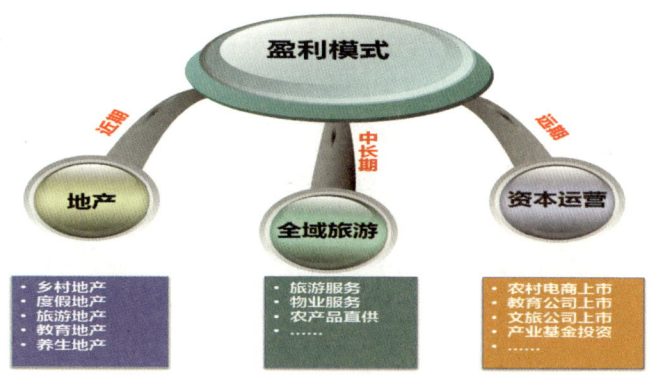

浔龙河产业盈利模式示意图

## 二、生态农业为基

生态产业是继经济技术开发、高新技术产业开发发展的第三代产业。生态产业是包含工业、农业、服务业，再加上社区生活为一体的，在生态环境和生存状况上相结合的一个有机系统。通过自然生态系统形成物流和能量的转化，形成了自然生态系统、人工生态系统、产业生态系统之间共生的网络。生态产业是按生态经济原理和知识经济规律组织起来的基于生态系统承载能力、具有高效的生态过程及和谐的生态功能的聚合型产业。不同于传统产业的是，生态产业将生产、流通、消费、回收、环境保护及能力建设纵向结合，将不同行业的生产工艺横向耦合，将生产基地与周边环境纳入整个生态系统统一管理，谋求资源的高效利用和有害废弃物向系统外的低、零排放，是技术、体制和文化领域开展的一场深刻革命，将显著促进人与自然和谐相处、经济与环境协调发展。

### 1. 基本设想

浔龙河生态艺术小镇的生态产业主要是将生态工业、生态农业、生态旅游业与文化事业、教育事业融合进来。在生态工业上的做法是发展农副产品的深加工多层次闭路循环体系，大力发展与养老、养生、健康相结合的中药材深加工业,实现废物资源化、废物产品化、废热废气能源化,形成无废物无污染的工业体系。在生态农业上的做法是主张顺应自然、保护自然,采取低投入方式,不用化肥农药,减少机械使用,极力强调生态环境安全、稳定。大力发展现代有机农作物种植业、森林植被改良的养蜂业,发展健康养老养生配送相关的中药材种植业。推进退出养猪业,促进水域的生态治理,形成农业生产系统的良性循环。生态旅游上采用科技、生态、智能型旅游设施地球仓酒店。"地球仓"整个房间采用全模块化设计与生产,施工整装调运,通过货运车辆运抵指定地点,根据不同地势与景观环境进行摆放设计,调整至最佳景观面。屋内是现代化的精致组合,屋外是一场又一场与大自然美景的完美邂逅。生态康养住宅产业的做法是,推行适度消费,厉行勤俭节约,反对过度消费和超前消费;强调精神消费为主的发展消费观,减少物质消费的数量,增加精神消费和自然生态消费的时间和空间,建立森林型生态住宅,推进生态商业、生态文化、生态教育、生态住宅的第三产业的生态综合体。特别强调两个方面:一是采用节能技术和防治污染措施,采用科学的雨水收集和雨污分流系统;二是注重节约能源、水资源和土地资源,促进生产集约与精量消费,坚决反对浪费,高强度保护环境。

### 2. 主要做法与成效

浔龙河生态艺术小镇的园区生态产业规划由广东棕榈园林股份有限公司做出,该公司是国内排名第一的园林类上市企业,在生态规划、生态建设和生态技术应用领域具有行业领先优势。浔龙河人在浔龙河村原有的"七山二水一分田"的优美生态资源环境中,将小镇建设成四季有花、时时有果、色彩绚烂的生态花园。

第一,立足绿色生态,打造了浔龙河品牌。浔龙河生态艺术小镇在发展现代农业方面,先从无公害农业着手,再做绿色农业,再升级到生态农业。在基本农田发展绿色蔬菜、优质稻的种植业,在旱土、坡地和一般农田来发展花卉苗木、水果的种植业。建设农产品加工厂,整合了基地内和周边的优质农产品资源进行深加工,通过打造浔龙河农产品品牌,形成一批"浔龙河标志"的名、优、特、精产品。完善绿色农产品标准体系,打造浔龙河特色农产品。湖南棕榈浔龙河生态农业发展有限公司与湖南农业大学建立产学研究战略合作伙伴关系,成为湖南农业大学产学研长沙唯一基地及教研示范基地;与湖南省蔬菜研究所合作成为省蔬菜研究所成果转化基地与原生态品种培育基地。目前，浔龙河绿色农业产业已获得长沙市农业产业龙头企业称号和农业农村部浔龙河牌绿色食品认证（南瓜、番茄、空心菜、辣椒、丝瓜），纳入长沙市重点菜篮子工程生产基地、国家农业部农村标准化蔬菜基地建设试点项目。

第二，立足土地资源，建好了生态产业园。从2009年开始，生态农业的板块开始流转农田、果园、山地，共计1.2万多亩，建成了一个高标准的蔬菜生产种植基地，基地设计规模为2000亩，其中核心示范区1000亩，区域辐射面积达到10000亩；投资了7400万元积极推广绿色农产品生产技术和种植技术，加大了绿色农产品基地的建设，建设了一个生态农业基地、一个长沙县北部乡镇农产品展示平台。

依托小镇得天独厚的自然地理条件，整合棕榈园林、贝尔高林等规划设计院，对区域景观进行提质再造，提升生态质量和生态品质，建设三大生态园：

（1）樱花园、紫薇花园：在小镇范围内规划1000亩，种植不同品种的樱花、紫薇花，形成集花卉培育基地、浪漫樱花观光园、玫瑰观光园、紫薇花观光园及配套产业于一体的休闲观光旅游产业链，把浔龙河的原生态环境建设成四季有花、色彩绚烂的乡村花园。

浔龙河村樱花谷的一组镜头

（2）生态农业产业园：规划建设2000亩生态农业产业园，发展绿色蔬菜、优质稻、花卉苗木、水果等种植，积极推广绿色农产品生产技术，加大绿色农产品基地建设，坚持不使用农药、化肥的原生态种植方式，减少机械使用,极力强调生态环境安全、稳定,提高农产品供应水平和质量。目前已种植优质水稻580亩、绿色蔬菜620亩、花卉苗木600亩。

(3)乡村湿地公园:小镇范围内金井河、麻林河、浔龙河交织环绕,自然资源丰富,通过延续乡村景观和本地民俗风情,保护生物多样性,打造集生态、文化、休闲、教育等多功能于一体,具有乡村气息的自然生态湿地公园,构建人类与自然亲近的桥梁和城市的绿肺。

第三,组建基层供销社,构筑了工农业产品双向流通管道。成立了湖南省首家新型供销合作社,搭建线上线下交易系统,结合全省"农改超"项目建设销售渠道,打造全国范围内特色农副产品的集成商业平台。目前,已建成集农村基础生活用品、农业生产资料、特色农产品为一体的供销展厅;从田间到餐桌的农产品无缝对接,让顾客看得到、吃得到、买得到的浔鲜餐厅;弥补农村生活配套服务缺失,365天×24小时全年无休的24小时智能售货店。生态产业的高科技、高效益、低能耗、低排放,使得浔龙河生态艺术小镇山更青、水更绿、空气更甜、生活更幸福。

## 三、教育事业为本

教育是终生教育,教育事业是永恒产业。浔龙河利用城郊区位优势发展教育事业的确是一种理性选择,尤其是柳中辉的构想的确很现实。由于乡村旅游带有明显的节假日色彩,如何保证非节假日的现金收入进账,必须有稳定的客源和稳定的消费来支撑。最好的选择就是发展教育事业,浔龙河的具体做法是:

### 1. 对接一流资源,打造基础教育样板

浔龙河生态艺术小镇既引进国内一流的北京师范大学附属学校优质教育资源,又引进省内一流的湖南师范大学附中的教育资源,以民办公助的办学模式开发建设两个集幼儿园、小学和中学为一体的基础教育示范基地,以打造小镇的教育样板,树立长沙县基础教育的标杆。显然,融合、引进这样的优质基础教育资源,在很大程度上可以弥补、满足长沙县作为全国经济六强县在基础教育资源上强劲增长的需求,也可以促进本地基础教育资源结构调整,优化本地基础教育资源的配置。北京师范大学长沙附属学校浔龙河校区学校总占地面积353.9亩,规划的总学生容量为5200

人，规划行政班级 117 个。

### 2. 对接优质资源，发展研学教育基地

浔龙河村以 1.47 万亩原生山林为承载基础，深度融入湖湘文化、湖湘精神，规划、开发不同类型的研学体验产品和体验内容，包括以培养学生担当、求是、进取、创新等素质、能力、品格为主的素质教育；以湘中地区的自然、农耕、非遗文化等知识为主的科普教育；以忠诚、爱国、担

浔龙河村民办公助式北京师范大学附属学校

当、奉献等精神为内核的国防爱国教育；以培养学生独立、创新能力、社会责任感、良好习惯，了解学习湖湘文化、劳动技能等为主的营地教育。2016 年，浔龙河生态艺术小镇与湖南省军区合作，引进国际先进的素质教育模式，建设面向青少年的国防素质教育营地——童勋营。长沙县人民政府将该营地作为全县中小学国防素质教育的基地，通过政府购买服务的方式，先期已成为长沙县 6 万小学生的国防知识学习、国防身体素质训练、强军富民爱国主义教育的训练课程来提升儿童综合素质，从而培养良好公民意识的素质教育基地。在童勋营里，每个孩子都能和同龄的小伙伴们一起丛林探险、野外露营、紧急避险、岩壁攀爬、觅食生火……让大自然成为孩子

浔龙河村童勋营（中小学国防素质教育基地）

最好的老师，让孩子学会如何在野外生存，做个全能小玩家！让孩子们在轻松愉悦的体验过程中强身健体、磨炼意志，懂得关爱、感恩，学习独立生活、掌握各种技能和常识，也让父母与孩子在训练中能够拥有更多的互动，提升彼此之间的默契度。童勋营的一期建设已投入5000万元，占地面积152亩，具体建设是在湖南省军区的指导下推进的，后期将扩大占地约300亩，打造成为湖南省国防素质教育的重要基地。

浔龙河生态艺术小镇与金鹰卡通卫视合作，打造的亲子素质教育品牌麦咭启蒙岛，涵盖了云田谷、麦咭密室等一系列项目，该系列项目自2015年10月开始对外开放以来，在湖南产生了巨大反响，已成为长沙市亲子素质教育的知名品牌。

### 3. 服务终生教育，建设成人特色培训基地

浔龙河生态艺术小镇关于教育事业基本构想是，将"基础教育""研学教育""培训教育"三大板块有机组合，打造成为全域教育事业与研学旅游的重要基地。具体项目有三个：

（1）服务于实施乡村振兴战略的培训基地。以浔龙河村党建引领发展的先进经验开展基层党建培训、美丽乡村建设培训、乡村干部培训、党员培训、特色小镇运营培训、职业农民培训、创客培训等。同时，开展全国范围的乡村资源开发的企业家、干部、管理人员的培训，立志培养出具有中国特色的农业产业MBA。

（2）服务于弘扬田汉文化艺术的培训基地。浔龙河生态艺术小镇与全国艺术类院校联合，以田汉大剧院、田汉艺术学院、田汉艺术话剧节、田汉木偶艺术节为依托，打造全国艺术类人才的实习、实训、创新创业、演艺产业和人才输送相融合的重要基地。

（3）服务于民兵和退役军人的培训基地。浔龙河生态艺术小镇与湖南省武装部合作，建设有省级民兵训练基地，一方面开展民营训练，另一方面开展保安、特勤人员的社会化训练，实现军民融合、军地两用的建设目标。浔龙河生态艺术小镇与湖南省退役士兵就业创业服务促进会合作，打造全国退役军人再就业与创业培训基地，搭建政府与社会、军队与地方、退役士兵与用工单位的合作桥梁，组织开展专题调研和学术交流，向有关部门建言献策，协助政府部门为退役士兵提供就业创业服务，促进社会和谐稳定。

## 四、文化事业为魂

从本质上说,文化事业是一种创造、创意、创新与情趣、审美、情感的交融,是体验产业的最高形式,是形成创意经济的根基与根本。例如,休闲旅游、餐饮、观光农业、体验陶瓷、工业设计、文化创意与消费、演艺、保健产业等都是典型的体验产业,其不断积聚与壮大就形成了创意经济。但不管是文创产业还是创意经济,其核心与根本是文化及其产业的发展!文化的内核是核心价值观,是"软实力";文化事业的体量决定着创意经济规模的大小,左右着区域或国家的竞争能力与水平。目前,我国文化建设与文化事业的发展正处于预热期,需要提高其发展的目标定位。所以,发展文化事业的目的就是发展文创经济与创意经济,满足人民不断增长的美好生活需要,实现以人为本。2017年11月1日,经联合国教科文组织评选批准,长沙正式入选2017年全球创意城市网络"媒体艺术之都"。长沙作为2017年唯一一个亚洲城市参与角逐并获批,这意味着长沙在自主创新、文化创意、传媒艺术等方面的努力,得到了国际社会和文化创意界的高度评价与认可,在国际舞台上可以有更大作为。因此,作为长沙都市郊区和半郊区型乡村,浔龙河至少应在乡村文化振兴中发挥率先引领作用。

正如第一章所述,浔龙河村有得天独厚的文化资源。基于这些已有资源,按照"记得住乡愁"的要求,以弘扬民族民间特色文化为宗旨,以打造农村特色文化品牌为目标,以促进全域旅游和文化事业发展为出发点,浔龙河人注重民间文化的抢救保护和挖掘传承,在继承的基础上不断创新与发展,使乡村特色文化愈加明显、品牌愈加响亮、价值愈加彰显。目前,随着代表作——田汉文化园——的开园,浔龙河已正式开启了乡村文化振兴的序幕。

### 1. 浔龙河的"家国文化"

浔龙河村用"家国文化"来提升乡土文化,本着"以文养德、以评立德、以规促德"的德治思路发挥德治在乡村文化振兴中"看不见的手"的作用,通过不断加强文化阵地、文化组织建设和系列文化活动的开展,使乡风文明成为浔龙河的显著特质。浔龙河村以"家国文化"和"德治思想"为核心提升乡风文明,让文明内化于心,推进文化振兴。浔龙河村的"家国文化"聚焦在"家庭、家园、家国"的"家"文化体系构筑上。家庭文化包括孝亲家庭、婆媳关系、家风家训等，主要倡导"和谐、孝顺、贤达"等优秀传统家庭文化；家园文化包括制定《村规民约》，使广大村民自觉参与到建设家园、爱护家园的行动中来，开展保护环境、维护秩序行动；家国文化包括倡导国歌精神，定期开展升国旗、唱国歌活动，经常性开展爱国、爱党教育，传播正能量。具体做法如下：

（1）以文养德、修德。通过道德讲堂、爱国主义教育基地，开展志愿服务活动、文化惠民主题活动，营造崇德向善的人文环境，充分利用镇区四大出口、公路沿线、嘎查村阵地、文化广场等人流密集公共场所，设立单字牌、宣传牌、灯杆旗、精神文明宣传栏、孝廉文化墙等形式宣传以社会主义核心价值观、孝老爱亲、公益广告、志愿服务等为主要内容的乡风文明，让群众从中受到文化熏陶和教育；开展文化惠民主题活动，每逢中国传统节日即开展"我们的节日"、爱国文艺演出和法治宣传月主题活动，真正把节日办成爱国节、文化节、道德节、情感节、仁爱节、文明节，不断扩大群众性精神文明创建的影响力、吸引力和参与面；组织成立网格员志愿服务队伍和网格党小组志愿服务队伍，经常性地开展教育引领、环境卫生整治、敬老助残等志愿服务活动，营造人人为我，我为人人的良好氛围。弘扬真善美、传递正能量，引导村民践行社会主义核心价值观，传承弘扬中华传统美德，打造共有的精神家园，使浔龙河村成为弘扬中国传统文化、宣传正能量的窗口。

（2）以评立德、促德。按照引导有方向、评判有标准、学习有榜样的要求，建立村道德评议会，设立个人品德、家庭美德、职业道德、社会公德"四德"榜，广泛评议个人、家庭、社会的道德状况，用身边的凡人善举和道德模范现身说教，激励广大群众见贤思齐、择善而从，把美德善行融入日常工作生活中，充分发挥先进典型的榜样作用，引导人们自觉履行法定义务、社会责任、家庭责任，积极培育和践行社会主义核心价值观，提升文明程度，为创建美丽乡村提供强大的精神动力和良好的社会氛围。开展"最美"系列评议评选。每年组织开展一次"最美家庭""十星级文明户""道德模范""身边好人""好媳妇""好婆婆""美德少年"等系列评选活动，在全村发现、培育、宣传一批典型和标杆，通过寻找身边最美的人和事，大力宣传和弘扬群众身边看得见、摸得着、学得到的"道德模范"、"身边好人"和"凡人善举"，引导群众树立正确的世界观、人生观、价值观，用典型的力量激励和带动全社会做好人、扬正气、促和谐，努力使"最美"精神成为全村加强群众思想道德建设、构建社会主义核心价值体系的精神文化品牌，为推动乡村振兴、建设"魅力浔龙河"提供强大的精神动力和道德支撑。

（3）以规促德、养德。浔龙河村结合实际制定一个务实管用的村规民约，提升群众自我管理、自我教育、自我服务水平，推动乡风文明建设。依托村规民约，健全一套完善的"四会"运行机制。成立村民议事会、道德评议会、禁毒禁赌会、红白理事会，严格落实工作职责，确保"四会"机制有序运行，依靠"四会"倡导文明新风。成立村民议事会，讨论决定涉及全体村民利益的重大问题，落实民主议事"四步"工作法，提高民主决策水平；成立道德评议会，采取民主集中制的方式，评议村民道德行为，表扬先进、鞭策落后，调解民事纠纷，协调和解决本村村民之间的利益矛盾和问题，促进村民之间的和睦相处；成立禁毒禁赌会，加强法制宣传，引导广大群众远离赌博、禁绝毒品；成立红白理事会，充分发挥红白理事会在婚丧嫁娶中的作用，破除婚丧嫁娶中铺张浪费、愚昧落后的陋习，做到婚事新办，丧事简办，倡导文明、健康、科学的生活方式，推动移风易俗，促进社会主义精神文明和新农村建设。总结推广一批家风家训。大力推进家风家训建设，广泛开展"好家风、好家训"征集评选、展示推广等宣教活动，弘扬文明风尚，引导全社会形成以好家风、好家训为荣的良好社会风气。

### 2. 建设好国歌文化园与田汉艺术园

围绕田汉故里，聚焦田汉名人，弘扬国歌精神。为此，长沙县委、县政府投资建设的田汉戏剧园与浔龙河无缝对接，提升了浔龙河的文化内涵。绿地集团、星光集团、国家大剧院已确定将在浔龙河联手打造田汉艺术小镇，海湾智库与中科招商拟投资建设国歌中华魂大型文旅项目。而作为小镇，其文化振兴之战略定位于：大力弘扬田汉文化和国歌文化作为振兴文化事业、发展文化事业的引擎，来塑造中国文化灵魂与文化自信的魅力工程。正是按照上述这个总体部署，浔龙河生态艺术小镇将田汉故里、湘中民俗、亲子文化和创客文化四个文化艺术名片进行产品制作，在演艺业上形成国内知名的话剧演艺产业集聚、在娱乐业形成强竞争实力的亲子娱乐品牌、在动漫业力争到2020年成为国产动漫品牌和骨干动漫基地、在文化旅游产业上形成300万人次每年的旅游目的地，力争成为小镇的经济增长点和重要支撑。

### 3. 发展文创产业，提升软实力

浔龙河村在挖掘、整理、保护已有乡土文化资源方面，做了下述工作：

（1）进一步收集整理历史文化遗存。进一步整理、挖掘有关历史留传下的华佗庙、关帝庙，杨泗将军的故事、洪武大帝朱元璋的故事，进一步修复美女晒羞、铁笼关虎、喜鹊含梁、渔翁晒网、九狮望坪塘等人们传说中的风水宝地及保存基本完好的几座古墓等遗址，进一步研究地方史志相关的重要资料，讲好浔龙河的历史文化故事，让人们永续乡愁。

（2）进一步挖掘文化思想内核。收集整理现当代的历史、文化名人的人文资料，提炼出湘中地区人们的忠、义、孝、悌、才、情的精神品格，并结合湖湘文化的一些代表性思想、人物及其作品，研究湖湘文化对浔龙河乡土文化的影响；挖掘浔龙河的民俗文化与农耕文化、自然生态与养生文化的关系，为发展文创产业、绿色有机农业和大健康产业提供基础支撑。同时，这里还是国歌词作者田汉先生的故乡，对国歌文化、田汉文化进行发掘整理和放大，都是项目规划的重要内容。浔龙河村加大对本土文化的挖掘整理，先后撰写了长篇小说《浔龙河传奇》、编辑《浔龙河》报、拍摄《浔龙河》电视剧、编写了《浔龙河村志》，不仅成为研究当地历史文化的重要资源，也成为小镇发展文化旅游产业的宝贵财富。浔龙河当地流传着杨泗将军斩孽龙的传说，80岁的浔龙河村村民史配乾老人根据这一传说，创作了出了6万多字的小说《浔龙河传奇》。2012年5月15日，小镇报纸《浔龙河》报扬帆起航，开辟了村民精神生活的新天地。《浔龙河》报是一份村企合一的报纸，既报道浔龙河项目建设的重大事项，也关注老百姓生活的点点滴滴，同时还开辟了《健康视窗》《连心桥》《政策直通车》等小版块，为村民提供信息、政策服务。报纸为对开大报，每月发行一期，分为头版、要闻版、副刊、文化版四个版面，写身边的事，抒心中的情，村上不少文学爱好者纷纷"冒泡"，开始文学创作。

（3）切实保护好优秀农耕文化遗产。划定浔龙河村的历史文化保护线，保护好文物古迹、传统村落、传统建筑、农业遗迹、灌溉工程遗产。立足乡村文明，吸取城市文明及外来文化优秀成果，在保护传承的基础上，创造性转化、创新性发展，不断赋予时代内涵、丰富表现形式。深入挖掘农耕文化蕴含的优秀思想观念、人文精神、道德规范，充分发挥其在凝聚人心、教化群众、淳化民风中的重要作用。

## 第十章 并蒂开放的"五朵金花"

如果说文化是乡村振兴之魂,那么文创产业则是乡村振兴的"软价值"与"软实力"。美国以实践证明,文化创意产业潜力巨大:美国迪士尼公司年收入270亿美元,品牌价值292亿美元;美国3D大片《阿凡达》全球创造总收入超过60亿美元,哈利波特产业链价值1000亿美元。文创产业不仅能带动乡村经济发展,更能推进乡村文化振兴,提升乡村品位和影响力。在发展文创产业方面,浔龙河人做了下述工作:

(1)对接高端,大胆引进。在文化自信的指引下,浔龙河村大胆尝试,加大投入,注重引进文化领军企业,与高端结对攀亲,大力引进人才,特别重视文化事业相关的策划类、经营类人才的创新创业,促进文化事业上水平、上台阶;与此同时,全力调动本土群众广泛参与发展农村文化事业的积极性与主观能动性。同时,重视整合财政性资金,加大社会资本投入文化事业,整合多方资源,协同多个主体,共同为文化艺术的市场化发展提供资金保障。

(2)以大众文化为主、小众文化为辅推进产业发展。文化是存在于精神层面的,当一种情绪、情结在大部分人群中蔓延的时候,就形成了大众文化。比如说流行文化,包括流行歌曲、流行服装、流行娱乐、流行生活方式等,就是广大人民能接受并能在一段时间内持续存在的文化现象。小众文化是相对于大众文化而言的,它是以个人为基础,并局限于邻人、同道或者朋友等小圈子里而形成的明显区别于大众文化的一种文化形式。在现实生活中,对于全世界来说,孔子文化可能是小众文化,而中医、中餐文化可能就是大众文化。一般来说,不管是大众文化还是小众文化,都可以作为文创产业,但从市场接受度、覆盖面来说,大众文化更易形成产业。因此,大力发展基于"医养结合"的高中端康养产业、具有地域特色的饮食文化事业和基于文化内容的影视传媒、数字动漫产业及其衍生产业——体验教育事业,就成为浔龙河乡村文化振兴的重大选项。

(3)立足"慢生活",大力发展体验、创意产业。顾名思义,"慢城"即放慢生活节奏的城市形态,一般而言,指人口在5万人以下的城镇、村庄或社区,反污染、反噪声,支持都市绿化,支持传统手工方法作业,没有快餐区和大型超市。"慢城"是一种新的城市模式,与浔龙河的"乡村式的城镇、城镇化的乡村"不谋而合。与快节奏的生活方式不同,在这里,有更多的空间供人们散步,有更多的绿地供人们休闲,有更便利的商业供人们娱乐和享受,有更多的广场供人们交流,提倡融洽的邻里交流,希望人们有更多的时间关注家人和子女的教育。按照浔龙河小镇4万多常住人口的发展规划与生态、艺术特色，就是一个典型的都市郊区型或半郊区型"慢城"，因此，"慢节奏""原味""自然""养生""创意"就成为了浔龙河文创和体验产业发展的核心要素。

## 五、旅游产业为重

浔龙河生态艺术小镇项目位于长沙县果园镇浔龙河村，由长沙县南北主干道黄兴大道北延线纵贯全境，黄兴大道从高铁站起，先后与长沙大道、人民路、长永高速交会，北接长沙市三环，距离三环的高速入口8公里车程，田汉大道直通黄花国际机场，仅20公里车程，通过绕城高速可抵达长沙市的各个区域，到黄花机场25分钟车程，至长沙高铁30分钟左右；通过黄兴大道还可以到达距离小镇项目20公里的磁悬浮榔梨站，磁悬浮连接了长沙主城区8条地铁，小镇项目有直达公交线路到榔梨站，因而实现了与市区的无缝对接。在小镇项目的北侧还有一条北横线，它是贯通长沙东西方向的快速交通要道，双向80米宽，起于浏阳市，途经果园镇、河东、河西，止于宁乡县黄材镇。整个小镇项目正处于中部地区"高铁游"和长株潭"近郊游"的热岛核心，地理位置优越，交通便利，这也为将小镇项目打造成一个世界级的田园综合体奠定了良好的基础。

小镇项目占地面积14700余亩，包含8000多亩林地，2000余亩水域，以及4700余亩建设用地。以"城镇化的乡村、乡村式的城镇"为目标，通过"多规合一"，以城镇化、乡村型、旅游核的组织形式，打造世界级的田园综合体。项目围绕现代农业、生态旅游、宜居城镇三大核心，来营造乐农、慢游、宜居的生活之境，让当地居民享受到城市级的生活品质，同时让都市人能够拥有诗意的田园生活。项目建成后将成为长沙近郊一座生机勃发的生态艺术小镇，在浔龙河畔得天独厚的生态空间内，以荟萃顶尖智慧的模式创新、僭越想象的生活方式设计和重塑行业标准的高度，为徘徊在都市与乡愁、进取与回归中的现代都市人，打造一个平衡现实与梦想的完美家园，树立一个长沙乃至全国的崭新地标。

### 1. 主要产品开发

紫薇谷、甜甜湾、田汉文化园、田汉艺术小镇、麦咭系列产品、童勋营、樱花谷、康养产业等系列产品分别精准对应了文化旅游、亲子旅游、培训旅游、拓展训练、婚恋婚庆、特色乡村近郊游、生态旅游、健康休闲旅游等客群，实现精品化、全龄化和差异化。

另外还有宜居康养地产类产品、义务教育与成人干部教育类产品、文创产品、湖湘特色餐饮、湖湘特色农产品销售等。

**2. 产业项目建设情况**

项目正式开园以来，游客络绎不绝，2018年樱花谷开园十五天接待旅客20万人次，五一三天游客接待量6万余人，国庆节游客接待量10多万人；总计接待游客80多万人次。108亩时光潇湘、商业广场持续热销达6亿多元，浔龙隐·连山同样持续热销，销售金额达1.2亿元。长沙院子一期196亩产品将于2019年9月底开盘；2019年7月，投资1.2亿建设完成了麦咭运动为一样、甜甜湾室内动物园两大主题乐园，火宫殿、肯德基、超市、VR体验中心相继开业，樱花谷相继投资6000多万，建成了玻璃桥、水滑道、时光隧道、恐龙园等项目。截至2016年12月31日，公司已累计完成产业投资及管理费用16.91亿元，生态产业完成了现代农业基地及加工厂、花木基地建设；旅游产业完成了浔龙岛基础设施、大塘冲现代农庄及附属设施、浔龙河接待中心、童勋营、牧歌山、云田谷、村民集中居住区乡村创客空间一期（好呷街、土菜街、休闲街、民俗街）、地球仓度假酒店一期、木屋度假酒店一期等项目建设、樱花谷项目建设、商业街项目建设。文化事业由长沙县政府牵头在浔龙河区域范围内建设田汉文化园；教育事业建设完成了北师大附属学校。代表性的项目建设情况如下：

（1）金鹰卡通：2016年度全面战略合作，成功联合举办"2016首届生态艺术文化节新闻发布会""2016麦咭音乐节"等大型活动。

（2）中国联通战略合作：已完成项目区主干网和一卡通设施优化，智慧社区技术方案完成。

（3）樱花谷：2017年3月开放。

（4）水上乐园项目：2017年6月动工，2018年6月开放。

（5）生态农场项目：2017年初开始运营。

（6）北京星光集团合作的田汉文化园、田汉艺术小镇：于2017年12月21日签订战略合作协议，田汉文化园总投资3亿元，2018年3月开始运营，艺术小镇2019年7月全面启动建设。

（7）北京师范大学长沙浔龙河附属学校：于2016年12月27日签约，

2017年7月启动建设，2018年9月正式开学。

（8）万科博商资长沙院子项目：于2017年底签约，2018年启动建设，一期产品2019年9月底开盘，二期土地2019年9月底挂牌。

（9）上海嘉兆国际甜甜湾室内动物园项目：一期项目完成6000万元投资建设，于2019年5月正式运营，二期合作的水上乐园2019年10月土地挂牌。

（10）浔龙隐·连山（42亩）建设并热销，完成了108时光潇湘、商业街的建设、销售、招商运营；浔龙隐·乐境（342亩）：2017年2月启动样板区建设，10月开盘销售；时光潇湘：2017年9月开盘销售。

### 3. 其他建设与配套情况

（1）村民集中居住情况。截至2018年12月31日，累计完成拆迁、搬迁共计180户，投入搬迁、安置资金16456万元（其中拆迁、搬迁款9040万元，安置房建设款7416万元）。截止目前，已完成了180户安置房分配。村民通过集中居住，获得了具有资产价值的房屋。按照村民自愿的原则，由浔龙河文旅公司对一楼商铺进行整体返租，租金为18元/㎡每月；对部分二楼住房进行返租，月租金为10元/㎡，每年可获得租金收入2万到4万元。

（2）公共工程投资情况。由果园镇政府作为实施主体，累计完成投资53205.57万元，完成了田汉大道一期、东八线辅道一期、田汉文化园、杜鹃路、驭龙路、村民活动中心及广场、村民集中居住一期基础设施、宋水线B段、金井河人行桥、刘家坪大坝建设、浔龙河综合整治、自来水加压泵房建设等基础设施工程。整合上级职能部门各类项目资金投入10662.29万元（其中果园镇范围内5000万元），完成了原双河村土地整理项目、麻林河路口至果园段整治工程、金井河果园段治理工程、双江垸景观排水渠及幼儿园、临时公交车站建设等，提升了当地村民的生活品质。配合地产和招商项目的开发，累计腾地98.6亩，拆迁安置180户，夯实了产业发展的基础。

（3）公建配套建设情况。主要有：①2017年12月田汉大道一期建设完成，2019年10月二期启动规划，计划2020年直接黄花国际机场；②2016年已完成污水处理厂招标，施工单位进场，2018年12月建设完成，已启用；③2016年已完成自来水开标工作，2018年12月已完成自来水扩容、增量工作；④2016年新奥燃气主管网已牵引进驻浔龙河；

⑤ 2016 年刘家坪水闸已完工。

### 4. 旅游效果及其预测

湖南旅游业已经迈入了发展的快车道，正成为国内外重要的知名旅游目的地，创新推出创意新颖的主题系列活动，开展各种形式的旅游合作。"十三五"期间，湖南省规划建设 284 个重大旅游项目，计划投资 12274.54 亿元，旅游产业将成为投资的"蓝海"。数据显示，2018 年湖南全省接待国内外游客总人数达 7.53 亿人次，比上年同期增长 12.5%。其中湖南省共接待入境旅游人数 365 万余人，与 2017 年同期相比增长了 13.14%；接待国内游客 74935.45 万人次，与上年同期相比增长 12.5%。1~12 月入境游旅客中接待香港同胞 87.53 万人次，同比增长 11.5%，接待澳门同胞 37.81 万人次，同比增长 31.55%，台湾同胞 61 万人次，同比增长 1.75%。

2018 年湖南省各州市旅游人数最多的是长沙市，累计游客近 1.5 亿人次，同比增长 5.31%，累计旅游收入 1808.05 亿元，与 2017 年同期相比增长 8.92%。其次是郴州接待国内外游客 7206.73 万人次，同比增长 16.91%；旅游收入共计 658.74 亿元，同比增长 23.43%。衡阳旅游人数排名全省第三，共计 6927.29 万人次，同比增长 11.7%；旅游收入 643.33 亿元，同比增长 13.25%。在湖南省各市州国内旅游人数排行榜上，共有 11 市州国内旅游人数超 5000 万人，全省 14 个市州游客人数均在 3000 万人以上。其中长沙市国内游客数最多，接待游客 1.48 亿人，同比增长 5.35%。郴州市排名第二，共接待国内游客 7161.81 万人，同比增长 16.88%。衡阳市紧随其后，全市共接待国内游客 6917.32 万人，同比增长 11.62%。增速方面，全省共有 12 市州游客人数增速在 10% 以上，其中邵阳市接待人数 5144.78 万人，同比增长 35.57%，增速最快。另外，娄底市和湘西土家族苗族自治州国内游客增速也较快，分别为 33.35% 和 24.96%。

长沙县经济增速、产业结构升级、人均收入增长，2017 年全县实现地区生产总值 1150 亿元，同比增长 10%；完成财政总收入 202 亿元，增长 10.9%；城乡居民人均可支配收入分别达 36400 元、25100 元，增长 8.6% 和 9.7%。稳居全国百强县第六名，中部五省第一的水平。

浔龙河生态艺术小镇是 4A 级景区，全国首批乡村旅游名村（湖南省 11 个、长沙县 2 个），是亲子旅游、研学旅游、乡村旅游、文化旅游、田汉红色旅游、休闲康养旅游的综合性特色小镇，市场需求强劲，客源充足。管理水平、管理团队国内一流，具有强大的品牌优势与社会知名度、美誉度。前景展望是：年均来浔龙河的旅客不会低于120万人次，随着长沙大都市圈的建设与发展，远期年均客流量将会稳定在200万人次以上，最高可达500万人次。

2016年浔龙河生态艺术小镇接待游客量超过100万人；2017年浔龙河生态艺术小镇新春灯会（1月20日—2月19日）接待游客近20万人；2017年清明小长假期间浔龙河生态艺术小镇接待游客12万余人次；五一劳动节三天，浔龙河生态艺术小镇整体游客接待量为9万余人次。

## 六、康养产业为根

浔龙河生态艺术小镇遵循民生为本、生态优先的理念，在区域内按照生态自然循环的理论，促进自然生态与人工生态的相互契合，在地理组织、物理空间、中医养生方面，把山、水、田园与人的身心完美地结合起来。康养产业在地理上充分利用了原生坡地肌理，保留自然的原森林植被、山水风光，结合开放的空间布局，将国有建设用地、集体建设用地、流转土地进行混合使用、合理布局，发挥它们各自的属性与功能，再与中药材种植、加工、饮用，中医的养生、养身、养心结合起来，构建出低成本、高附加值、增值空间巨大和物超所值的康养产业园区，提供了一个人生极致的自由、私密、健康、乡愁的庄园式生活空间。创新的康养产业市场潜力大、需求强劲，保护和发展了民生与生态的内涵，实现了三大群体的回归：

一是外省湘籍人士。湖南是人口大省，在外省工作、创业的成功人士众多，他们不同于一般在外务工、创业的农民工群体，他们是一群具有较高学识，在外工作、创业几十年，生活在外地城市的中产阶层或富人群体。他们要回归湖南，但又回不去生养的农村（因为原生态的农村缺乏他们生活的社区，缺乏适合他们学养的配套设施，更没有他们生活的知识圈层），只有在浔龙河生态艺术小镇这样的地方，才有他们能记住的乡愁、回归的故里、生活的圈层。

二是在长沙等大城市里工作的中产者。他们正处事业的关键时期，工作稳定，收入较高，城中有房，上有老人要照顾、下有小孩要读书。他们

第十章 并蒂开放的"五朵金花"

要把老人从乡下接进城，方便照顾，也要老人帮带照看上中小学的小孩。但是老人不习惯住在喧嚣的大城市，老人喜欢有山、有水、有田园，能有乡村记忆的地方。大城市肯定没有，只能在城市的近郊，交通便利，城市设施齐全，更重要的是要有高质量的教育设施，这样的近郊十分稀缺。浔龙河生态艺术小镇却为这类人量身订做了一个全维度的解决方案。

风景如画的康养产业——泰禾长沙院子

三是在大城市打拼了一二十年，取得了一定成就的本地人群。他们前二十年外出奋斗，为的是衣锦还乡，荣归故里。他们返璞归真，回到田园山水间，可以继续投资创业，也可养生养老，享受生活。浔龙河生态艺术小镇在生态、旅游、休闲、研学的特色打造正好击中他们心灵的归宿。

上述三大人群，在中国约有1.5亿，牵涉到1.5亿个家庭，约4多亿人口，他们将成为特色小镇的主要消费人群。浔龙河项目区的设想与建设,正是顺应了这样一个庞大群体的需要而出现的。因此,顺应生产、生活、生态融合发展的大趋势发展"大康养产业"是时代所需。

基本思路是,依托良好的自然资源基底,将国有建设用地、集体建设用地、流转土地进行混合使用、合理布局,加速打造集养老、养生、旅游为一体的康养生态圈,包括基础层的康养护理、康养保险、康养医疗、康养生活社区、森林康养园等;延伸层的康养消费、康养娱乐、康养精神慰藉、康养金融等;环境层的康养科学研究和康养观念等。这里,还引入"医养结合"、融合绿色与自然发展理念,"医"即通过建立健康管理系统、制订健康计划开展8小时在线咨询、教授健身气功、进行膳食调养、举办养生主题课和专家预约挂号等服务;"康"即通过专业的康养训练和各种文体娱乐活动,促进身心健康;"养"即通过日托服务,为有生活照料需求的老年群体提供饮食照护、营养午餐、服药管理、起居照护、助浴服务等专业日间照护服务,实现人们"身体健康、心情愉快,生有所养、老有所乐"的基本诉求。

# 第十一章
# 博士、硕士的加盟

浔龙河生态艺术小镇有着无比浓厚的乡村魅力。乡村魅力在于自然生态，在于乡土人情；只有"乡田同井、出入相友、守望相助、疾病相扶"，才可能让人来了不想走。按照柳中辉所做的生态艺术小镇之梦和"五个一"的落地构想，加上乡贤回乡、建设家乡的示范带动，一批有志于乡村振兴的青年才俊纷纷加盟。他们之中有博士后研究人员，有博士、硕士学位获得者，有一批大学本科、专科毕业生，有大学教授、政府部门的公务人员，还有不少长株潭都市圈的城市市民，他们宁愿放弃城里的房子而落户浔龙河……仅仅10年，一个省级贫困村今天成为全国有名的富裕村，成为成功人士告老还乡、落户养老或乡贤返乡、创业就业的洼地……

## 一、博士与硕士的情怀

只要是从事过农村工作或者对农村比较了解的人，就很清楚，实施乡村振兴的关键在人、在资金。正如柳中辉所说的"四靠"那样，但关键的关键还是靠人，即要培养一批留得住、用得上、干得好的带头人和造就一支懂农业、爱农村、爱农民的"三农"工作队伍。显而易见，这样的领头人和队伍，是很难得到与培育的。据2017年农业部的调查，2016年末全国农村实用人才总量接近1900万，不足乡村就业人员总数的5%。新型职业农民总量不足，青年后备力量缺乏，文化程度普遍偏低。基层农技推广人才"青黄不接"、队伍老化问题严重，农技人员学历、专业、水平参差不齐的现状还没有根本改变。县乡农业新产业新业态急需人才严重不足，特别是贫困地区、民族地区乡村尤为突出。事实上，湖南省不少的扶贫攻坚驻村帮扶工作队反映最多的问题也是，"目前最需要、最缺乏的是能人，尤其是能够带领农民致富奔小康的领路人"，"大学生好找带头人难"，"投资者好寻寻领路人难"。因此，今天，探索解决乡村振兴中的人才短缺难题不仅十分重要，而且非常必要，是实现乡村振兴的充要条件。

浔龙河生态城镇发展有限公司大厅

　　浔龙河的实践也告诉我们，这样的带头人和领路人，必须是牢记初心、不忘使命的共产党人，必须是有打工或从军、从学经历，经历过苦难锻炼和意志坚强的人，必须是懂市场、会经营、善管理的人。如果这样的人成为村党支部的带头人，这个村再差也差不到哪里去。浔龙河村，由一个省级贫困村变成全国的明星村、湖南的富裕村，就是因为找到了柳中辉这个头雁及其团队。从这个意义上说，浔龙河村真的很幸运！在头雁效应的引领下，不仅大学生来到了浔龙河村，就是那些头顶"博士后、博士、硕士"光环的青年才俊也纷至沓来，集聚到浔龙河村。

　　据浔龙河村人力资源部统计，截至 2019 年 12 月 31 日，仅在棕榈浔

## 第十一章 博士、硕士的加盟

龙河生态城镇发展公司就业的就有博士后1人、博士1人、硕士6人、本科生79人、专科生84人，占公司就业人数的43.51%，如表11-1所示。可以想象，浔龙河村的人才团队有多大，力量有多强。但即使是这样，柳中辉书记还是说："还是觉得人才不够，有点力不从心。特别是现在正处于浔龙河范本向全国推广的时期，深感人力资源的不足，有时自己感觉到很疲惫。"可以想象，浔龙河都尚且如此，那些缺人才缺资本的乡村要实现振兴的难度的确很大。

来浔龙河村就业的主要代表性才俊有中国社科院博士后刘红峰，北京大学理学博士田文宇，各类高校的硕士研究生阳莹、周辉、周维以及海归硕士研究生彭啸等。

表11-1 棕榈浔龙河生态城镇发展公司人才信息统计表

| 事业部 | 博士后 | 博士 | 硕士 | 大学本科 | 大学专科 | 专科以下 | 合计 |
| --- | --- | --- | --- | --- | --- | --- | --- |
| 职能总部 | 1 | 1 | 5 | 15 | 14 | 5 | 41 |
| 置业公司 | | | | | 1 | 3 | 4 |
| 开发建设事业部 | | | 1 | 15 | 14 | 5 | 35 |
| 品拓运营事业部 | | | | 39 | 43 | 68 | 150 |
| 教育与后期事业部 | | | | 9 | 10 | 119 | 138 |
| 农贸与商贸事业部 | | | | 1 | 2 | 22 | 25 |
| 合计 | 1 | 1 | 6 | 79 | 84 | 222 | 393 |

综合这些高层次青年才俊的情况发现，他们中的绝大多数是学习农业经济管理、乡村规划建设、园艺花卉、产业经济、财务会计、国际贸易等专业的。不管原来是学什么的，来到了浔龙河，就得在乡村振兴这所大学里重新学习，进行知识再造。亦即从实践中学，从干中学，从破解"三农"的实际问题中学，从中国农村最基本最核心的土地确权流转中学。值得欣慰的是，通过学习与锻炼，一方面，这些人都有着强烈的事业心，有较好的专业能力，他们的加盟和扎根的确给浔龙河村注入了新鲜的血液，

注入了知识与智力资本，浔龙河村乡村振兴的经验总结和理论提炼有了更专业的眼光、更专业的方法和更专业的操作，对浔龙河的乡村振兴实践认识有了新的高度、深度和厚度，所得出的理论与实践成果在湖南省内产生了较大影响，引起了省委、省政府的关注。另一方面，这些青年才俊来到浔龙河村，也找到了他们人生事业的平台，找到了安居乐业的好居所，更是把自己的家和那颗火热的心也安置在了那宁静而热闹的浔龙河小镇。的确，浔龙河的山清水秀、田园阡陌，别有一番情趣。宜居、宜业的结合让他们没有了大城市的住房压力，远离了大城市的交通拥堵、远离了大城市的雾霾，他们把论文写在大地上，把实验室搬到了田间地头。目前，他们还利用同学资源、师生资源，申请建立起了博士后流动站；整合国内外一大批有志于乡村振兴战略实施和理论研究的专家学者，打造出了中国乡村振兴研究院。

显然，如果领路人没有胸怀、没有气魄，这些青年才俊是来不了，也不愿来的，即使来了也会留不住。但柳中辉不是一般人，他有这样的气魄和胸襟。在柳中辉的带领下，浔龙河村党支部把对推进浔龙河村发展的实际贡献作为衡量人才的基本标准，要求他们"把论文写在大地上"，在服务乡村振兴中建功立业。浔龙河村对不同类型和层次的人才实行分类分级评价，充分保障和落实用人主体自主权，尊重用人单位在人才培养、评价和使用上的主体地位；完善有利于各类技术岗位管理及人员聘用、晋升、奖惩、工资待遇等配套措施，增强人才发展活力；搭建让各类人才创造活力竞相迸发、聪明才智充分涌流的发展平台，建立更加体现人才价值导向的分配激励机制；充分利用、整合现有各类支持政策，积极推动在市场准入、财政税收、金融服务、用地用电、教育培训、社会保障等方面出台扶持政策，为各类人才在农村创新创业营造良好环境；加大人才遴选资助和表彰奖励力度，实施好"全国农业劳动模范和先进工作者""全国十佳农民"等表彰和资助项目，弘扬劳模精神，树立先进典型，在全社会积极营造重视农业、尊重人才的良好氛围。

除此以外，浔龙河村吸引人才还有两个独特的做法：一是建立人才"蓄水池""嵌入式"用人。充分发挥集体企业、合作社、行业协会、产业化龙头企业、社会化服务组织等各类新型经营主体在农村实用人才培养中的"蓄水池"作用。做到项目推进到哪里，人才工作就跟进到哪里，切实发挥人才在推进生态艺术特色小镇建设运营中的第一驱动力作用，促进形成人才队伍建设与特色小镇发展相互促进、良性发展的好局面。二是畅通渠道、内外联通。把所有人都当作人力资源来对待，不仅村支两委成员是人才，平台企业里的打工者也是人才，大学生是人才，村民也是人才。而且要畅通渠道与政策，让村里的人出得去，也让外地人进得来，彻底打破传统乡村的封闭做法，促进了浔龙河村的开放发展。

## 二、大学生的追求

浔龙河村在吸引高层次人才实施生态艺术小镇项目的同时，也特别注重引进大学生和本地村民就业与创业，仅仅棕榈浔龙河生态城镇发展公司就吸引了171名大学生来村里就业；此外，还有160多名涉及40多个类型的专业技术人才，他们"嵌入式"分布在棕榈浔龙河生态城镇发展公司这一平台公司所对接的20多家项目投资运营公司之中，平均每个公司有大约8名大学生。他们从事项目开发经营工作，成为各个公司的骨干和主力军。浔龙河村人力资源的招聘完全按市场方式进行，不是所谓的"老板说了算"。把公开招考和招聘的方式引入到农村中来，在我国农村还是很少见的，必须有相当的经济实力、必须有现代人力资本理念做支撑。浔龙河人不乏追星者，但他们追的不是歌星、影星，而是带领农村致富的领路人——柳中辉书记——这样的明星，这的确难能可贵！

年轻人，犹如天边那道绚丽彩虹，黄色代表着对于梦想的执着，绿色代表着积极向上的态度，橙色代表着永不停歇的精神……创业路上，只要你勇于追逐，敢于挑战，终能够绘出一道专属于你的那一抹色彩。

## 三、外脑的心声

浔龙河村支两委在柳中辉的带领下，坚决贯彻落实党的十八大、十九大精神，坚定不移地实施人才强村战略，按照村党支部确定的"高端引进、分类激励，不求所有、借脑汇智"的原则，努力培养造就一支懂农业、爱农村、爱农民的农业农村人才队伍，为推进乡村振兴战略提供了强有力的人才支撑。他们的主要做法是，村党支部坚持党管人才原则，强化"一把手"抓"第一资源"的意识，把培养人才和发挥人才作用纳入乡村振兴战略全局中通盘考虑。创新引人、育人、用人、留人环境，完善相关激励政策，解决好人才服务"最后一公里"的瓶颈制约问题。创新对各类人才的培养支持机制，加大生态艺术小镇实用人才带头人示范培训力度，加强职业技能培训，弘扬工匠精神，促进农业技能人才培养，建设知识型、技能型、创新型艺术小镇劳动者大军，全面提升劳动者职业技能水平。不断吸引学有所成的青年才俊加盟，在此基础上，按照"不求所有但求所用"的要求，借力外脑，集中高端智慧，服务于乡村振兴。一个卓有成效的工作亮点是，借力外脑，服务于浔龙河村振兴。主要做法是有两点：

一是对接高端智库，服务乡村振兴。10年来，根据公司业务发展、乡村振兴的需要，公司聘请了许多涉猎乡村产业、乡村治理、乡村品牌方面的专业机构和科研单位来浔龙河调查、研究，为乡村振兴的稳健发展、乡村振兴的模式提炼和理论提升，起到了很大的促进作用。表11-2给出了与浔龙河村建立了良好合作关系的大学、智库、机构、公司和专家，叙述了双方的战略合作领域。

表11-2　公司引进智力情况表

| 机构名称 | 战略合作领域 |
| --- | --- |
| 新华社 | 新华社作为国家通讯社，从2017年6月起，启动"民族品牌工程"，入选的均为重量级民族企业。2018年在工程基础上开展"未来成长之星"计划，助力高成长型民族品牌发展，推动品牌强国战略，构筑民族经济长城。新华社决定，将组织专门团队，整合全社会优势资源，将浔龙河村打造成为乡村振兴战略的卓越案例与品牌典范，为世界乡村振兴提供中国经验和中国模式 |
| 中国农业经济学会 | 农业部原党组副书记、常务副部长、中国农业经济学会会长尹成杰先生牵头，从事乡村振兴政策咨询 |
| 中国乡村振兴研究院 | 著名专家陈锡文同志出任名誉院长，著名"三农"问题专家陈文胜、浔龙河范本的创造者柳中辉等一批专家、学者和实践践行者组成研究院的领导与研究人员，一起来谱写中国乡村振兴战略的壮丽篇章，一起来研究中国乡村振兴战略的伟大工程 |
| 中国国际经济交流中心 | 王战理事长牵头，负责经济政策、宏观市场、商业模式研究 |
| 中国城镇化促进会 | 陈炎兵副主席牵头，负责特色小镇模式的研究，在全国树立示范标杆 |

续表 11-2

| 机构名称 | 战略合作领域 |
| --- | --- |
| 湖南省政协经济科技委员会 | 由经科委主任、中南大学教授牵头，负责省政协与浔龙河村"三进三促"工作联系点建设，研究浔龙河范本 |
| 湖南省林业科学院 | 提供花卉苗木品种与种植技术支持等 |
| 新华社《中国名牌》杂志社 | 周志懿总编牵头，负责村、镇、产品、产业、人物等系统的品牌打造推广 |
| 中国乡村旅游研究院 | 张建永院长牵头，负责农村文化旅游策划、规划、设计、开发、运营等研究 |
| 湖南农业大学 | 协助水稻、土鸡、土地、龙虾等农业合作社、农村创客的科技力量支持 |
| 吉首大学 | 牵头进行乡村旅游规划与乡村民宿民俗文化研究与政策咨询 |
| 广东棕榈园林设计研究院 | 负责生态策划，规划、园林、景观的设计与建设、投资开发 |
| 香港贝尔高林规划设计研究院 | 负责农业生态园林规划、设计 |

二是舍得花钱，"不求所有但求所用"。每年预算支出 200 万至 300 万元用于浔龙河村重大政策项目研究经费，实施委托课题与政策研究项目，邀请智库专家来村考察、开会、咨询，为村党支部决策提供决策参考。同时，每年在文创、广告宣传等方面的支出则更多，创作了长篇小说《浔龙河传奇》，拍摄了《浔龙河》电视剧、撰写了《浔龙河村志》，创作了《拦花轿》等系列文化节目，出版了《蝶变浔龙河——中国城市近郊型乡村振兴的"星"路历程》，等等。

当然，与这些外脑智库的合作方式也是多维的，有技术层面的，有政策层面的，有的是以市场合作的方式进行，有的带有公益性或公共性色彩。不管是哪种方式，大家的共同心声就是两个：一是打造好一个"中国元素、欧洲风范"的生态艺术小镇，形成具有中国民族品牌意义的标杆；二是总结提升浔龙河在工商资本下乡、土地确权流转、五规合一、土地混用、发展新型集体经济、基层治理创新等方面的成功经验与做法，形成"浔龙河范本"，并积极推广到全国。这两个方面也正是外脑的心声。

## 四、村民与市民的向往

正如前面所述,浔龙河生态艺术小镇梦境之一是:"把村民留住""让市民下乡"。的的确确,通过 10 年的努力,这一目标实现了。不仅村民高兴,而且市民也很称心。仔细分析浔龙河村的执行团队构成,你就会发现,除了吸引外来就业创业外,主要的还是安置本地村民就业。例如,现有的执行团队有 550 多人,主要由本地村民、青年企业家群体、农村与农业创客群体、外来的城市高学历的专业技术人才组成。员工的年龄主要分布在 30~45 周岁,占员工总数的 60%,是一支典型的年富力强的团队。同时员工中录用了当地的大量的农村人口就业,通过一定的职业素质的培训,他们都具备了一定的技能,实现就地就近城镇化。在所有员工中,农民占 60%,他们在自己的家门口上班,既能照顾好家里,也有了稳定、可观的收入,过上了幸福生活。从青年企业家和外来的专业技术人员分析,这些青年企业家,都是 20 多岁从农村出去创业,成功后返乡置业、创业、反哺农村的"归雁""乡贤",他们带来了资金、带来了资源、带来了发展的新思维和新理念,他们懂经济、懂政策、懂管理。同时引进了一大批农业、金融、经济专业技术人员,他们有能力、有技术、有学识,大力促进了农村、农业的经济社会发展。还有一大批农村创客,他们带着理想,带着情怀,带着工匠精神,把自己的心血倾注到了产品上,开发出一个个各具特色、各具吸引力的创新产品。通过 10 年的实践,这些人都成为了团队的骨干人员,他们能写会讲,给农村带来了活力,成了新型职业农民的主要力量,成了农村新型经营主体的中坚力量,是浔龙河村,也是中国乡村振兴的希望和内生动能所在。

浔龙河村乡村振兴的人才路,犹如筑起了一个安居乐业的平台,引来南来北往的金凤凰。的确,村民高兴了,市民也行动起来了。

# 第十二章
# "一镇四园"的田汉小镇

按照浔龙河村"三步走"战略:第一步,第一个十年(2009—2019年),把省级贫困村全面建成小康村;第二步,第二个十年(2020—2030年),探索乡村振兴和生态城镇融合发展的新型城镇化升级版,打造"田汉艺术小镇",基本实现农村现代化;第三步,第三个十年(2031—本世纪中叶),稳定走上共同富裕之路,全面实现现代化。目前,第一步目标已经实现,开始向第二步战略目标进军。在展望第二步战略目标时,柳中辉书记满怀激情地说:"为了实现第二个十年的战略目标,浔龙河村党支部确立的战略思路是,再通过10年的努力,升级浔龙河生态艺术小镇,建设成为田汉艺术小镇,构筑'一镇四园'布局、'五朵金花'并举的具有世界影响的特色小镇和旅游目的地,完全达到'产业兴旺、生态宜居、乡风文明、治理有效、生活富裕'的发展要求。"

## 一、浔龙河升级版

浔龙河村第二个十年怎么走,柳中辉书记思路清晰、方向明确,那就是:既然浔龙河有许多的物质形态和信息形态的多姿文化元素,那么如何活化,使它变成鲜活的文创产品,并大幅度地提升其附加价值,造福于浔龙河,这应该成为浔龙河第二个十年必须思考和选择的发展战略。

展望2020年至2030年的浔龙河,柳中辉书记的战略布局是:

坚持以习近平新时代中国特色社会主义思想为指导,坚决贯彻落实新发展理念,按照中央省委有关文件精神,基于创意产业之魂——文创科创基础，以田汉艺术小镇及其国歌文化园、田汉艺术园和浔龙河亲子园、农耕文化园"一镇四园"为载体，发展"创意经济+体验经济""二元并举"战略，以文创产业、科创产业与体验产业"三大产业"为支撑，促进"文创、健康与智能""三元素"叠加与融合发展，以此提升浔龙河生态艺术小镇的附加价值，打造浔龙河升级版，构筑田汉艺术小镇。国歌文化园、田汉艺术园以文创产业为主导发展创意经济，浔龙河亲子园和农耕文化园以科创和体验产业为主导发展创意经济。

之所以做这样的构想，是因为，必须要正视和把握当今社会经济两大发展趋势：

一是从国际上看，创意经济正在成为替代工业经济与服务经济的一种新经济形态；目前，全球都在反思传统工业化和服务经济带来的问题与弊端中回归自然，且自觉不自觉地迈进了创意经济的门槛，越来越多的消费者渴望得到创意与体验，愈来愈多的企业精心设计、销售创意与体验。在创意经济中，企业不再仅仅是销售商品或服务，它提供最终创意和体验并带来充满灵感与情愫的力量，给顾客留下难以忘却的愉悦记忆，给人们赋予幸福和灵魂。

二是从国内分析，第四次消费升级使我国进入"人本消费"的时代。改革开放40年来，我国消费已实现了三次升级：第一次是1978—1988年，单车、手表、缝纫机（后为收录机）"小三件"的普及，支撑了我国改革开放以来的第一个十年的高速增长；第二次是1991—2000年，冰箱、彩电、洗衣机"中三件"的普及，带来了我国第二个十年的高速增长；第三次是2001—2010年，汽车、住房、计算机（含手机）"大三件"的普及，支撑了我国第三个十年的高速增长。目前，人民对美好生活的需要已经主要从"物本消费时代"转向"人本消费新时代"，以"文化、健康、智能""新三件"为代表的第四次消费升级正在成为广大城乡居民的普遍行为。因此，以文创和科创为代表的创意经济和体验经济已经成为产业与经济发展的方向与方针。而且，2017年11月1日，经联合国教科文组织评选批准，长沙正式入选2017年全球创意城市网络"媒体艺术之都"。长沙作为2017年唯一一个亚洲城市参与角逐并获批，这意味着长沙在自主创新、文化创意、传媒艺术等方面的努力，得到了国际社会和文化创意界的高度评价与认可，在国际舞台上可以有更大作为。因此，作为长沙都市郊区和半郊区型乡村，浔龙河村至少应在乡村文化振兴中以国歌文化园、田汉艺术园和浔龙河亲子园"三元并举"，发挥示范引领作用。

第十二章 "一镇四园"的田汉小镇

因此,从2020年这一中国发展的重要历史拐点时刻起,浔龙河村要做好上述战略的落地与实施规划,从国际国内两个角度和全球视野寻求战略合作伙伴,做好项目设计和引进战略投资者的相关工作。国歌文化园和田汉艺术园建设及其配套设施,要重点整合政府资源,获取政府的支持,但内容的挖掘、产业的培育、创意经济的发展则主要依靠社会资本与市场之手的力量来推进。2020—2025年,长沙县委县政府制订规划,打算以大手笔、高强度、大力度的方式支持"四园"及其配套设施的建设,所以,柳中辉书记告诉我们,村支两委和浔龙河平台公司的重点工作就应该是抓好产业项目规划、设计、招商引资引智、促进创意经济一个一个项目落地。

## 二、"一镇四园"布局

长沙县历史悠久,人文荟萃,自古为三湘首善之区,迄今已有2200多年历史,总面积1756平方公里,是中西部第一县,有108.9万常住人口,2019年地区生产总值为1709亿元。长沙果园镇原来的地名叫长沙东乡田家塅茅坪,也是田汉出生的地方。为继承传统文化、弘扬时代精神,培育社会主义核心价值观,长沙县在"强南富北、民生立县、挺进五强"发展主线的指导下,2009年至今,全力打造浔龙河生态艺术小镇,可以说,"十年磨一剑"。浔龙河生态艺术小镇已初具雏形与规模,特别是亲子教育、体验园的建设正在日益完善之中。与此同时,为了实现文化振兴,田汉及其国歌文化也得到了足够的重视。2017年1月,长沙县委县政府启动了田汉文化园的建设,2018年3月已经基本建成,之后又开启了田汉艺术园的构想,迈出田汉艺术园的建设步伐。于是,"一镇四园""五朵金花"的"田汉艺术小镇"的战略布局即将形成。其中,"一镇"原指"浔龙河生态艺术小镇",现升级发展为"田汉艺术小镇"。小镇可容纳4万常住人口,年接待350万流动人口的规模;"四园"指"国歌文化园""田汉艺术园""浔龙河亲子园""农耕文化园";"五朵金花"指"生态产业、文化事业、教育事业、旅游产业、康养产业"五大特色产业。主要发展指标有四个方面:一是产业融合发展、结构优化;二是设施齐全、宜居宜业、城乡一体;三是经济繁荣、人民生活富裕;四是低碳环保、环境优美、实现绿色发展。

浔龙河的"一镇四园"缩影

### （一）国歌文化园

国歌文化园是以田汉故居为核心，以国歌文化广场和田汉戏剧艺术为特色的文化园。该园地处湖南省会长沙市近郊，紧临田汉大道。田汉文化园由湖南大学设计院的顶尖团队整体规划设计，浔龙河和北京星光合资成立湖南浔龙河星光文化旅游开发有限公司，负责田汉文化园经营性建筑精装修工程项目及田汉戏剧园开发建设，总投资2.9亿元。园区以田汉故居为依托，以国歌广场、艺术中心、田汉雕像广场为核心，配套建设艺术学院、古戏台、戏曲艺术街、戏剧雕塑园等参观景点及一系列服务设施，让游客在休闲游玩的同时可以感受国歌文化。园区规划面积约352亩，总建筑面积23027平方米，建成后将全面推动长沙文化事业的繁荣发展，进一步坚定文化自信。国歌文化园多元多姿的文化元素如下：

（1）游客服务中心。游客服务中心为两层建筑，总建筑面积3484平方米（占地面积2260平方米，高12.5米），主要提供游客接待休息、食宿、娱乐购物等服务。游客服务中心采用"璞石"的寓意，建筑整体仿佛匍匐在大地之中，蜕变升华为玉之前的璞石，表达了田汉坚韧不屈的爱国情操和艺术创作之路。建筑由两部分构成，前面是游客服务中心，后面是接待服务的酒店。

（2）田汉铜像广场。田汉铜像广场占地3204平方米，广场中央伫立的田汉铜像以20世纪50年代的田汉形象为蓝本塑造（新中国成立之后，田汉致力于戏剧改革，担任文化部戏曲改进局、艺术局局长，这一时期也是他人生的巅峰时期，所以就选取了这一时期的人物形象为塑造蓝本）。田汉铜像高7米，其中基座高1.8米。田汉是优秀的中国共产党党员，杰出的无产阶级文化战士，他是现代最杰出的戏剧家之一。民主革命时期，他以文艺作品为武器，团结和领导文化艺人与反动派斗争。新中国成立后，他以饱满的热情投入到戏剧改革之中，为繁荣新中国的文艺事业付出了毕生的精力。

（3）戏剧雕塑园。戏剧雕塑园的这些雕塑都是田汉作品中的经典人物和场景，涉及《获虎之夜》《扬子江的暴风雨》《天涯歌女》《白蛇传》《关汉卿》《文成公主》《谢瑶环》等剧目。

（4）月光湖。月光湖占地面积34亩，其中水面面积20亩，湖中心有一个月光岛。月光湖是为纪念田汉创作的《月光曲》而命名，即一个关于在中秋夜商量工人罢工的独幕剧。

（5）田汉故居。田汉故居现存的建筑是根据遗址考古成果于2005年重建而成，基本复原了当年的历史风貌。田汉故居2010年获批"湖南省爱国主义教育基地"，2011年被公布为"湖南省重点文物保护单位"，2012年被列为"湖南省第一批涉侨文化遗产"。田汉故居是一座典型的江南民居，1820年由田汉的曾祖父建造，占地面积545平方米，土砖砌成，分前后两进，两旁为杂屋，屋前临塘，共16间房。这里是田汉的出生地，也是他成长的地方。

故居的中庭，两旁是田汉几个叔叔的住房，再往里走是上堂屋，右边是田汉祖父母的住房，左边是田汉父母的住房，他就是在这间房出生的。据传记记载，在田家塅茅坪，田汉祖上曾有"咸同以来的大地主"之称，人口多的时候祖孙三代近三十口人，是个大家庭。田氏大家庭的经济来源是种田、养猪、织绢、绩麻、织布，家业从祖父田贵泉开始逐渐败落。父亲田禹卿读过私塾，曾多年在外打工，有见识，操持家庭以来似有"中兴"之象。父亲田禹卿在35岁的时候染上肺病不幸去世，六叔主事时又因丢失大批钱款和染上吸食鸦片的恶习，使得刚要欣欣向荣的田氏大家庭彻底破败。田氏分家，母亲易克勤与八叔、九叔去杨家冲种田，后来带着三个孩子住到了槐树屋,就离开了这里。

(6)田汉艺术中心。田汉艺术中心共两层,总建筑面积3232平方米(占地面积1888平方米,总高度12.25米),其中陈列布展面积2640平方米,内有大型陈列《杰出的人民艺术家——田汉》,主要展示田汉的生平业绩和文学艺术成就。田汉为反抗压迫而战斗,为人间正义而讴歌,一生创作了很多的作品(100多部剧作,近2000首歌词、诗词),为人民留下了丰厚的文化艺术遗产。他作词的《义勇军进行曲》成为中华民族反抗侵略的号角,后被选定为中华人民共和国国歌。

(7)国歌文化广场。国歌,代表着一个国家、一个民族的精神斗志,代表着人民的心声。1949年9月27日,中国人民政治协商会议第一届全体会议一致通过《关于中华人民共和国国歌的决议方案》:在中华人民共和国国歌未正式制定前,以《义勇军进行曲》为国歌。1949年10月1日下午3时,中华人民共和国开国大典在北京天安门广场举行,《义勇军进行曲》庄严、雄壮的乐曲,作为新中国的国歌,通过无线电波,传遍了整个世界。2004年3月14日,第十届全国人民代表大会第二次会议正式将《义勇军进行曲》写入宪法。2017年6月22日,在十二届全国人大常委会第二十八次会议上,国歌法草案提请审议,国歌的庄严形象将以法律的形式固定和保护。2017年9月1日,十二届全国人大常委会第二十九次会议通过了《中华人民共和国国歌法》,就国歌的地位、奏唱国歌的场合、奏唱国歌的形式和礼仪、国歌标准曲谱和官方录音版本、国歌的宣传教育、监督管理和法律责任等作了具体规定。2017年10月1日起《国歌法》正式实施。

国歌文化园中主要建设布局与宣传构想如下:①设计制作田汉艺术小镇的标识与CI,实现"双标识"模式——田汉艺术标识+浔龙河标识。②建好国歌广场。国歌广场与田汉艺术中心遥相呼应,占地面积3872平方米,内有浮雕墙一面,长24.8米,高3.6米。国歌广场是开展升国旗、奏国歌的爱国主义教育活动场地。③国歌歌词及乐谱音乐喷泉。建设国歌音乐喷泉,以喷泉为中心,在田汉艺术小镇的所有景点和项目运营中心,都能看到国旗,都能听到国歌。在浔龙河北京师范大学附中、湖南师范大学浔龙河附中和国歌文化园三个地方每周举行一次升国旗奏国歌仪式。所有组团10人以上来田汉艺术小镇的国人游客都需要来国歌文化园听国歌,看升旗仪式,并参与其中。④组建国歌演出与文化创作团队。国歌音乐花车在田汉艺术小镇巡演;拍摄与国歌相关的故事影片,编辑国歌宣传画册和连环画，开发宣传国歌文化的艺术作品。⑤打造国家和湖南爱国主义教育基地。在节假日和重大庆典活动时，开展国歌文化宣传，举办音乐家论坛，开办唱国歌全国比赛，开展歌词歌曲全国性比赛活动，弘扬国歌文化。

（8）田汉艺术学院。田汉艺术学院建筑共两层，占地面积1934平方米，总建筑面积2608平方米，高11.1米，主要提供戏剧创作、排练、培训等服务，内设小剧场可进行小型剧目演出。

（9）古戏台。古戏台为纯木结构仿古建筑，依据原长沙地区古戏台建筑风格建设。古戏台建筑面积1464平方米，高11.28米，可开展各类传统戏剧演出活动。

（10）戏剧艺术街。戏剧艺术街共有五栋小型建筑，总建筑面积1899平方米，主要用于戏剧名家创作戏剧精品、进行艺术研究等。戏剧街内有《田汉与湘剧》《棕叶编》《滚灯车》《长沙弹词》等雕塑。

田汉的一生，是追求理想、追求光明的一生，是坚持以人民为中心而创作、为中国戏剧事业奋斗的一生。他的革命生涯和艺术成就斐然，影响巨大，被公认为是中国戏剧运动中具有崇高威望和深刻凝聚力、最具感召力的领导人，中华民族杰出的人民艺术家。通过田汉一生和他的艺术作品，人们看到了人民艺术家田汉闪光的人格魅力、多彩的艺术智慧、崇高的理想和信仰；领略到"以人民为中心"具有"田汉味"风格的艺术作品与时代进步相结合，成为时代号角下的民族艺术诗魂。

## （二）田汉艺术园

田汉艺术园是浔龙河生态艺术小镇的"戏剧"主题特色商业和住宿配套区域，也是小镇的"镇中之镇"，位于浔龙河生态艺术小镇南部，主要功能是承接小镇商业和住宿功能；是浔龙河生态艺术小镇戏剧艺术展示、体验以及现代时尚元素集中体现的唯一窗口，与浔龙河生态艺术小镇其他功能联动，顺势借力共同发展。其战略定位如下：打造中国戏剧文化圣地——留住原住民，吸引外围人群，服务全方位，让关联人在这里发现美学并创造美学；田汉戏剧原创基地——吸纳戏剧创意上下游产业资源配置需求市场；浸没体验目的地——吸引中外寻访田汉故里游人体验的需求市场；游学旅居示范区——吸收"80后""90后""00后"创意人群游学旅居的需求市场；塑造田汉文化品牌、戏剧产业品牌、旅游演艺品牌、旅游服务品牌、生态环境品牌,构筑以戏剧文化艺术产业为引领,融合创作、展示、消费、交易、教育等的复合式圈层产业体系。

新中国成立后,田汉成为中国文化艺术界的领导人,领导了戏剧艺术的改戏、改人、改制的"三改"工作,把历史戏剧的创作和改编推向一个新的高度,使新中国的戏剧事业再创高峰,被誉为"中国戏剧魂",当代的关汉卿。同时,团结老艺人,关心中青年演员是田汉的一贯做法。当时,周恩来称:"田汉同志在社会上是三教九流、五湖四海,无不交往。他关心老艺人,善于团结老艺人,使他们接近党,为党工作,是他的一个长处。"田汉艺术园建设主要有三大功能:一是讲好田汉故事;二是唱响国歌文化,弘扬爱国精神;三是开办戏剧学院,培育戏剧人才,繁荣戏剧事业。

田汉艺术园布局为"一街一廊三谷加戏剧学院",具体如下:

(1) 田汉戏剧街。建设一条可布景的街巷戏剧街。依托街道空间形成的戏剧艺术活态艺术空间。依托建筑围合的街道空间,结合商业业态、公共艺术造型,开展戏剧艺术小舞台、戏剧快闪表演、演绎叫卖等多种形式的互动表演,引导游客参与其中。项目设置有粉墨戏潮、跳戏花车等。田汉戏剧街的核心是要挖掘、传播和演绎田汉创作的戏剧、电影等,弘扬国歌精神。目前,浔龙河正与星光集团洽谈,合作打造田汉艺术小镇,这样可以把全国甚至是世界的戏剧艺术大师集中到这里,打造成专业的戏剧艺术圣地,每年举办全国乃至于世界性的戏剧表演、论坛、比赛、会展等各种峰会。

(2) 时空艺术廊。环廊串联整个园区的功能空间,也是一条戏剧艺术环形生态游步道。用空间勾勒出中国戏剧的前世今生,运用公共艺术的手法,运用现有空间关系,通过雕塑、浸没戏剧秀、新媒体手段,表达戏剧的过去、当代和未来。以视角的极限冲击力、空间的情景感受,创造出虚实相生、情境交融的空间体验环境。项目设置有戏剧时空走廊、戏剧精神墙。

重点任务是讲好田汉故事。田汉的戏剧创作经历可分为三个大的阶段:①从浪漫主义抒情诗人的戏剧创作到以无产阶级革命文学为主旋律的创作阶段;②奋起抗敌的写实剧、改编剧的创作,积极引领民族抗战戏剧运动阶段;③新中国为繁荣新时代戏剧艺术,再攀登戏剧创作高峰阶段。所以,讲好田汉故事也得遵循上述三个历史阶段,按照这一历史时序脉络讲述发生在田汉身上的故事,包括少年时期的求学故事,青壮年时期投身革命与创业的故事，撰写电影剧本《风云儿女》、创作《义勇军进行曲》的爱国故事，以及推进改戏、改人、改制的我国戏剧"三改"工作的故事等。例如，田汉母亲易克勤的"戏剧妈妈"的故事，六七张织机的故事，田寿昌改名"田汉"的故事，田汉老师的故事，留学日本的故事，《三叶集》的故事，"少年中国学会"的故事，"南国社"的故事，中国左翼作家联盟的故事，《南国月刊》的故事，"左翼剧联"的故事，与李大钊、徐悲鸿、宗白华交往的故事，与聂耳、贺绿汀交往的故事，《义勇军进行曲》的故事，当代关汉卿的故事，创作《关汉卿》的故事，书写《文成公主》的故事，修改《白蛇传》的故事，创作《谢瑶环》的故事，等等。他留下的"先烈热血洒神州，我等后辈有何求？沿着主席道路走，坚贞何惜抛我头"的明志诗歌，充分表达了他对马克思主义坚定的信仰、对党和人民的忠诚、对文学戏剧事业的热爱！

（3）戏里戏外谷、浸没戏剧谷、旅学旅居谷。戏里戏外谷是集中的戏剧体验片区，设置体验演绎馆，结合业态展示与戏剧相关的工艺、技术等相关主体展览，提供戏剧拍摄体验服务，戏中美食的享用以及戏剧主题住宿的功能。为游客打造"时而在戏里、时而在戏外"的感觉。项目设施有美食享用馆、把戏杂货馆、星光美术馆、儿童嬉戏馆等。其中核心主题是"戏如人生""人生如戏"，达到"有时在戏里，有时在戏外，戏里戏外，只道戏如人生，莫叹人生如戏"的目的。浸没戏剧谷以喜剧演绎为主要功能，依托水上大型戏剧灯光秀，结合综合演播厅、儿童剧场、黑鸭子剧场等演艺舞台，辅之以街巷快闪演出，打造全景式、全时候浸没式戏剧演绎空间。旅学旅居谷和戏剧学院相结合，是典型的戏剧教学旅居片区，邀请戏剧表演艺术家以及戏剧绘画、戏剧服饰等艺术大师以及非遗传承人来这里落户，建设大师工坊，提供戏剧教学基础设施，构筑戏剧艺术产业联盟平台。基地内以艺术展览、校际交流、文化活动、学生教育实践为主要功能，持续为项目带来稳定客流。项目设置有名堂酒店、剧作人学校、细说鱼人会等。

（4）开办戏剧学院。田汉是中国戏剧界的骄傲。从20世纪30年代到60年代中国戏剧发展最重要的这40年中，田汉作为中国戏剧运动公认的、具有崇高威望和深刻凝聚力的领导人，是鲁迅之后中国现代文艺界中一个独特的现象，在中国戏剧史上是绝无仅有的。田汉的作品丰富了中国戏剧文学艺术宝库，成为中华民族优秀的文化遗产。1987年由华东7省市戏剧期刊联盟发起了以田汉先生命名的"田汉戏剧奖"。因此,开办戏剧学院,研究田汉的思想与作品,培育戏剧人才,振兴戏剧文化与戏剧事业,促进戏剧创意与戏剧体验产业发展,有着重要而深远的现实意义。

### (三)浔龙河亲子园

继农业经济、工业经济、服务经济之后,"体验经济"将成为第四个人类的经济生活发展阶段,伴随着全球产业结构的深度调整,体验经济时代已经到来。浔龙河小镇的体验经济是以浔龙河公司提供的农耕园、特色餐饮街、创客吧、演绎居、时间屋、地球仓、田汉文化园等为舞台,以各类特色商品、服务为道具,以旅游消费者特别是以亲子团队为中心,创造能够使消费者参与值得记忆的活动。其中,有些商品是有形的,但服务是无形的,而创造出的体验是令人难忘的。体验经济是一种变被动为主动、变主动为互动的新型经济形态,相对于产品经济和服务经济,它更强调顾客参与及亲身体验,通过体验获得美妙深刻的印象,并达到自我提升的高层境界。浔龙河生态艺术小镇项目建设的初衷,也就是要打造这样一个以体验为核心的特色小镇,其中主要的项目设置有:亲子教育体验区、研学旅居体验区、饮食文化体验区、创客体验区、戏剧演绎体验区等。

(1)亲子文化。浔龙河生态艺术小镇与湖南电视台金鹰卡通卫视——中国第一家动画专业卫星频道,连续七年被评为中国最受孩子们欢迎的卡通卫视——紧密合作,开发中国知名原创卡通形象麦咭品牌,通过麦咭品牌的导入,形成了"亲子文化"旅游名片。现已建成的麦咭启蒙岛乐园总面积2800亩,依托浔龙河生态艺术小镇原生态的自然资源,结合金鹰卡通频道丰富的节目IP,以"快乐·想·家"为主题,以"亲山、亲水、亲子、亲情"为特色,集"吃、住、行、玩、乐、学、养"于一体,重点针对4~18岁青少年儿童及其家庭打造的乡村田园亲子主题乐园和青少年素质拓展教育基地。这里也是湖南金鹰卡通卫视热点节目《疯狂的麦咭》《哗!发射》《麦咭嘉年华》《麦咭当厨》的拍摄录制基地。金鹰卡通卫视是中国第一个获准通过卫星传送的卡通频道,2004年9月开始试播,10月30日开播。金鹰卡通以亲子为突破口定位"家庭"受众,提出"亲亲宝贝,美美家庭"口号,打造"亲子中国",是目前国内卡通频道中覆盖范围最广、收视人口最多的全国性亲子平台。

2018年,金鹰卡通频道与浔龙河再次联手,齐力打造趣味运动

IP——"运动不一样"亲子主题室内乐园。项目位于S3栋三层,建筑面积约5700平方米,于2019年元旦试营业。"运动不一样"项目共七大游玩板块:"嘭!发射"(竞技闯关项目);跃动空间(蹦床项目);冲上云霄(攀岩项目);天空漫步(攀爬驾项目);麦咭大冒险(主题框架游乐场项目,含弹网迷宫、火山滑梯、海洋球等);梦想屋(角色扮演小屋和骑自行车项目);高空滑轨项目。项目将孩子们日常体育课中的运营项目具有想象力的"趣味"升级,形成"酷炫+搞笑"的"不一样"运动玩法。

(2)创客文化。设立湖湘创客街区。作为浔龙河最集中的旅游配套服务业态,湖湘创客街区以新型的"大众创新、万众创业"理念为驱动,打造长沙首个以湘东民俗文化为特色的立体街区,满足游客"吃、住、玩、学、购、娱"的需求,包括幸福街、创客街、民宿街、好呷街、休闲街、土菜街等六条街区。无论是在业态选择还是经营模式、管理方法等方面,都有非常深刻的"创客文化"体现。2015年12月24日,长沙农业创业园正式落户浔龙河生态艺术小镇,也是湖南省农村创客平台的建设者与先行者。浔龙河创客孵化平台主要依托"互联网+乡村创客"的联盟,整合了湖南经视、金鹰卡通、电影院线的优势媒体资源,通过互联网平台、电视媒体整体推广,来满足个性化、多样化的消费需求,并致力于打造中国首家万亩乡村生态艺术众创空间,引导艺术家、文化投资者、非遗传承人、工艺师、农艺师,下乡来创新创业。

(3)研学基地。浔龙河积极谋划布局,以14700余亩原生山水资源为基础,以湖湘文化"胸怀天下、敢为人先"的精神为内核,努力打造完备的吃、住、研、游、创等基础设施,逐步承载起青少年儿童"人文情怀、审美情趣、勇于探究、自我管理、劳动意识、问题解决"等核心素养培育的社会教育功能。2017年12月25日,长沙市推进旅游业与一二三产业融合发展工作会议上,浔龙河被评为"长沙市中小学研学旅行创建基地(营地)"。随着全国研学旅行工作的大力发展,浔龙河有望成为颇具特色、规模宏大的示范性研学旅行基地。目前,浔龙河已完成建设的项目达11个,主要包括麦咭农场、童勋营、湖湘创客街区、云田谷;正在积极建设的项目有13个,包含麦咭梦工厂、水上乐园、生态农业科普基地、植物园、北京师范大学附属学校,等等。

(4)童勋营。长沙最大的儿童军事化拓展基地,建筑面积140亩,环境优美、设施丰富。基地内有营房、淋浴房、多功能教室等教学用房,有组合训练架、攀岩墙、美国PA标准高空绳网阵等挑战训练设备,有功勋广场、露营区、篝火广场、CS 战壕等训练场地，能够承载多样化的国防教育活动。

### （四）农耕文化园

农耕文化园也是亲子体验园的组成部分，主要项目包括：

（1）生态园。浔龙河生态园是以樱花谷为主导打造出的 1000 亩四季花海。樱花花期较短，其他时间可以观赏紫薇花、梅花，实现一年四季有花赏，此外，还依山傍水嵌入了不少"地球仓""时间木屋""智慧仓""梦想屋"等与环境相融的安居休闲之地。

（2）麦咭农场。浔龙河麦咭生态农场是湖南农业大学产学研长沙唯一基地、教研示范基地，湖南省蔬菜研究所成果转化基地、原生态品种培育基地，为浔龙河重点打造的自然农耕乐园。农场现拥有大小型耕地机、旋耕机、田间作业车、移动喷水机、打药机等 20 多台，已建成节水喷滴灌设施 200 亩，标准蔬菜大棚 32 座，欢乐草坪 20 多亩，野炊灶台 40 个，大型素质拓展基地逾 15 亩，另开设有麦咭菜园子、麦咭荷塘、麦咭磨坊等众多体验项目，同时配有能容纳 500 多人的多功能室，以及宿舍、餐厅等设施。未来，麦咭农场将继续完善其功能布局，给予青少年及亲子家庭更多农耕文化的趣味体验。

（3）农耕体验园。

小小农夫：依据小组数量有序安排"流程式劳作体验"，进行选种、撒种、浇水、除草、翻地、筛选分拣；各组根据任务体验路线图，合理安排时间体验各环节，确保体验完整度。

植物辨辨辨：划定多个区域，安排各组营员前往寻找三种植物，每人至少选定三种；观察植物的大小、叶/花/果的颜色、形状、味道，记录其名称与相关特征，填写辨认表。

种子万花筒：收集种子、果实、砂石、泥土等材料，制作"种子万花筒"，制作完成后组织评选。

农场小帮手：以小组为单位选择期望参与的农场日常劳作项目，与各项目的农场员工对接，帮助其完成力所能及的工作。

一米菜园：各组认领菜地，仔细观察探知其生长需求，申请必要的原材料及劳动工具进行劳作。

植物百科竞赛：发布竞赛题库，随机挑选上场人进行现场答辩。

四季写真绘画：①导师引导营员进行开放探究，对四季景观形态加深认知：春夏秋冬四季的景观特点；各个季节的标志性景观、植物、农作物。请各个成员将自己的思考成果在白纸上用文字、图画记录下来。②依据春夏秋冬四季的不同，重新组织四个不同的队伍，并分配各自的活动区域；为每一个队伍提供若干幅可供模仿的四季风景图画；营员可根据自己对四季的认知，自由创作，也可参照给定的图画进行模仿创作。要求每人至少提交一绘画作品，并署名。

果实对对碰：①给每组营员分发15张左右的各类果实卡片，要求四季果实都有，且每组拿到的图片与其他组有3~5张不同；②召集所有小组，进行四季果实公开配对；导师揭晓配对结果，对配错的"果实"进行讲解；以现场举手的方式，评选各季节"水果之王"。

蔬果画工坊：观看视频，了解用蔬果作画的效果如何达成；跟着老师初步了解不同蔬果食材的绘画功用；跟学制作蔬果画作品。

四季变身秀：①根据对四季的认知（典型色彩、代表性果实/景观、穿衣特征）等，请各组任选二个季节进行表演构思；所有组员的着装必须根据季节的选择，有所变化；根据需要，申请部分简易道具，如四季水果、树叶、农作物等；各组排练二个造型，准备走秀。②各组队员抽签确定上场顺序；依次上台演练各自造型。③各组成员按抽签顺序依次登台走秀；评委点评；所有小组颁奖。

## 三、发展新理念指引

说到浔龙河的未来，柳中辉书记严肃认真地说，我们村所确定的指导思想是："坚定不移地贯彻落实习近平总书记的新发展理念，以生态为本、文化为魂、产业为要，突出'新要素'支撑和'三软'驱动，以新理念、新动力、新方式，实现浔龙河的高质量发展"。这不仅是柳中辉书记的看法，也是浔龙河村支两委的共识。实践表明：第一个十年，浔龙河村的振兴实践就是牢固树立与落实"创新、协调、绿色、开放、共享"五大发展新理念的结果；第二个十年，建设美丽、富饶、幸福小镇的浔龙河村升级版，更需要把新发展理念落实、落细到浔龙河发展的全部工作之中和每项工作的全过程之中，这既是浔龙河人必须守住的底线，也是浔龙河村发展的动力源泉，更是建成浔龙河升级版的法宝。下面是柳中辉书记在2019

年湖南省乡村振兴经验交流大会上的一篇发言摘录,说明了浔龙河村对新发展理念的认识有了高站位与高水平:

前言部分(略)

其一,新发展理念是浔龙河实现高质量发展的"钥匙"。理念是行动的先导。习近平总书记在2019年年尾中央经济工作会议上指出,必须坚定不移贯彻新发展理念,解决好怎么发展、发展为谁的问题,强调了新发展理念是一个有机整体,提出的要求是全方位、多层面的,绝不是只有经济指标这一项,决不能回到以GDP增长率论英雄的老路上去,决不能回到以破坏环境为代价搞所谓发展的做法上去,更不能再回到粗放式发展的模式上去。因此,总书记反复强调,要把贯彻落实新发展理念作为经济工作的根本要求,作为增强"四个意识"、坚定"四个自信"、做到"两个维护"的重要标尺,这为浔龙河村的发展指明了方向。

事实上,党的十九大之后我国经济从高速增长阶段迈向高质量发展阶段,"以人民为中心的发展思想"得以确立,"五大发展理念"得以贯彻,供给侧结构性改革得以深化,以动力变革、动能转换促进质量变革和效率变革已成为共识。但是,在百年未有之大变局的今天,要实现高质量发展,还必须掌握住新发展理念这把新钥匙开启高质量发展的大门:一是开启新要素支撑之门。按照"发展是第一要务,创新是第一动力,人力资本是第一资源"的要求,以科技创新、人力资本和大数据"新三要素"替代土地、资本、劳动力"老三要素",促进经济"S线"增长。二是开启新增长方式之门。破除"重数量轻质量"的思维定势,将经济发展从规模数量型转向质量效益型,以质量"升级"来对冲速度"放缓"。三是开启新生产方式之门。"标准助推创新发展,质量引领时代进步"。要大力开展"增品种、提品质、创品牌"战略行动,加强计量、标准、认证认可、检验检测四大质量技术基础,形成标准、技术、品牌、质量新优势、新动能。四是就浔龙河来说,要特别注意贯彻落实绿色发展理念,大力开启新生活方式之门。幸福感的核心是质量的获得感,坚持人民立场就必然要满足老百姓的质量诉求,大力提高产品质量、工程质量、服务质量、环境质量,让村民真正吃上安全的食品,喝上放心的水,呼吸干净的空气,让质量获得感"在家门口升级"。

其二,新发展理念是做好浔龙河村所有工作的"灵魂"。浔龙河村近10年来的实践也表明,贯彻新发展理念是做好一切工作的"灵魂"。浔龙河村从2009年以来,就始终坚持推进农村供给侧结构性改革,着力推动集体经济、企业经济的高质量发展;坚持创新+模式,着力增强农村发展动力活力;坚持聚焦地权重点、绵绵用力,着力盘活农村资源;坚持以"五朵金花"为抓手兴产业强产业,着力营造以产业比实力、以项目论英雄的鲜明导向;坚持推改革、施法治、强服务,着力优化营商环境。回顾过去几年特别是今年来的经济工作,最深切的体会就是不管形势如何变化,始终做到了"两个维护",保持战略定力,扎实埋头苦干,踏着坚定步伐,办好浔龙河的事情。对照"创新、协调、开放、绿色、共享"五大发展新理念,浔龙河之所以能在过去10年取得很好的成绩,可以说都是坚定不移贯彻落实新发展理念的结果,新发展理念就是指引浔龙河村10年发展的工作之"灵魂"。

相比以往,2020年我国经济下行压力更大,市场环境更加复杂。浔龙河村要做好决战决胜全面建成小康、打好三大攻坚战、推进产业建设、全面深化改革开放等各项工作,就必须坚定不移贯彻新发展理念,把新发展理念作为全部工作的"灵魂"与根本,作为增强"四个意识"、坚定"四个自信"、做到"两个维护"的重要标尺,准确把握新发展理念的整体性、全局性,克服单打一思想,把注意力集中到解决各种不平衡不充分的问题上来,落实到抓好打造浔龙河升级版上来。新发展理念作为做好未来工作的"灵魂",必然贯穿于所有工作全过程,必然落实到决策、执行、检查各项工作中。越是爬坡过坎的时候越需要新发展理念的指导,越是转型发展的关口越离不开新发展理念的指导。因此,做好浔龙河村的未来工作,必须把思想认识统一到党中央的决策部署和各级党委的具体安排上来,坚定不移贯彻新发展理念,做好以下工作:一是继续坚持创新发展理念,从文创、科创和产业创新的角度把原有地权制度创新引向深入,继续探索浔龙河范本的升级版,以科技创新为引领、以产业项目建设为重点,促进更多资源要素向"一镇四园"集聚,加快建设现代产业体系,推动浔龙河高质量发展;二是坚持"文化为魂",以协调发展理念,抓好国歌文化园、田汉艺术园、浔龙河亲子园、农耕文化园"一镇四园"战略落实,弘扬国歌精神,振兴乡村文化,给社会提供积极向上的价值观与正能量;三是坚持"生态为基",以绿色发展理念进一步抓实生态产业、生态农业,提供优质、健康、环保的粮食、蔬菜、水果等产品;四是紧扣开放发展理念,立足"一带一部"战略定位,深化改革,推进浔龙河项目、人才、资金、技术全要素开放,全域对接国内国外,把浔龙河范本积极推广到全国甚至世界；五是紧扣共享发展理念，进一步发展壮大新型集体经济，让全村村民走上共同富裕之路，在全面建成小康村的基础上基本实现现代化。特别是在工作中要强调抓好"六个更加注重"：更加注重与科技创新相结合，更加注重信息化、智能化发展，更加注重提升产业链水平、促进产业集群发展，更加注重园区集约化、专业化、特色化发展，更加注重产业融合发展、全面发展，更加注重营造透明公正便捷高效的营商环境。

从柳中辉书记的汇报材料中，我们隐约看到了浔龙河村的发展高度、深度与厚度，更加感受到了未来浔龙河的魅力！

## 四、"新三要素"支撑

基于马克思"产品价值＝物化劳动消耗＋活劳动消耗"的劳动价值论，2009年到2019年，浔龙河十年的经济增长可以说还是基于物化劳动消耗主导的经济增长，而且是依靠房屋、汽车、计算机（含手机）"大三件"消费（即第三次消费）升级拉动，依靠资本、土地、劳动力"老三要素"支撑，依靠基础设施、房屋、土建等有形产品及其价值转移（即"硬价值"驱动）的模式在促进经济增长。2020年到2030年第二个十年的浔龙河发展，将从数量型增长转到高质量发展的轨道，从以物化劳动消耗为主支撑增长转向活劳动创造价值为主支撑发展的轨道，从第三次消费升级依靠"大三件"拉动转向"文化、健康、智慧""新三件"拉动发展的轨道，从"老三要素"支撑增长转向人力资本、科学技术和大数据"新三要素"支撑发展的轨道，从"有形产品"和"硬价值"驱动转向"无形产品"和"软价值"驱动发展的轨道。总之，浔龙河村的第二个十年的发展是基于活劳动消耗与创造主导的经济发展，具有新理念指引、"新三需"拉动、"新三要素"支撑和"软价值"驱动，实现高质量发展的发展特征。这就是浔龙河村及其生态艺术小镇的升级版或者称为"2.0版"浔龙河。2.0版本浔龙河主要有如下特征：

第十二章 "一镇四园"的田汉小镇

美丽的樱花谷

一是着力"文化、健康、智能""三需"拉动。目前,我国正从"物本消费时代"迈入"人本消费新时代",形成以"文化、健康、智能""新三件"为代表的第四次消费升级。适应这一重大市场需求环境的变化,浔龙河在"一镇四园"项目建设及其产业打造中,都突出了文化的内涵,特别是围绕田汉做文章,构筑"田汉戏剧""国歌精神"和"亲子文化"三大品牌,且确立了"以生态为本、文化为魂、产业为要"的产业经营战略。同时,在良好生态环境的基础上,发展健康养老产业;通过采用现代信息技术与光电技术、新媒体手段,打造数字化的"一镇四园",使浔龙河的一草一木、一人一想法转变成大数据,实体园区与虚拟园区、线上与线下有机结合,不断提升供给体系质量和水平,使浔龙河所提供任一产品与服务同时具备"文化、健康、智能"三个元素,具有"新三需"特征。

二是着力人力资本、科学技术、大数据"新三要素"支撑。进一步端正发展观念,坚决贯彻落实"发展新理念",促进动力变革和动能转换,实现质量变革和效率变革。动力变革是指经济增长从物化劳动消耗为主转向依靠活劳动创造为主,亦即从资源依赖转向创新驱动。因此,按照习近平总书记所提出的"发展是第一要务,创新是第一动力,人力资本是第一资源"的要求,牢牢把握新动力,以科技创新、人力资本和大数据"新

169

三要素"替代土地、资本、劳动力"老三要素",促进经济"S线"增长就成为浔龙河的必然选择。动能转换是指从主要依靠"出口、投资、消费""三驾马车"扩大总需求和有效需求来拉动经济增长,转向主要依靠新供给驱动,亦即激活高级生产要素或高级比较优势,创造新的供给和新的市场,以迭代和覆盖老市场,驱动经济在更高级次、更好质量、更大附加价值上的增长。显然,这是打造浔龙河升级版的不二选择。

三是着力软价值、软资源、软制造"三软"驱动。由于硬价值依赖于重复劳动和具体劳动的流水线或自动化的硬制造,使物质资源等硬资源的消耗转移到具体有形硬产品中的价值即物化劳动消耗的价值。而软价值更多的是活劳动抑或复杂劳动创造的价值,它不以消耗地球资源为主要财富源泉,其产品更多的是无形资产或者是无形的"专有专用性资产"。因此,软硬价值的运动规律不一样,硬价值都遵从报酬递增递减的"抛物线"规律,而软价值则是一种指数效应,遵从"S曲线"成长规律。显然,第一个十年浔龙河的高速度增长可以说是硬价值主导的经济增长,而第二个十年浔龙河的高质量发展,必然是活劳动创造为本的亦即软价值主导的发展。所以,全面打造浔龙河升级版,就应该实施以"软产品"、"软价值"和"软制造"为核心的产品价值提升工程,在原产业"五朵金花"并蒂开放的基础上,着力构筑软价值驱动的,"以生态及其关联为本,以文化及其关联产业为魂,以教育、旅游、体验及其关联产业为要"的产业新体系,促进一二三产业融合、城乡融合、镇园融合、产教融合。让浔龙河的发展形散而神聚。

归来吧,文化之魂!

# 第十三章

# 浔龙河启示录

## 一、浔龙河村的集体经济"新"在哪儿?

2019年3月8日,习近平总书记在河南代表团就乡村振兴发表的重要讲话中指出,要用好深化改革这个法宝,要发展壮大新型集体经济,要赋予双层经营体制新的内涵。实践中,浔龙河村从2010年初就开始探索农村新型集体经济"新"在哪儿,就实践统分结合"双层经营体制"的"新内涵",通过探索实践,不仅把村民纳入到了新型集体经济组织之中,而且的确给村民增加了珍贵的"奶酪",深受广大村民的欢迎。

浔龙河探索的新型集体经济"新"在以下五个方面。

### 1. 新在集体经济的功能定位

新型集体经济的功能:一是其政治功能。即农村新型集体经济是社会主义性质的经济,规定着农村经济的社会主义性质与方向,因此,只能加强,不能削弱。二是经济功能。即事关共同富裕与共享发展成果的社会主义根本原则的实现。习近平总书记指出:加强集体经济实力是坚持社会主义方向,实现共同富裕的重要保证。"包干到户"虽然可以充分调动农民的生产积极性,虽然可以解决农民的温饱问题,但难以实现全面小康,尤其是与"共同富裕"的要求渐行渐远,只有发展壮大集体经济才能走上共同富裕之路。三是社会功能。集体经济是解决贫困问题的必由之路,可以在广泛领域内帮助政府实施多项农村社会发展计划。特别是在广大欠发达地区农村,个体农户独立进入市场的能力较弱,集体经济与个体经济相结合是实现农村市场化的新型模式。浔龙河的探索既构筑了"集体搭台、个人唱戏"的集体经济增长机制,又建立了"村企合一、集体所有、承包经营"的集体经济经营机制,还实现了"奖惩有据、统分结合、服务社会"的集体经济积累和分享机制,这三个方面的机制是新型集体经济运行的典型机制,这些机制是带动个体经济推进欠发达地区农村市场化、补齐农村发展短板、建成全面小康社会并走向富裕的有效组织形式。四是文化功能。经济基础决定上层建筑,集体经济实力是农村精神文明建设的坚强后盾、活跃农村文化生活的物质基础。五是生态功能。新型集体经济不仅是缓解人口资源环境矛盾"城市病"的举措,更是落实"两山"理论,建设美丽家园,实现绿色发展的重大战略举措。

### 2. 新在党支部的全面和核心领导

发展乡村集体经济必须坚持党的领导,发挥村党支部的核心领导与战斗堡垒作用。浔龙河的做法是,选用政治坚定,具有一定理论素养,乐于奉献、敢于担当、敢于创新的人担任村支两委干部;探索党员企业家、创业有成人士到村担任村书记,鼓励机关和企事业单位优秀年轻干部到村做村干部。没有好班长,就没有一个好班子;而群众心中期待的好班子,不仅是要求干部"碗端平""不滴漏",更希望集体经济、共同致富的"碗"里面能够"水常有"。于是,唤醒沉睡的集体资产,壮大集体经济,引领群众共同富裕,就成了浔龙河以柳中辉为班长的村党支部、村委会实践和追求的目标。

为充分发挥党的领导核心作用,浔龙河村以党建带村建、企建,推进村企"组织共建、党员共管、阵地共用、活动共抓、发展共促、机制共享"的"六共"模式,组成了精干、有战斗力的团队。为加强党员队伍管理,两套支部按照"精细管理、规范提高、分类指导、全面推进"的工作思路,全面实施"党建+经济、党建+社会治理、党建+文化、党建+民生、党建+生态"等"党建+"行动计划,建立、完善了以党支部的领导为核心,以村民委员会自治组织、监督组织为基础,以群团组织、经济组织、社会组织为补充基层社区治理组织体系,制定《村民公约》,建立村民信用评价体系,全面推进"依法治村、诚信立村、产业兴村、文化强村"。建立四级民主决策机制,即党支部提议、村支两委扩大会议商议、村民议事会审议(或决议)、村民代表大会决议,并做到了议事过程公开、实施结果公开。实行村级财务预决算制度,规范农村会计委托代理,确保村级集体经济组织的所有收入和支出纳入账内统一核算。建立健全农村集体资产登记、保管、使用、处置等制度,建立资产资源台账,实行动态管理。推动集体资产财务管理制度化、规范化、信息化,促进村务公开,加强村干部任期和离任经济责任审计。

### 3. 新在"双重所有制"的"叠加"与"重构"

浔龙河村新型集体经济,新就新在不是传统的"一大二公"的集体经济,而是集体成员边界清晰、集体产权关系明确的股份合作经济,是个人积极性与集体优越性得到有效结合的新型集体经济,是更具活力和凝聚力的农村集体经济;这种集体经济新就新在"双重所有制"的"叠加"与"重构"上。"双重所有制"是指土地的村组集体所有和资产或资本的混合所有,是由这两个所有"叠加"在一起,如下面两个图所示,即农村集体经济组织的"双重所有制"叠加示意图、农村"双重所有制"叠加与统分结合的"双层经营"体制示意图。农村集体资产包括三类资产:第一类是农民集体所有的土地、森林、山岭、草地、荒坡、水塘、河流河汊河岸等

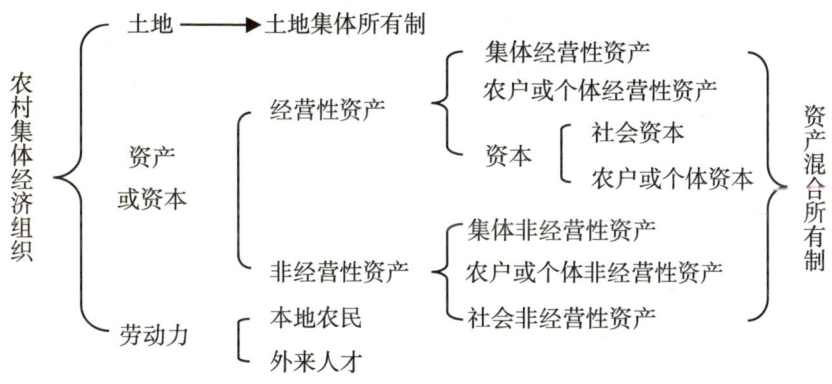

农村集体经济组织的"双重所有制"叠加示意图

资源性资产;第二类是用于经营的房屋、建筑物、机器设备、工具器具、农业基础设施、集体投资兴办的企业、供销合作社及其他经济组织所持有的资产份额、无形资产等经营性资产;第三类是用于公共服务的教育、科技、文化、卫生、体育等方面的非经营性资产。显然,上述第一类资源性资产是集体所有,尽管经过"包产到户"和"包干到户"改革,资源型资产的承包权、使用权发生了改变,但所有权依然属于集体经济组织,土地等资源的集体所有性质依然没有改变。从经营性资产或资本来分析,传统

的"一大二公"是指本地农民使用纯集体经营性资产在集体土地上共同劳动形成的劳动联合、集体核算与分配的经济。我国农村集体经济起源于20世纪50年代农业合作化运动,其实质是对土地私有制的社会主义改造。其后,虽经历从人民公社制到家庭联产承包责任制两个阶段,但土地集体所有始终是根本性制度安排。统分结合的双层经营体制,是改革开放40年来最为重要的制度创新之一。但由于一些地方对集体经济"统"的功能"矫枉过正",导致不少村庄从"大一统"走向"分光吃光",变成集体经济"空壳村",集体经营性资产名存实亡;相反,农户或个体性经营资产比重不断提升,特别是随着民营资本、国有资本和社会资本的"上山下乡",开启了"混合所有制"主导的新型集体经济新时代。准确地说,新型集体经济是建立在土地集体所有制基础之上的以资产混合所有制为推动力的新型股份合作经济,即:

新型集体经济 = 新型股份合作经济

= 土地集体所有制经济 + 资本混合所有制经济

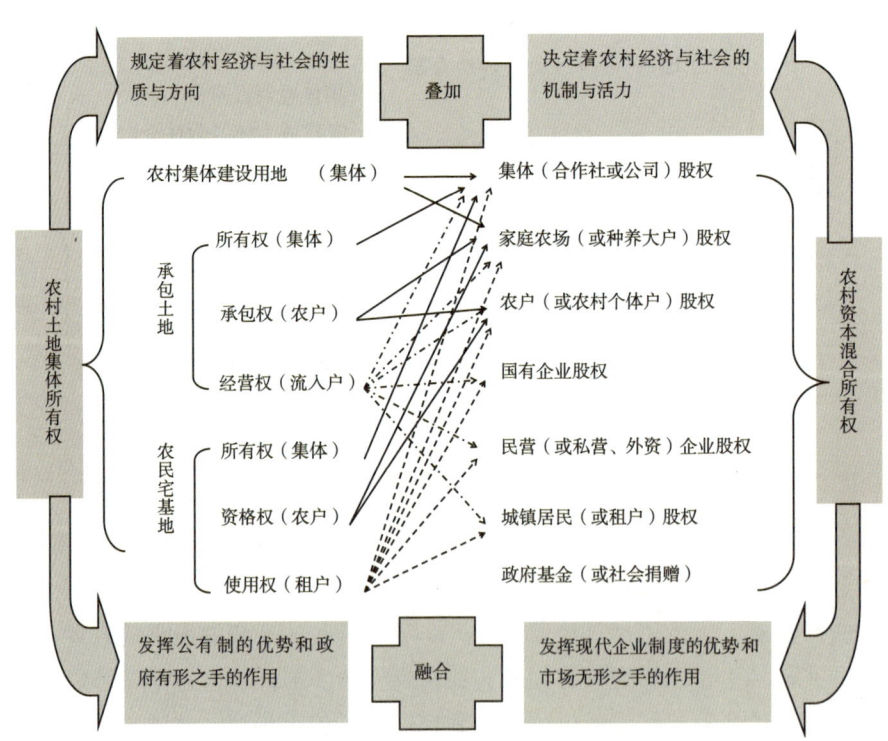

农村"双重所有制"叠加与统分结合的"双层经营"体制示意图

我国农村40年来的全部改革可以说都是围绕"土地集体所有制"和"资产混合所有制"两条主线开展的改革,前者确立和保证了广大农村的社会主义方向与性质,后者激励和诱发着农村不断走向市场经济的轨道,并不断焕发出农村集体经济的新活力。浔龙河村的改革探索最成功的地方就在于:在坚持土地集体所有制不变的前提下,推进承包地和宅基地两个"三权分置"改革,实现了资源变资产、资金变股金、地权变股权、农民变股民、纯集体所有变混合所有的五大转变。

### 4. 新在"三权分置"改革与"双层经营"体制

土地制度是农村经济的根基,土地制度的选择关系农民生计、农业发展和社会稳定。如下图所示,在新中国70年的农村发展史上,从计划经济时代的农村土地集体所有制,到改革开放之后农地集体所有权和家庭承

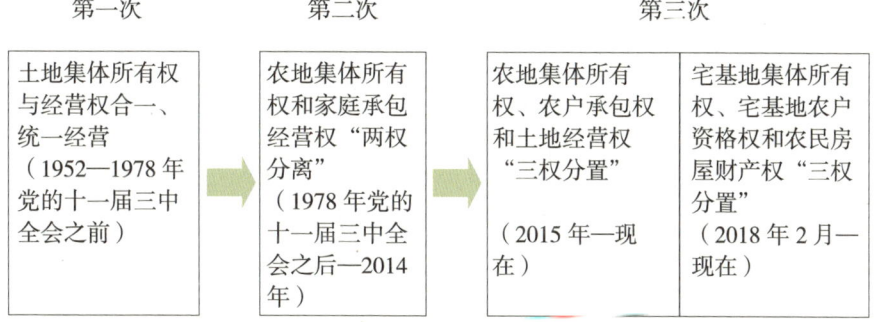

我国农地制度三次变迁与"统""分"结合"双层经营"体制

包经营权的"两权分离",再到目前农地集体所有权、农户承包权、土地经营权的"三权分置",中国农地制度经历了三次重大制度变迁。其核心主线是在人多地少的小规模农业的国情制约下,探索集体经营的"统"与农户经营的"分"恰当结合的制度形式,在不断完善"统""分"结合的"双层经营"体制的过程中,赋予集体经济新的内涵和更多的实现形式,以不断提高农业经营效率,促进农业农村现代化。

"三权分置"改革有利于促进土地适度流转,实现农地规模经营,为农村发展注入现代要素,这是顺应国情条件变化的重大制度创新。通过实施推进"三权分置"的农村改革,逐步建立归属清晰、权能完整、流转顺畅、保护严格的农村土地产权制度,为发展现代农业、增加农民收入、实现乡村振兴提供了坚实保障。具体来说,有三个方面:

(1)"三权分置"改革赋予了农民更多的财产权利。土地是中国农民

的重要资产,由于所有制障碍难以进入市场变现。将土地经营权从农户承包经营权中分离出来,丰富和拓展了农户的土地承包权权能,有利于农民土地权益的保护和实现。同时,强调严格保护农户承包权,有助于进一步加强家庭经营的基础性地位。

(2)"三权分置"改革放活了土地经营权。农户的土地承包权或承包经营权,根据法律规定只能在本集体经济组织内进行。将土地经营权从农户承包经营权中分离出来,为土地经营权实现更大范围的流转提供了制度条件,有利于按照市场的规律配置土地资源,这是当前我国农村土地政策的基本取向。

(3)"三权分置"改革重申了坚持农村集体所有权的根本地位,对农村集体所有权的权能作出明确规定。过去,"分田单干"伴随的集体所有权虚置现象,制约了土地集体所有制优势的发挥。如何在新的历史条件下落实集体所有权,加强集体在土地统筹经营管理上的作用,这是改革需要着力解决的问题。在"统"的层面,集体经济被赋予了新的内涵。在浔龙河,村集体资产管理公司、供销合作社、创客中心、混合所有制浔龙河公司等新型集体经营主体不断发展壮大;在"分"的层面,传统承包农户逐步向专业农户、家庭农场、新型职业农民等多元经营主体共存转变。长远来看,中国农地的规模经营的发展,不可能单纯依靠单个农户占有耕地面积的上升;立足小规模农业的基本国情,大力发展农业专业化服务,可能是中国特色农业现代化道路的重要特征之一。

2018年1月2日,新世纪以来第15个中央一号文件"中共中央国务院关于实施乡村振兴战略的意见"公布,正式开启宅基地所有权、资格权、使用权"三权分置"改革,落实宅基地集体所有权,保障宅基地农户资格权和农民房屋财产权,适度放活宅基地和农民房屋使用权。浔龙河村的土地全部确权流转、集中搬迁居住、土地混用改革、土地增减挂钩、与国有土地同市同价等一系列改革探索,真正实现了承包农地"三权分置"改革和农民宅基地与住房"三权分置"改革的"叠加",进一步把"统""分"结合的"双层经营"体制引向深入,从承包地导向宅基地,从农业生产深入居住生活,为地权变股权、农民变居民、农业变职业、农村变社区奠定了坚实的制度基础,破解了改革40年来我国农民的财富"黑洞"。也正是通过两个"三权分置"改革的深度叠加推进,浔龙河村把宜统则统、宜分则分,"统""分"结合的"双层经营"体制彻底落到了实处,才有了浔龙河村的今天,才成就了城郊型新型集体经济发展壮大的范本。

### 5. 新在实现路径的市场化

要把农民组织起来,要让村民走上共同富裕的道路,在浔龙河村支两委特别是柳中辉看来,必须走市场化的道路,而且是一个渐进式、三步走的市场化过程:

第一步,资源资产化。将包含"一草一木"在内的村民承包土地、山林、水面、河岸、庙宇等全部资源确权建档颁证,然后,按照"三权分置"改革的办法,以半市场化的方式将确权后的资源分门别类折粮定价,将全部资源流转到组或村集体——如村级土地专业合作社,将碎片化的资源变成集中连片的整体资源,完成农户资源变集体资产的关键一步。所谓"半市场化",是指受户籍、历史、地域等原因的限制,只能限于本村村民及其14700亩的土地资源及其空间上,只能按照当地流转的基准价格而非严格的市场价格进行资源流转,且限定了转入主体只能流转到村组集体。所以,并非完全的市场化,而被称为"半市场化"。

第二步,资产资本化。流转到集体的资产如果缺乏村外资本、企业平台和运营人才的进入,资产变资本这一步就实现不了。工商资本下乡和乡贤返乡,是这个阶段最紧迫的事,浔龙河村的实践刚好证明了这一点。湖南浔龙河生态农业科技发展有限公司、湖南棕榈浔龙河生态城镇发展有限公司等公司及其领头人柳中辉的介入,就开启了集体资产资本化的进程。具体做法是将集体全部资产量化为股权,组建一个村级混合所有的平台公司,村集体以村流转集聚的土地和村集体建设用地入股,民间社会资本以资金入股持股;然后平台公司再将浔龙河村里所有建设与产业开发项目开展"招商引资引智",这样就实现了两次资本化,一次是村集体资产变成混合所有制平台公司的股权,再一次是平台公司以控股、参股和战略合作的方式进入到招商引资的项目公司中成为股东和合作者。所以,随着项目公司的不断进入与良性运营,村集体的股金收益和村民的多元收益也就不断增加,全村就随之走上共同富裕的道路。

第三步,资本证券化。随着浔龙河生态艺术小镇所有项目的建设运营,随着以国歌文化与田汉艺术为代表的文教、文旅产业等浔龙河五大产业的不断发展,村集体和混合所有的平台公司就不断成长壮大,逐步具备进入资本市场的条件。届时,适时筹备进入资本市场,让沉睡了几千年的资源变成公开交易的资本,浔龙河村就走上了现代化道路,实现了共同富裕的目标。

## 二、浔龙河村的创新探索

### （一）多元投入机制的创新实践

在此选用发表在《农村发展要报》2019年第4期，2019年11月25日的一篇由湖南师范大学中国乡村振兴研究院院长、中央农办乡村振兴专家委员、省委农村工作领导小组"三农"工作专家组组长陈文胜等人执笔，署名为湖南省委农村工作部的文章，来说明浔龙河是如何破解多元投入机制，促进乡村振兴的经验与做法。文章的题目是：《一个贫困村的全面小康与乡村振兴之路——长沙县浔龙河村的乡村振兴多元投入机制创新实践》，内容如下：

长沙县果园镇浔龙河村作为省级贫困村，积极探索混合所有、共享发展的新型集体经济实现形式，形成资金与土地、人才等要素有机结合，"企业、政府、村民"多元主体投资推动的实践模式，成功闯出了一条脱贫攻坚与全面小康建设的可持续发展之路，成为了全国乡村振兴的明星村。

#### 1. 投入干什么：浔龙河村发展目标的自身定位

实施乡村振兴战略，必须解决投入要干什么的问题。浔龙河村位于长沙县果园镇西北部，在开发前产业结构非常单一，主要是传统的"粮猪型"乡村式经济模式，村民人均年收入远远低于当时长沙市平均水平，是省级贫困村。作为长沙的市郊乡村，浔龙河村按照"城乡融合发展"的新发展理念，明确以"城镇化的乡村、乡村式的城镇"为发展目标。

（1）走新型城镇化的特色小镇之路。特色小镇是国家新型城镇化规划的一个重要任务，是联结城乡的重要功能，也是新型城镇化的一个重要实现形式。浔龙河村只能依托田汉故乡的人文资源和近郊生态宜居优势，通过城乡水、电、路、信息等基础设施的互联互通，打造依靠省会城市辐射和带动的特色小镇。

（2）走乡村振兴的城郊融合之路。"城郊融合"是国家乡村振兴战略规划所明确要求找准各类乡村发展定位而分类推进的四大类型之一，也是促进城乡要素融合的重要途径。浔龙河村处于长沙市城郊，属于分类推进的城郊融合型乡村，只能定位于承接城市人口疏解和功能外溢，需要通过制度变革、结构优化、要素升级，促进城市资金、技术、人才、管理等要素向乡村流动，推进城乡要素互动与空间共融。

（3）走农业农村现代化的产镇融合之路。农业农村现代化要求城乡产业协同发展，推动城乡要素跨界配置和产业有机融合。浔龙河村只能通过把城市的现代性和便利性与乡村的自然景观和文化魅力有机融合，打造具有核心竞争力和可持续发展特征的"产、城、人、文"多元融合产业生态，探索农业农村现代化的特色小镇发展之路。

### 2. 钱从哪里来：浔龙河村多元投入的创新实践

实施乡村振兴战略，必须解决钱从哪里来的问题。新农村建设以来，国内乡村发展的投入主要分为三种模式：政府办点、村级集体经济自主、社会资本主导。尽管实践中存在的问题不尽相同，但有着相同的根本原因：产权边界不明晰导致收益没有明确归属，无法形成利益共同体。浔龙河村通过明确产权边界推进乡村资源资产化，建立"政府投入为主导、村级集体经济投入为主体、社会资本投入为主力"的"三驾马车"新机制，实现市场在资源配置中起决定性作用和更好发挥政府作用的有机结合，构建了利益共享机制。

（1）围绕坚持农民主体地位，推进乡村资源的资产化。"坚持农民主体地位"不仅是乡村振兴的根本要求，而且是乡村振兴一切工作的出发点和落脚点。但怎么发挥农民的主体地位，不少地方未能找到一个有效的方法或途径。浔龙河村通过推进土地确权颁证以明晰产权，使农民首先作为土地的主人再成为平等的市场主体，可以说是继家庭联产承包责任制改革、土地三权分置改革之后的农村第三大改革探索，使农民不仅是居民还是创业者，不仅是资产的拥有者还是决策的参与者，真正体现了农民的主体地位。

（2）突出政府投入与产业发展的协同联动，发挥财政资金的杠杆作用。乡村产业振兴，必须推动资源配置由市场机制不全与政府职能错位并存，向有效市场与有为政府协同联动转变。浔龙河村依靠财政资金的杠杆作用，着力解决了政府投入与乡村产业发展脱节的问题。一是政府投入不越位。政府主要负责水、电、路、气、网等基础设施建设、基本公共服务以及基本社会保障，为各类主体投资创业提供公共支撑。二是产业服务不缺位。按照"产镇融合"的发展规划，政府财政投入跟进与产业发展的进度配套，避免了因政绩驱动而搞形象工程导致低效与浪费的问题。到目前为止，全村整合政府各类财政资金累计投入约5亿元，撬动了产业发展资金25亿元，为产业振兴奠定了坚实的基础。

（3）畅通工商资本下乡渠道，建立多元投入的融资平台。城镇工商资本及其带动的现代资源要素进入乡村，是工业反哺农业、城市支持农村从而促进农业农村现代化的有效途径，也是城乡融合发展的必然要求。浔龙河村为了破解资金短缺与投融资渠道单一的问题，建立了多元化、低成本、全覆盖的投融资平台。

（4）建立多元利益共享机制，重构乡村治理体系。资金投入多元化，必然要求实现利益分配的多元共享。浔龙河村通过重构乡村治理体系，建立了"村企共建"的党建共同体，形成了政府、企业、村民"谁投资谁受益"的利益分配与共享机制，实现了"农民受益、企业发展、政府满意"的多赢。

### 3. 发展如何共享：浔龙河多元投入的主要成效

实施乡村振兴战略，必须解决发展如何共享的问题。浔龙河村探索形成了边界清晰、权责明确、利益平衡、各方合作的多元投入机制，使政府、企业、农民各个主体定位清晰、分工明确，推动资金投入与土地、人才、技术、管理等多方面要素的优化配置，取得了农民有获得、企业有回报、政府有期待、社会有发展的多赢局面。

（1）农民有获得：收入渠道扩大，发展机会增多。中央不断强调要尊重农民的主体地位，本质上就是要让广大农民有更多获得感和幸福感，因而浔龙河村发展最大的受益者必然是农民。一是资产性收益增多。农民的土地、房产等资源与财产大幅升值，每年可获得固定的土地经营权流转收入；农民住上了户均210平方米"管天管地"的三层新房，新房的第一层为商铺，为村民创造了发展条件；村集体300亩集体经营性建设用地的经营收入，村民每年都可获得分红。二是就业收入增多。浔龙河村的农业、旅游、物业等各产业板块可以容纳2000人就业，为村民在家门口就业创造了便利条件。特别是浔龙河村集体资产投资的企业，优先安排了近300名村民就业，月平均工资约3000元，村民每年增收近4万元。三是创业机会增多。浔龙河村发展也带来了大量的创业机遇，一些村民利用自有商铺门面进行投资创业当上了老板，风险小收益大；部分村民利用自有资金和一技之长在本村自主创办企业，收入更是快速增加。农民的人均收入实现了从2009年的0.25万元、2016年的2.4万元，到2018年的3.98万元的三级跳。

（2）企业有回报：资本环境良好，产业效益可期。一大批文化企业、康养企业、旅游企业开局良好，发展顺利，前期效益明显。随着业态不断成熟，均可得到很好的投资回报，企业的长期收益有充分保障。如旅游产业建成了浔龙河现代农庄、樱花谷、好呷街等，推出特色民宿酒店、木屋酒店、地球仓酒店、麦咭运动不一样、甜甜湾儿童自然探索馆等项目，每年接待游客近50万人次，旅游收入6000多万元。农业企业已种植优质水稻、蔬菜580亩，种植花卉苗木600亩，建设了农产品加工厂、生态农场，通过打造"浔龙河智造工厂"农产品品牌，整合优质农产品，打通线上线下销售渠道，年销售收入可达6000多万元。还有一大批正在开发建设的项目，如湖南特色美食、老艺术、老手艺商业街区，以及已经启动的田汉艺术小镇项目建设，将形成集戏剧影视制作、培训教育、旅游观光、文化体验于一体的大型综合性文旅产业。

（3）政府有期待：民生福祉新拓展，经济发展新增长。政府通过加大财政投入，补齐乡村民生短板、做强乡村发展弱项、激活乡村内在动力。从社会效益来看，最突出的是就业、就医、就学等民生难题全面破解，水、电、路、气、网和科、教、文、卫、体等基础设施建设、基本公共服务以及基本社会保障的城乡一体化水平快速上升，让农民过上了与城市市民基本同等的生活并享受基本同等的社会待遇。从经济效益来看，浔龙河村迄今为止已累计完成投资25亿元，产业发展繁荣兴旺，入驻个体商户118家、大中型企业项目12个，成为了区域经济发展的一个新的增长点，直接带动税收快速增长。所在地的果园镇2016年财税收入仅300万元，2018年迅速攀升至突破2000万元，2019年可望实现3000万元。还带动了田汉文化园项目、新明村有机农业项目和一批农业合作社的共同发展，浔龙河村毫无疑问发挥着区域发展核心引领作用。

（4）社会有发展：现代转型提速，城乡融合不断加快。通过多元投资推动，浔龙河村作为"省级贫困村"提前全面建成小康社会并向基本现代化迈进，展现出"城市品质、乡村神韵"的现代特色小镇基本特征，从里到外都是"城镇化的乡村，乡村式的城镇"，今天再也找不出过往贫困村的印迹。农业从过去的单一产业、低效农业发展成为复合产业和高效、高质量农业，对集体经济发展、村民致富增收的支撑作用明显增强；农村由过去基础落后、生活不便的小山村变成了功能完善、生态宜居的新型生态社区，城市文明与乡村文明在这里交相辉映；农民兼具农民和居民双重身份，既享受土地权益带来的财产红利，又享受城市公共服务带来的便捷，由过去的地道农民变成了懂经营、懂服务的家庭农场主、企业职工和创业者。未来，浔龙河村将真正成为"原住民、新居民、探访民"共同组成的城市和乡村、产业和城镇有机融合的美好生活空间。

## （二）浔龙河生态小镇发展模式研究

此处选用由张友明、熊曦执笔的研究报告《湖南长沙浔龙河生态小镇发展模式研究——工商资本推动农村供给侧改革的"浔龙河模式"》，来说明浔龙河生态小镇的建设发展模式及其经验与做法。

### 1. 引言

"农业、农村、农民"问题是人类社会发展的基本问题，是农业文明向工业文明过渡的必然产物，是马克思主义理论的重要组成部分。我党历来高度重视"三农"问题，并在长期的革命建设改革历程中，创新了一系列解决"三农"问题的实践和理论，丰富了马克思主义中国化的理论和实践成果。

浔龙河村临近星沙先进制造业集中区，河流环绕，山水秀美，2009年还是一个交通闭塞的省级贫困村。2010年开始，以柳中辉为代表的一群创业返乡青年，以回报家乡为动力，以农村土地改革为切入点，谋划浔龙河生态小镇建设，引导工商资本下乡，推动了这个"贫困山村"向"美丽小镇"的穿越。

调研中，我们深切感受到，土地和生态是中国现代化进程中重塑农业、农村、农民发展新形象的根本依靠。在此基础上推进供给侧结构性改革，既要注重优化农产品供给，更注重创新"生态＋服务"的农村供给。而实现这一切的推动力量，是土地改革＋资本下乡。通过土地经营权改革，引来工商资本下乡，激活农村沉睡"资产"，调整产业结构、培育新兴产业、促进创业就业，增强农村发展新动能。只有这样，中国的"三农"问题才能提升到新的境界，才能转化为全面建成小康和推进现代化建设的"三农"动力，而不是阻力。

### 2. 浔龙河从"贫困山村"向"特色小镇"穿越的路径

浔龙河从贫困山村向美丽小镇的穿越，是在我省工业化、城镇化深入推进的大背景下进行的。回顾穿越历程，可以概括为"五推动五落地"：

即情怀推动规划落地、改革推动项目落地、资本推动产业落地、生态推动特色落地、党建推动治理创新落地。

（1）情怀推动规划落地

浔龙河生态小镇项目的原始动力来自创业返乡青年企业家柳中辉们回报家乡、建设家园的满腔热情。从热血冲动到项目实施，他们研究农村政策，思考发展路径，用"四个一"推动了项目的开展。即：一面旗帜——造福百姓，使资源变资产、农村变小镇、农民变市民；一个平台——生态小镇，实行项目化运作，引进多方建设主体；一张图纸——多规合一，建设"城镇化的乡村，乡村式的城镇"；一家公司——浔龙河公司，与上市公司广州棕榈园林股份公司合资组建，打通融资渠道。他们的想法得到了县乡政府的认可和群众的支持，柳中辉被推选为浔龙河村支部书记，也是公司董事长，成为浔龙河生态小镇建设的主要引领者和推动者。

为了让群众看到希望，让企业看到商机，让政府看到发展动能，提高各方主体参与建设的积极性，他们扎实开展了浔龙河小镇顶层设计，重点将民生、产业、建设、社会发展、土地等五种规划合为一体，统筹推进，将所有美好的理想落实在规划上。一方面，坚持以民生规划为核心，高举造福百姓的旗帜，突出民生优先原则，从百姓的向往出发，提出把"既享受城市便利的公共服务，又享受农村优美生态环境"作为浔龙河小镇的追求目标；从农民的利益诉求出发，提出把农村资源变资产、资产变股权、农民变市民作为浔龙河小镇的努力方向；从百姓生活需要出发，对改善生活品质、提升居住质量以及劳动就业、教育医疗、社会保障等各个方面进行全面的规划，并制定详细的可落地方案。另一方面，坚持以产业规划为引领、以建设规划为推手、以社会发展规划为长远目标、以土地规划为保障，为企业展示了有作为的商业空间。依据本地的交通区位、资源优势和自然环境承载力、市场需求等，提出了将生态小镇打造成为3万常住人口、1万流动人口的小城镇，确定了发展现代农业、乡村休闲旅游、文化、教育和乡村地产等"五大产业"，并依托浔龙河生态小镇建设平台，实行项目化运作，吸引工商资本进入。坚持底线思维，制定土地规划，为资本和产业落地提供了切实可行的路径。2012年，浔龙河完成"五规合一"的总体规划，得到了长沙县政府的同意批复，从此，浔龙河项目建设有了纲领性指引。柳中辉们的理想、情怀与群众的向往相一致，与企业的追求相契合，赢得了上下一致认可。

(2) 改革推动项目落地

土地改革是浔龙河生态小镇项目实施的首要前提,没有土地改革的成功就难有生态小镇项目落地。2009 年,原双河村成立土地确权领导小组,提出"土地集中流转、村民集中居住、土地混合运营"的土地改革构想,采取民主方式,由全体村民反复讨论、表决、签字画押,其中对浔龙河生态小镇建设的支持率为 97.4%,集中居住的支持率为 98.14%,土地流转的支持率达到了 100%,由此推动该村所有权、承包权、经营权三权分置改革和土地增减挂钩、农村土地同价同权上市交易的改革试点。主要做了三大探索:一是土地集中流转,探索农地"三权分置"改革;二是农民集中居住,探索农民宅基地"三权分置"改革;三是土地混合运营,探索土地增减挂钩、同权同价市场交易。

(3) 资本推动产业落地

浔龙河生态小镇按照"一产为基、二产引导、三产为主、一二三产协调联动"思路,布局了生态农业、文化教育、休闲旅游、健康养老、乡村地产等产业。为发展产业,他们探索工商资本下乡模式融资,通过引入上市公司广州棕榈园林股份有限公司和成都仟坤投资有限公司,以股份制形式共同组建新的项目开发公司——浔龙河公司。

(4) 生态推动特色落地

生态是浔龙河特色小镇的生命。浔龙河从保护生态的规划入手,强化生态意识、推行绿色建设,"望得见山、看得见水、留得住乡愁"的生态特色在小镇落地落实,"绿水青山就是金山银山"的生态价值在小镇得以体现。一是制定规划保护生态环境。他们把保护生态作为建设规划的一部分,对不需要开发建设的山地进行整体流转后保持原状,只利用其生态价值;对需要开发建设区域的生态环境进行生态化改造,打造出山水园林景观,提升项目的整体形象。二是依山傍水突出生态特色。坚持少开挖、不填塘,对 7000 多亩林地、河流、池塘和水库都保留不动,花 2000 万元进行土地改良。依山就势进行规划布局和建设,对建筑密度、高度、风格进行严格控制,做到不脱离、不破坏自然景观,维持了乡风乡貌,从吃的、喝的、玩的、看的中体会生态美带来的生活乐趣,让城乡居民追寻生态的梦想得以实现,从而巩固了浔龙河生态发展的根本。三是运用先进技术优化生态质量。从提高村民和企业环保意识和素质开始,形成环保习惯,开展卫生整治,实行城镇生活污水、生活垃圾集中处理。大量采用节能建筑材料、节能路灯等环保产品,在建筑的设计中充分利用自然通风采光、能源循环利用等理念，全方位践行资源节约的要求。

（5）党建推动治理创新落地

为满足不同群体对社会管理的需求，浔龙河小镇探索了以党建为龙头，推进社会治理创新，逐步形成"以企带村、村企融合、互利共赢"的长效机制。一是强化村企联合党建。建立浔龙河党建领导小组，统筹村支部和浔龙河企业支部党建工作。建立"O2O"服务平台，打造意见收集、问题转办、信息反馈等功能于一体的便民服务系统，及时为群众排忧解难、答疑解惑，切实增强党组织在群众中的影响力和号召力。二是完善治理机制。完善了以党的领导为核心，以自治组织、监督组织为基础，以群团组织、经济组织、社会组织为补充的村级治理组织体系，制定《村民公约》，建立四级民主决策机制，获得了群众极大的支持和拥护。

### 3. 浔龙河生态小镇发展经验与未来方向

（1）经验总结

从表面上看，浔龙河小镇的发展是一个贫困山村向美丽小镇的穿越，其实质是解决"三农"问题，展示一种农村改革发展模式，即"资本下乡＋土地改革＋生态供给"。

这一模式是成功的吗？我们的回答是肯定的。浔龙河小镇的改革发展，做到了"三变四不变"，即推动了村里的投资结构转变、产业结构转变、治理结构转变，同时坚持土地公有制性质不变、耕地的农业性质不变、农民的根本利益不变、乡村自然生态不变。调研中，我们看到了浔龙河生态小镇建设完全符合农民满意标准、生产力发展标准、"底线"标准，实现了改革平稳顺利、建设落地见效。究其原因，"平稳顺利"得益于上合政策、下顺民心，"落地见效"得益于方向正确、动力充足。跟踪浔龙河小镇成长的历程，我们看出浔龙河发展的成功经验：

1）必须以规划为先导。古人云，凡事预则立不预则废。美好的愿望必须体现在完美的蓝图上。浔龙河生态小镇起因于回报家乡的志愿，若没有顶层设计、规划蓝图，一切都只是空想。浔龙河项目启动之初，浔龙河村就邀请香港贝尔高林、棕榈园林等著名规划设计机构，对浔龙河小镇总规、详规进行了科学设计，并充分吸收政府相关部门、专家学者和村民的意见，形成了《浔龙河生态小镇总体规划》。该规划得到长沙县政府批复后，便成为浔龙河小镇建设的总的遵循原则。

2）必须以农民为中心。浔龙河小镇是多方力量参与改革、推动发展的结果。其中农民是土地的主人,企业是开发的主力,政府是服务的主体。三者中以谁的利益为中心,体现了改革的不同方向。浔龙河改革一开始就从建设美丽家园出发,以美好希望点燃了农民的热情,组织全体村民参与土地改革,以签字表决的方式行使决策权,保障了农民群众的民主权利;随着项目不断推进,浔龙河村逐步实现了资源变资产、资产变股权、村民变市民的目标,保障了农民的财产权和发展权。农民的土地经营权流转了,但承包权还牢牢掌握在自己的手中,土地主人的权力感、获得感、幸福感不断增强。

3)必须以资本为纽带。当前,土地和生态等资源是农村最大的资产,也是农民手中最大的本钱。过去千百年来,浔龙河村山还是那座山、河还是那条河,世世代代却只能守着绿水青山过着"贫困村"的生活,原因何在?就是因为缺乏开发资金。浔龙河实践告诉我们,浔龙河的改革和创新虽然最大程度释放了土地、生态、劳动力等要素,打通了城乡要素交换的通道,但只有吸引庞大的工商资本下乡,才能为浔龙河产业变强、乡村变美、农民变富提供充足的金融"血液",才能实现农村资源"点石成金"的"神话",为农村发展提供新的动力。

4)必须以助农为目标。引导工商资本进农村,是农村供给侧改革的新需求,支持鼓励但不能放任自流,必须精准定位投向,使新产业符合当地自然条件和产业传统,使新老产业能够相互依存,形成产业生态。浔龙河项目结合本地生态和地理优势,布局了五大产业,其中将农业摆在首位,并严格守住基本农田"红线"和不改变农地用途的"底线",做到农业总产值、农地面积、农业投入只增不减,推进传统农业现代化,促进农业与休闲旅游、文化、教育等产业相结合,绿色生态康养与特色小镇现代生活方式相结合,农村劳动力就近就业与增加农民收入相结合,努力打造一个为当地农民提供城市品质生活,为都市人提供田园生活场所的田园综合体。浔龙河的实践告诉我们,尊重自然资源禀赋和传统产业优势,是精准定位新产业、推进农村供给侧改革的基础,是"助农不伤农"、解决好"三农"的前提。

5)必须以生态为根本。生态是脆弱的,只有尊重她、爱护她才能获得更大的回报。过去一些地方只要是建设用地都一律夷为平地、推倒重来。浔龙河项目从规划到建设,把生态理念贯穿全过程,命名"生态小镇"体现生态特色,实行土地综合运营体现了生态尊严,部署生态+服务产业体现了生态价值。目前,生态已成为浔龙河小镇的标签,已成为城市居民追寻浔龙河小镇的最大动力。浔龙河小镇建设留住了农民、发展了农业、美化了家园，经过改革发展的浔龙河依然望得见山、看得见水、记得住乡愁。实践告诉我们，生态是自然和人类共同的印记，保护生态既是增强产业竞争力，也是保留文化，保护灵魂的家园。

（2）未来方向

通过浔龙河生态小镇的发展，可以预见未来农村综合改革的一些方向：

1）农村公共服务社区化。浔龙河生态小镇的变迁带来大量外来人口，也带来了企业、学校、公共服务机构等新的社会组织，这对传统的村级管理提出了新的需求。因此，需实施更加全面、精细、规范的管理，为所有居民提供同等的公共服务，包括文化、计生、社会保障、医疗保险、就业服务等。而促进农村管理模式向社区化管理模式转变是未来的一种重要取向。主要是通过户籍改革，将村民的户籍转为城镇居民户籍，实现真正的"城乡一体"。社区开展文化、卫生、计生、民政、社会保障、医疗保险、就业服务等公共管理，并实施部分村级工程。通过更加精细化、科学化的管理，为居民提供更加优质的、公平的社会服务。通过这种农村社区建设，可以更好地消除城乡差别观念，形成城乡融合与一体化的新理念，有利于打破传统村落边界的封闭以及旧体制的束缚，把乡村建设成为一个更加开放、更有活力、更加公平的新型社会生活共同体。

2）土地权益资产化。土地管理方面必须推进集体产权的确权改革，对农村集体土地或其他集体产权加以细化，将具体权责范围以户为单位明确。在此基础上，考虑如何将农民手中的土地资源固化为资产，开展市场化的经营。目前原双河村村民为主体的集体资产管理公司成立及其运营是一种未来发展的重要倾向模式，通过公司化的管理，逐步建立起市场化的运作机制，使农民个体的产权收益更加明确。

3）居民自治组织化。类似浔龙河生态小镇这样的地方，最终将形成一定人口规模的新型城镇，需要开展各类社会活动、提高居民素质、形成良好的社会风气。这些仅靠社区有限的管理人员无法做到管理全覆盖。因此，如何引导、组织居民成立不同类别、不同层次的群众组织，实现居民由"自由人"向"组织人"转变，是未来居民自治组织化需要考虑的重要内容，尤其是如何通过建立组织、完善制度，实现居民的自我约束、自我管理等方面应开展一些更加具体的实践。

4）产业发展融合化。发展特色小镇最核心的是产业发展，而每个小镇的产业发展有多种选择，一镇一业和多元融合各有利弊，不管是哪种情况，关键是要着眼长远、因地制宜，让百姓有更多的"获得感"和"存在感"。当前一些特色小镇坚持主导产业优先，围绕产业链短时间集聚大量上下游配套企业，产业竞争力提升较快，但受市场行情、行业政策等影响较大，容易一荣俱荣、一损俱损。浔龙河在产业发展上不搞"一招鲜"，打好"组合拳"，五大产业既有主导产业，又有辅助产业，既不破坏生态，又具有较好的互动性、融合性，是转移当地劳动力就业、吸引城市居民下乡、实现小城镇长远发展的重要依托。

5）发展路径网络化。运用互联网思维和众筹众创的发展模式将成为特色小镇发展的一种重要手段。浔龙河生态小镇发展过程中，运用互联网思维，广泛征集各种项目，坚持高起点、高标准筛选，通过开放合作，设计创业项目，吸引创客投资。如浔龙河文旅公司与金鹰卡通频道联合打造麦咭启蒙岛乡村儿童游乐园项目，对其中的100多个乡村游乐项目和50多个美食项目采取了众筹众创的方式，吸引上千名不同的创客投资，汇集了大量的创意、特色产品和资金。未来，利用互联网方式，优选项目，确保特色小镇最优质的项目落地，从而保证小镇的科学发展，将会越来越受到追捧。

此外，在小镇布局一些以个性化、私人定制、众筹地产为特色的市民农庄，引导市民下乡居住，满足品质化生活需求也将是未来一个重要的方向。

## （三）浔龙河模式的创新点在哪里？

此处收录的是记者采访湖南棕榈浔龙河生态城镇发展有限公司董事长、湖南省政协委员王聪球，他所做的回答：

浔龙河之所以能取得今天的成就，主要源于五个方面的创新。

### 1."模式创新"是浔龙河的核心价值

浔龙河项目是由民营资本发起运作的，主导了项目的顶层设计、资金运作、政策平台搭建、土地规划调整等要素破题，充分发挥了市场对资源配置的决定性作用。政府在这个过程中起到推动和监督作用，在项目建设中不越位、不缺位。村民参与和分享，确保民生问题得到根本解决。譬如：以土地承包经营权流转保障农民基本生活；另外，通过土地增减挂钩政策推动村民实行集中居住。旧房拆除后，每户村民可获得 59 万元左右的补偿，并可用宅基地永久使用权置换集中居住区新房。由村集体以土地入股的方式参与停车场、加油站等可经营项目，其获得的股份收益由村民按土地合作社中的股份比例进行分红，实现了村民稳定长效增收。

### 2. "规划创新"是浔龙河实现"两型"标准的重要途径

常言道：凡事预则立，不预则废。浔龙河从一开始，就着重强调按不同层次、不同类型规划统筹推进，最终形成了以民生规划为核心、产业规划为引领、建设规划为推手、社会发展规划为长远目标、土地利用规划为保障的"多规合一"的规划体系，力求把浔龙河项目打造成为国际一流的文化、艺术、生态小镇。

### 3. "政策创新"是浔龙河破解要素瓶颈的关键

通过开展土地确权，对不需要开发建设的 10000 多亩土地实施集中流转；通过开展土地同价同权试点，将村集体可经营的 300 亩集体经营性建设用地的经营收益，以纯集体性质的资产管理公司为平台进行分红。通过土地增减挂钩既节约了集体建设用地，增加耕地面积，同时也解决了农村公共资源配套难、农民居住品质低、农民住房无资产价值等问题。

### 4. 村级治理创新，强化项目发展的群众基石

充分发挥党的领导核心作用，建立了"一核多元"的治理体系。建设"O2O"服务平台，实现了"群众线上点单、党员线下服务"的服务模式。全面推进"依法治村、诚信立村、产业兴村、文化强村"。建立四级民主决策机制，对重大事项实行村民公投。将先进企业文化与优秀乡村文化渗透融合，成立了文化艺术团、老年协会、书画协会等组织，大力开展浔龙河文化建设。

### 5. "产业创新"，大力实施"互联网+"战略

项目树立了"互联网+"的产业发展理念，充分整合资源，实现产业间互动、内外资源互动的多元复合价值，构建和谐、高效、活力的产业体系与生态圈；通过产业体系向外推介一种人、自然、产业、城镇和谐共生的"世界级田园综合体"。

这五个方面的创新，极大地激活了生产要素和资源的活性，使浔龙河

迅速发展成为具有"特色鲜明的产业形态、和谐宜居的美丽环境、内涵丰富的传统文化、便捷完善的设施服务、充满活力的体制机制",集"产、城、人、文"于一体的特色小镇。

## 三、领导、专家、媒体与群众的评价

### （一）领导的评价

2017年2月25日,中共中央农村改革领导小组办公室原主任、全国政协经济委员会原副主任、全国人大农业农村委主任陈锡文对浔龙河村进行了视察,他的评价如下:

浔龙河村的探索有三大意义:一是解决了农民就地就近的就业创业问题；二是解决了农民发展依靠土地,但不依赖土地的问题；三是解决了农民发展依靠农业,但又不依赖农业的问题。

2019年12月25日,湖南省委副书记乌兰同志就省委农村工作领导小组"三农"工作专家组陈文胜同志执笔的《一个贫困村的全面小康与乡村振兴之路——长沙县浔龙河村的乡村振兴多元投入机制创新实践》的文章作出批示如下:

可以从浔龙河村的发展总结出在全省可复制可推广的经验做法。

农业部原党组副书记、常务副部长、中国农业经济学会会长尹成杰先生的评价是:

浔龙河生态艺术小镇,认真贯彻党的十八大、十九大精神,大力振兴乡村,党建引领转型升级,以产建村、以产兴村、以产助村取得了明显的成绩,我认为浔龙河生态艺术小镇的经验弥足珍贵,很有特色,很有典型性。城镇化的乡村、乡村式的城镇是一个重要的理念和模式的创新,为我们大力地实施乡村振兴战略提供了有益的借鉴。

2019年11月26日,湖南省委常委、省委组织部部长王少峰到长沙县调研基层党建工作。他强调:

要深入贯彻习近平新时代中国特色社会主义思想,加强党支部"五化"建设，真正把基层党组织建设成为推动发展、服务群众、促进和谐的坚强堡垒。果园镇浔龙河村把党建工作融入村级经济、文化、治理等各个领域，实现了由"省级贫困村"到"全国文明村镇"的蜕变。要创新党组织设置，以"党建+"为总思路，坚持村企共建有效路径，抓实发挥党员模范带头作用这个关键，走出党的基层组织领导乡村治理的新路子。

中国城镇化促进会党委书记、副主席、理事长，千企千镇工程办公室主任陈炎兵评价说：

随着党中央、国务院针对"三农"问题和推进农村城乡融合发展一系列政策措施的落实，全国各地涌现出一大批像浔龙河村这样的新型典型案例，比方说华西村、鲁家村、袁家村和今天的浔龙河村，都是代表着中国乡村振兴未来发展方向的一批典型，我们要认真系统地总结他们的经验。……乡村振兴要立足我们中国的实际，特别是要走我们中国特色的新型城镇化道路，就地就近城镇化，我们浔龙河这一点做得特别好。如果我们广大的农村农民都能够像浔龙河一样在生养自己的地方找到自己的创业的乐土，他们就没有必要背井离乡，去万里之外的大城市去住地下室、蜗居来谋生。

## （二）专家的意见

2017年10月14日，上海社科联主席王战教授等专家一行在中国国际交流中心上海分中心举行《湖南长沙浔龙河生态小镇发展道路研究——工商资本推动农村供给侧改革的"浔龙河模式"》课题评审会。与会专家的评审意见如下：

该课题通过跟踪调研浔龙河生态小镇改革发展实践，总结了浔龙河从贫困村到美丽富裕小镇穿越的路径、经验，概括了浔龙河改革发展的基本模式。同时，剖析了浔龙河改革发展中存在的问题，指出了发展的趋势性特征，较好地揭示了浔龙河对于全国农村改革的示范性意义。……相关研究成果对推进土地制度改革、农村经营制度改革和农村治理体系重构具有重要的实践意义，核心成果已上报中农办参阅。

湖南师范大学中国乡村振兴研究院院长、中央农办乡村振兴专家委员、省委农村工作领导小组"三农"工作专家组组长陈文胜：

长沙县果园镇浔龙河村作为省级贫困村，积极探索混合所有、共享发展的新型集体经济实现形式，形成资金与土地、人才等要素有机结合，"企业、政府、村民"多元主体投资推动的实践模式，成功闯出了一条脱贫攻坚与全面小康建设的可持续发展之路。浔龙河村因此荣获"2018中国特色小镇博览会优秀示范案例"、"最具传播价值中国民族品牌"、"新华社'民族品牌工程'未来之星"等荣誉，入选"2018中国乡村振兴先锋榜"、农业农村部"中国美丽休闲乡村"、国家文旅部"全国乡村旅游重点村"，成为了全国乡村振兴的明星村。

## （三）媒体的评价

　　2017年11月13日《人民日报》对具有代表性和示范性作用的乡村振兴带头人、浔龙河村党总支第一书记柳中辉，在产业兴旺和村民致富等方面的实践经验进行了专门报道，全文如下：

柳中辉——"路子对，贫困的帽子甩得远"

　　人物感言："没有产业兴旺，乡村振兴就相当于无源之水，无本之木。结合学习党的十九大报告提出的乡村振兴战略，进一步证明村里的发展路子走对了。"

　　车子慢了下来，车窗外系着红领巾的学生成群结队走过，熙熙攘攘。"这是学校组织来郊游的，浔龙河村到了！"湖南长沙市浔龙河村第一书记柳中辉说。这个距长沙市区半个小时车程的乡村，最近成了长沙市民郊游的"新宠"，人气特别旺。

　　郁郁葱葱的苗木基地，白墙灰瓦的联排别墅，铺面精致的商业街，碧草如茵的儿童户外游乐场……这里既有城市的繁华，又有乡村的宁静，和印象中的乡村大不一样。"早在2009年，我们还是省级贫困村，而今前来观光体验的游客最高峰一天达到了二万人次。"柳中辉滔滔不绝地讲起了浔龙河村的前世今生。

　　39年前，一家生产农业机械的乡镇企业在浔龙河村应运而生，那时村民的日子过得十分红火。可好景不长，浔龙河这家企业从20世纪末开始逐渐衰落，最终倒闭。没有了支柱产业的浔龙河"就像人被抽空了血"，一下子被贫困"缠"上了。

　　2009年，外出打工赚了一笔钱的柳中辉担任村党支部第一书记，决意要带领家乡父老挣脱贫困的藩篱。发展经济得靠产业，产业从何而来？

只有激活了土地资源这笔农村沉睡的最大资产,产业发展才有基础。7年前,柳中辉带领村民开展农村集体土地产权调查工作,两个月时间,一份《浔龙河村土地调查报告》出炉,浔龙河村发展找到了支点。

土地确权颁证、土地流转、土地增减挂钩……一系列土地试点改革在浔龙河展开。村民的土地"呆资产"变成了"活资本"。随之而来的是,资本愿意下乡了,累计完成投资8亿元;村民住进了别具风情的集中安置房;建成了1.2万多亩的高标准的蔬菜生产种植基地;引进了北京师范大学附属学校……一个生态艺术小镇,初具规模。

"贫困村的帽子甩得远远的。"浔龙河生态艺术小镇建设被列为湖南省重点项目,浔龙河村获评全国生态宜居示范村。产业发展了,村民腰包又重新鼓起来了。目前,浔龙河村各产业已安置当地村民劳动力就业200余人,人均年增收5万至8万元。

新华社作为国家通讯社,从2017年6月起,启动"民族品牌工程",入选的均为重量级民族企业。2018年拟在工程基础上开展"未来成长之星"计划,助力高成长型民族品牌发展,推动品牌强国战略,构筑民族经济长城。新华社将浔龙河村乡村振兴的范本纳入"未来成长之星"计划,予以宣传推介。其评价和计划如下:

一个省级贫困村——浔龙河村,在"归雁"企业家柳中辉的带领下,以党建为引领,通过推动土地集中流转、环境集中整治、村民集中居住的"三集中",蜕变成"全国美丽示范村庄","浔龙河乡村振兴模式"成为都市郊区型、半郊区型乡村振兴的示范案例,为农村综合改革提供了可复制的核心路径,为解决"三农"问题提供了理论和实践支撑,为中国农村改革创新提供了具有示范意义的样本,成为一个具有高成长性的优秀乡村振兴品牌代表。因此,新华社决定,将组织专门团队,整合全社会优势资源,将浔龙河村打造成为乡村振兴战略的卓越案例与品牌典范,为世界乡村振兴提供中国经验和中国模式。

《中国名牌》杂志社总编辑周志懿先生的感受:

2017年10月,我曾略带质疑来到了浔龙河,但听取了柳中辉董事长的介绍,亲眼目睹、实地考察了浔龙河的种种变化之后,我被彻底震撼到了,习近平主席关于乡村振兴的"五个振兴"在浔龙河已经得到了实现。特别是在振兴过程中,带动农民增收致富,产业振兴中切实维护农民利益方面,浔龙河都做出了表率,也得到了广大农民的支持和拥护。……我更能感受到的是,浔龙河模式将可能给中国乡村振兴事业带来一种教案式的意义。

## (四)群众的评价

易先知、陈仕卓二位是浔龙河村民,下面听听他们对自己家园的赞叹:

**易先知:**我家9口人,2008年前,生活很困难,两个儿子娶了媳妇,上有一个老人,不管怎么勤奋和努力地挣钱,一家老小的开支始终是一个问题,让爷们几个操心。我们大冲组现有农户22户,总人口76人,属田少山多的区域,尤其是冷浸田多,亩产200~250公斤左右,曾经连吃饭的问题都难以解决。2008年后,浔龙河项目流转了大冲组全部耕地,每亩按300公斤稻谷计算,从此我们就不担心种田了,吃饭的问题已解决。自从2014年我们村修了一条驭龙路后,我家房屋拆迁并住进了集中安置房。我自己在外做手艺,两个儿子在外打工,夫人在浔龙河花木部做饭,家里一年收入二十几万元,过上了幸福生活。以前,村民分散居住的方式,加大了水、电、路、气、网等公共基础设施配套的成本,阻碍了农村经济的发展和农民生活水平的提高。宅基地不能转让、出让的政策,使大量的"活资本"变成了"死资产",影响了农民致富增收。很多农民将在外打工的收入都投入到宅基地住房的建设中,但这些宅基地却因为无法形成资产,造成了大量的社会财富浪费。宅基地实际使用水平低,公共设施配套差,利用率低。像我这样的农户还有胡勇波、胡海波、罗文亮等,真的要感谢党和政府及浔龙河党总支第一书记柳中辉呀!

**陈仕卓:**我是浔龙河村的老人儿了,70多岁了,身体不太好,腿脚也不太方便,先前住在偏僻的山冲,一间破烂的土砖危房里。只要碰到下雨天,全家人都烦躁,因为房子到处漏水,生活受到很大影响,身体不太好,经常出来看病买药也很不方便。村里知道家里的情况,三番五次来家里做工作,建议搬出去,以免发生意外。虽然贫穷,但毕竟在这里住了30多年,对这个房子有很深的感情,非常舍不得。后来考虑到现实情况,还是带着一家人从这里搬到了新房——浔龙河村民集中安置区。搬到新房以后,一家人的生活质量得到了很大的改善,三层楼高的联排别墅,一楼做门面出租,二楼是客厅和厨房,三楼作为住房居住,还用剩余的拆迁款搞了装修，买了家电，仿佛像城里人一样过上了小康生活。村部卫生院也靠近安置区，不到三分钟的路程，看病买药也更方便了，村上还建了公交车站，出行也便捷。以前住在老房子，儿子媳妇都不大愿意回家，现在住到集中安置区的新房里，儿子媳妇回家的次数也多多了。除了生活质量得到了改善，精神生活也更丰富，我还经常参与村上书画协会、老年协会的活动，让自己的业余生活更充实更快乐。能像现在这样，住进这么好的房子，能够安居乐业，非常感谢政府、感谢党，感谢柳中辉书记，因为党和政府的政策好，因为柳书记个人敢拼敢做敢闯，一心为家乡老百姓谋福利，才能改变我和我家人的命运，我很心满意足。

## 四、浔龙河范本的推广情况

自 2013 年以来，来浔龙河学习参观考察的政务团体 170 多批次，其中，国外党政考察团体五批次；来参观考察的商务（含投资考察）团体 360 多批次，其中，学习引入浔龙河模式的商务考察 29 批次；各级各类党校、行政学院、社会主义学院学员来此见习或现场教学的 98 批次，共计 4560 人次；来此旅游的、亲子教育体验的团队则不计其数。这里，仅就浔龙河范本目前已经在国内进行模式复制与推广的项目进行初步介绍。

目前，主要有河南省、江苏省、黑龙江省和湖南省内祁阳的四个在推广项目，项目建设面积 42.33 平方公里，总投资估算 214.3 亿元，集中开工时间 2020 年。每个项目基本上都是分批分期推进，具体情况参见表 13-1。

这里以河南兰考黄河湾乡村振兴示范区项目为例，予以说明。

河南省兰考县黄河湾乡村振兴示范区项目是纳入中央和河南省的重点乡村振兴示范项目。项目甲方为兰考县人民政府，拥有独特的政治资源、人文历史资源、教育培训资源和黄河资源，并有强烈的意愿促进乡村振兴和旅游扶贫等事业的发展。政府确保与焦裕禄干部学院形成品牌合作效应。近年来，甲方把握经济发展新常态，利用当地独特文化，把推进教育培训、文化旅游协同开发作为优化经济结构、转换发展动能、实现乡村振兴的重要抓手。乙方是河南省中豫文旅投资有限公司、开封市文化旅游投资集团有限公司、湖南棕榈浔龙河生态城镇发展有限公司、兰考县兰仪文化旅游投资有限公司共同出资成立的一家股份制公司，致力于兰考县文化旅游、乡村振兴事业的发展。

表13-1 浔龙河模式在国内复制推广项目情况概要

| 项目名称 | 项目地 | 项目规划面积/平方公里 | 项目投资估算/亿元 | 协议签订时间 | 建设启动期 |
|---|---|---|---|---|---|
| 河南兰考黄河湾乡村振兴示范区 | 河南兰考县东坝头乡 | 13.9 | 49.3 | 2019年12月 | 2020年 |
| 江苏启东长江口田园综合体 | 江苏启东市海复镇 | 4.93 | 28 | 2018年10月 | 2020年 |
| 黑龙江中以国际农业小镇 | 黑龙江哈尔滨市新发镇 | 6.5 | 85 | 2018年11月 | 2020年 |
| 湖南祁阳琵琶洲乡村振兴项目 | 湖南祁阳县茅竹镇 | 17 | 52 | 2019年1月 | 2020年 |
| 合计 | — | 42.33 | 214.3 | — | — |

甲方与乙方相关投资主体于2019年8月签订了兰考县黄河湾乡村振兴文化旅游产业扶贫项目"合作框架协议",并根据《兰考县黄河湾乡村振兴示范项目策划方案》,针对兰考县黄河湾乡村振兴示范项目及配套产业发展项目的运作模式、建设原则、目标和要求、项目范围和内容、合作内容及合作模式、投资额与开发周期、项目用地等事项达成了初步合作意向。

本项目建设地点位于开封市兰考县,立足现黄河湾景区,在东坝头乡、三义寨乡片区进行选址,规划范围包括东坝头村、杨圪垱村、丁圪垱村、南北庄村等,总面积约13.9平方公里。项目预计总用地面积20850亩,其中建设用地约1105亩,最终以政府批准的项目总体规划为准。项目总投资预计约为49.3亿元,其中政府投资约为3.77亿元,企业投资约为45.6亿元。项目围绕生态文明建设、乡村振兴、新型城镇化建设和城乡融合发展等国家战略,依托兰考县的区位条件、生态本底资源、历史人文资源和周边产业资源,建设兰考县黄河湾乡村振兴示范项目。重点推广复制浔龙河"党建+"及其乡村治理的模式、"五朵金花"并蒂开放、融合发展经验、土地确权流转与混用做法，通过构建以生态产业为核心、文化事业为灵魂、研学教育事业为推手、旅游产业为抓手、康养产业为配套的五大产业体系，激活乡村资源，推动一二三产业融合发展，将其打造成国家生态文明建设样板、国家级城郊融合型乡村振兴示范、一二三产融合发展示范、黄河文化体验目的地，实现乡村振兴、农民享受美好幸福生活的目的。

乙方是本项目成立的项目公司，负责统筹本项目的总体规划以及开发范围内的产业项目策划、开发、建设、运营等工作，并依据本项目的产业策划，通过市场化运作的方式整合运营资源，通过独立开发、合资、合作、引进等方式引入战略合作方共同完成本项目的开发、建设和经营管理。

# 参考文献

[1] 吴金明,柳中辉,刘红峰.蝶变浔龙河:城郊型乡村振兴的"星"路历程[M].长沙:湖南人民出版社,2018.

[2] 党的十九大报告辅导读本[M].北京:人民出版社,2017.

[3] 马克思.资本论:第1卷[M].北京:人民出版社,1975.

[4] 徐蔚冰.软价值将带来软产业革命[N].中国经济时报,2017-11-27.

[5] 马化腾.分享经济:供给侧改革的新经济方案[M].北京:中信出版社,2016.

[6] 吴金明."二维五元"价值分析模型:关于支撑我国高质量发展的基本理论研究[J].湖南社会科学,2018(3):113-129.

[7] 吴金明.论供给侧结构性改革的本质:实现有质量、高效率的增长[J].湖湘论坛,2016(6):62-67.

[8] 许经勇.我国农村土地产权制度改革的回顾与前瞻:形成有利于保障农民合法权益的土地产权制度[J].经济学动态,2008(7):68-72.

[9] 阮建青.中国农村土地制度的困境、实践与改革思路:"土地制度与发展"国际研讨会综述[J].中国农村经济,2011(7):92-96.

[10] 韩俊.农村土地制度改革须守住三条底线[N].人民日报,2015-01-29.

[11] 陈锡文.农村土地制度改革的重点与路径[N].21世纪经济报道,2014-07-12.

[12] 吴金明,邵昶.倾斜、反哺、预警:解决中部地区三农问题的对策[J].中南大学学报(社会科学版),2005(4):418-423.

[13] 中共中央、国务院关于深入推进农业供给侧结构性改革加快培育农

业农村发展新动能的若干意见[EB/OL].（2017-02-05）[2020-11-10].http://www.gov.cn/zhengce/2017–02/05/content_5165626.htm.

[14] 中共中央、国务院关于实施乡村振兴战略的意见[EB/OL].（2018-02-04）[2020-11-10].http://www.gov.cn/zhengce/2018-02/04/content_5263807.htm.

[15] 中共中央、国务院关于坚持农业农村优先发展做好"三农"工作的若干意见[EB/OL].（2019-02-19）[2020-11-10].http://www.gov.cn/zhengce/2019–02/19/content_5366917.htm.

[16] 中共中央国务院印发《乡村振兴战略规划（2018—2022年）》[EB/OL].（2018-09-26）[2020-11-10].http://www.gov.cn/zhengce/2018–09/26/content_5325534.htm.

[17] 中共中央办公厅、国务院办公厅印发《关于引导农村土地经营权有序流转发展农业适度规模经营的意见》[EB/OL].（2014-11-20）[2020-11-10].http://www.gov.cn/xinwen/2014-11/20/content_2781544.htm.

[18] 中共中央国务院印发《关于加大改革创新力度加快农业现代化建设的若干意见》[EB/OL].（2015-02-01）[2020-11-10].http://www.gov.cn/gongbao/content/2015/content_2818447.htm.

[19] 国务院办公厅关于引导农村产权流转交易市场健康发展的意见[EB/OL].（2015-01-22）[2020-11-10].http://www.gov.cn/zhengce/content/2015-01/22/content_9424.htm.

[20] 财政部《关于开展田园综合体建设试点工作的通知》[EB/OL].（2017-12-09）[2020-11-10].https://www.sohu.com/a/209407414_750320.

# 后　记

"倦鸟归巢，亲待之；灯柔茶香，话团圆"。团圆，是春节永恒的主题。今年的春节本应热闹非凡，但疫情给人以寂静，又带来"硝烟四起"！

2019年，湖南和全国一样，努力深化供给侧结构性改革，千方百计保障国计民生，推动经济社会高质量发展，"三大攻坚战"不断取得新成果。全年有20个贫困县摘帽、718个贫困村出列、63万农村贫困人口脱贫，人民获得感、幸福感、安全感不断提升。因此，2020年的春节本应热热闹闹！

但是，刚跨入2020年——这个全面建成小康社会的决战决胜年，在这个具有拐点意义的关键年和关键的春节期间，我的祖国和人民却遭遇到了新冠肺炎疫情的影响。工人返城、工厂复工被延迟，企业停工减产，基建短期投资基本停滞；批发零售、住宿餐饮、文化娱乐等第三产业遭受重创；民企、小微企业、弹性薪酬制员工、农民工等受损更为严重。因而，2020年的春节在"硝烟四起"中走向了"寂静"！

立足不染疫病就是为国作贡献的初衷，本书写作组的一行三人在这个"寂静的春天"走进浔龙河，这个正在进行疫病防控的生态小镇，走进小镇村民中间，用我们笔记录下10年来浔龙河走过的路……

本着实事求是介绍柳中辉书记及其团队的基调，我们守住这份难得的"寂静"，开始用心、用情、用热泪、用微笑去触摸浔龙河，去挖掘柳中辉，去感受特色小镇那跳动的脉搏，去回味特殊年味中依然充满感激、感恩的浔龙河村民……

2018年3月份，习近平总书记在出席山东代表团讨论时深情地指出：

# 后 记

"农业强不强、农村美不美、农民富不富，决定着全面小康社会的成色和社会主义现代化的质量。"进一步把乡村振兴细化为"五个振兴"，强调要推动乡村产业振兴、人才振兴、文化振兴、生态振兴和组织振兴。研读习总书记的讲话精神，我们认为乡村振兴战略不仅是落实五大发展理念、端正发展观念在广大农村的具体实践，更是我党在理论与实践认识上的又一次重大飞跃，是破解"三农"问题、实现农业农村现代化的顶级战略，是一场深刻的革命。

作为农业大省，历来有"湖广熟、天下足"之称，湖南的农业关系着国家生态安全、农业安全、国家粮食安全等重大问题。对乡村振兴战略的实施显得十分紧迫，对探索农村综合改革的积极性尤为强烈。

位于湖南省中东部的长沙县，自古为"三湘首善"，我国中部地区第一县，位列全国中小城市综合实力百强县排名第6。地处长株潭城市群"两型社会"综合配套改革试验区的核心地带，连续多年被评为中国最具幸福感中小城市，其境内的国家级长沙经济技术开发区被评为"中国最具投资潜力开发区"。获得"全国文明县城"、"国家园林城市"、"国家生态示范县"等十多项国家级殊荣。在美丽乡村、城乡统筹、城乡一体化、城乡公共服务均等化建设中卓有成效，涌现出了以浔龙河村为代表的一批乡村建设的典范。

浔龙河村隶属于长沙县果园镇，通过十年多的探索、实践与构建，已经成为了中国美丽宜居村、全国文明村。浔龙河村以建设浔龙河生态艺术小镇项目为引擎，大力实施乡村振兴战略，推进城市公共服务向农村覆盖、城市基础设施向农村延伸、城市现代文明向农村辐射；同时，通过对乡村资源、乡村文明、治理结构进行重构和提质，对乡村环境、乡村文化等"乡愁"予以保留，大力发展农村综合产业，形成"教育事业为核心、生态产业为基础、文化事业为灵魂、康养产业为配套、旅游产业为抓手"的产业格局，为农村综合改革提供了可复制的核心路径。

浔龙河村在2009年之前，还是一个省级贫困村。党的十八大以来，浔龙河村以党建为统领，以"党建+经济""党建+文化""党建+治理"为抓手，通过建设浔龙河生态艺术小镇项目，大力实施乡村振兴战略，实现了"产业兴旺、生态宜居、乡风文明、治理有效、生活富裕"的发展目标，为全国城郊型、半城郊型乡村实施振兴提供了一个可供借鉴的样本。

浔龙河村的探索集中体现在：通过巩固和完善农村基本经营制度，深化农村土地制度两个"三权分置"改革，开展"多规合一"试点与"3个三"规划体系的构筑，通过生态艺术小镇项目平台，推动产业融合发展、经营方式创新，带来了农村生活方式的转变和农村集体经济的发展，让广大村民真正步入了共享发展与共同富裕的征程。具体表现在以下六个方面：一是深化地权改革，破解财富"黑洞"，实现了农民财产收益的倍增，浔龙河村从土地确权到置换流转，再到开发使用，使土地资源从固化走向流通，形成了完整清晰的价值增值链条；二是乡贤带着资本返乡，以"五朵金花"并蒂开放破解"三留守"困局，推动了农村劳动力的价值倍增，浔龙河村通过深化农村土地制度改革，完善两个"三权"分置改革，推动产业融合发展、经营方式创新，把发展壮大集体经济作为实现共享发展的核心平台，将集体经济利益放在企业经济利益之上，带来了农村生活方式的转变，彻底消除了留守老人、留守妇女、留守儿童的问题；三是强调绿色发展，促进生态宜居，实现了一草一木农村资源的价值倍增，浔龙河村实行最严格的生态环境保护制度，形成绿色发展方式和生活方式，坚定走生产发展、生活富裕、生态良好的文明发展道路；四是发展壮大新型集体经济，推动村民走上了共同富裕与共享发展的轨道，共享发展作为五大发展理念之一，是"以人民为中心的发展思想"和实现"共同富裕"的一种具体体现；五是弘扬国歌文化，促进乡风文明，社会主义核心价值观入脑入心；六是实施组织振兴与人才振兴，完善基层治理，党支部的战斗堡垒作用得到了充分发挥。

总之，党的十八大以来，浔龙河村的探索实践带来了一股坚定不移贯彻落实"五大发展新理念"的新风，实现了从"企业联村、返乡创业"到"统筹城乡、同心工程"再到"创新突破、乡村振兴"的三步跨越，构筑了都市郊区型乡村振兴的"浔龙河范本"。尽管这一范本带有典型南方丘陵地区城郊或半城郊型乡村振兴的特色，但的确可以给全国正在大力推进的乡村振兴以有益借鉴与参考。

也许正因为如此，浔龙河村的实践和探索，引发了社会各界、专家学者的广泛关注。新华社、《人民日报》、《全国政协报》、人民网、新华网、《湖南日报》、红网等几十家中央和省级主流媒体对浔龙河村党总支第一书记柳中辉及浔龙河模式进行了连续采访报道，也引起了党中央、国务院及国家部委的高度关注。不少探索的经验与做法被引入到了2018年、2019年的两个中央一号文件之中。

每个时代，都有不同的"英雄"。过往，在浔龙河，乡贤带着资本返乡，让省级贫困村成为全省有名的富裕村，柳中辉等人成为了城郊型乡村振兴的典范;当下,战斗在一线救死扶伤、迎难而上的医护工作者就是最伟大的英雄,他们是黑暗中的最美"逆行者"。我们,虽然普普通通,但我们决不给国家增负担,即使在居家学习、工作期间,我们的社交范围也仅仅限于微信朋友圈、政协云、政府公众号和电视新闻,但我们每天都在关注:既关注全国疫情的蔓延与各地的积极应对,更关注浔龙河的昨天、今天与明天……

每项事业,都有其特殊的"关口"。就乡村振兴来看,浔龙河范本告诉我们,探索实践的"关口"在土地制度的改革深化;就阻击疫情来说,需要破解的"关口"在国家应急体系和基层治理体系的构建。今天,在百年未有之大变局情形下,没有一项事业可以一帆风顺。是啊!人间正道是沧桑。唯其艰难,方显勇毅。

本丛书由陈文胜教授担任主编,同东北大学出版社的领导们一起提出编辑思路。作为该丛书的一个分册,本书主要介绍浔龙河的乡村振兴情况,具体写作结构与思路是:第一部分即第一章,是对浔龙河区位、历史、地理、文化等方面进行概述;第二部分即第二章到第十二章,按时间顺序与浔龙河生态艺术小镇建设落地过程中的重大问题破解逻辑展开描述,其中第二、三、四、十二章是严格按时序逻辑来描述的,而第五、六、七、八、九、十、十一章则是围绕浔龙河生态艺术小镇梦的实现,需要破解的"工商资本下乡、土地确权流转、发展壮大集体经济与增加农民收入、守住'三条红线'、处理好政府与市场关系、实现产业振兴、解决人才短板"共七个关键问题展开叙述,主要聚焦于柳中辉的所思所想以及浔龙河村的具体做法与效果方面;第三部分即第十三章是浔龙河启示录,总结了浔龙河的成功经验、创新做法、领导的批示、专家的意见、媒体与群众的评价,还有模式推广概况等。

本书由我提出写作思路、大纲,并担任统稿和第一至十二章的编写和修改工作,湖南浔龙河投资控股有限公司刘红峰博士参加了第十一至十二章的部分资料收集整理与部分撰写工作,并提供了浔龙河村16张风光照片;国家税务总局党校长沙分校教师吴双硕士重点负责第十三章浔龙河启示录部分的资料收集、整理与写作。本书试图以讲故事的方式,记录浔龙河村生态艺术小镇项目建设推进乡村振兴的过程以及一些重大问题如何破解的乡村振兴实践案例,希望给全国正在大力推进乡村振兴的读者以借鉴或参考。本书首先要感谢湖南省政协李微微主席,戴道晋、张大方两位副主席的关心与指导!感谢东北大学出版社编辑老师对写作大纲提出的修改意见及其在编辑出版中付出的辛勤劳动！要特别感谢柳中辉先生及其团队的大胆探索及其所付出的心血！还要感谢陈文胜先生所提供的具体指导。夫人刘思佑即使是在同病魔作斗争的同时，还不断地给我以鼓励和支持，在此深表感谢！

吴金明

于田汉艺术小镇

2020 年 3 月 30 日

---

吴金明，经济学博士，中南大学教授，湖南省政协经济科技委员会主任，九三学社湖南省委员会副主任委员。